环境污染第三方治理法律制度完善研究

任卓冉——著

法律出版社 LAW PRESS · CHINA
北京

图书在版编目（CIP）数据

环境污染第三方治理法律制度完善研究 / 任卓冉著. 北京 : 法律出版社, 2024. -- ISBN 978 - 7 - 5197 - 9534 - 4

Ⅰ. D922.680.4

中国国家版本馆 CIP 数据核字第 2024P33E07 号

环境污染第三方治理法律制度完善研究
HUANJING WURAN DISANFANG ZHILI FALÜ ZHIDU WANSHAN YANJIU

任卓冉 著

策划编辑 张 珺
责任编辑 张 珺
装帧设计 汪奇峰

出版发行 法律出版社
编辑统筹 法商出版分社
责任校对 王晓萍
责任印制 胡晓雅
经　　销 新华书店

开本 710 毫米×1000 毫米 1/16
印张 21.25　**字数** 287 千
版本 2024 年 11 月第 1 版
印次 2024 年 11 月第 1 次印刷
印刷 唐山玺诚印务有限公司

地址：北京市丰台区莲花池西里 7 号（100073）
网址：www.lawpress.com.cn
投稿邮箱：info@lawpress.com.cn
举报盗版邮箱：jbwq@lawpress.com.cn

销售电话：010 - 83938349
客服电话：010 - 83938350
咨询电话：010 - 63939796

书号：ISBN 978 - 7 - 5197 - 9534 - 4　**定价**：95.00 元

目　录

导　论

一、为什么研究环境污染第三方治理

（一）选题背景

环境污染与生态破坏给人类生存和社会发展所带来的巨大影响，不仅有着不计其数的新闻报道和数据统计，而且真切地显露在每一个地球公民眼前。水污染、大气污染、土壤污染等，充斥在人类活动的每一个角落，对此无须赘述。环境问题早已不是单纯的自然生态问题，而是社会问题，不仅关乎人类的生死存亡，而且与人类社会本身的价值取向和制度安排紧密相连。随着社会的发展，民众对生存条件的要求不断提高，现实中愈演愈烈的生态环境危机引起了公众的高度关注，环境事务成为公共政策的重要组成部分，法律成为控制环境污染和生态破坏的主要工具，环境污染治理与生态环境修复被纳入系统的制度化范畴。〔1〕 随着现代社会的转型和社会对自然伦理、制度和行为的反思，有关环境问题的公共政策和环境法的价值谱系也在不断更新，国家与社会在寻求一种能与现代化社会发展理念相匹配的制度性方案或范式。

从20世纪70年代末开始，西方发达国家在公域之治出现了从“统治”到“治理”的广泛变革，对社会治理理念和组织结构产生了重大影响。与此

〔1〕 参见杜辉：《环境公共治理与环境法的更新》，中国社会科学出版社2018年版，第3～7页。

同时,在环境领域,环境法学、环境伦理学、环境社会学、环境政治学等学科获得了长足发展。新的社会治理与环境伦理规范推动着环境法规则的进化,无论在公法领域还是私法领域,理论研究和制度建设都围绕生态环境问题做出了适度的变革。在理论研究方面,公法领域中有"环境国家"理念之发展、风险规制之展开、私人治理对传统公法责任系统之挑战与融合等,私法领域中亦有生态补偿、绿色原则的发展。在制度建设方面,标准管制、环境影响评价、环境税费、排污权交易、环境污染第三方治理等新的环境治理机制日益体系化并在环境事务中发挥重要作用。

就环境污染第三方治理机制而言,其产生与发展是在社会治理转型与环境法变革的大背景下进行的。国际上环境污染治理模式曾有两次影响较大的转变,第一次是 PPP 原则的确立。PPP(Polluter Pays Principle)原则,即污染者负担原则。在这一原则产生之前,针对水、土壤、大气等自然环境的污染和破坏问题,世界各国大多直接投入公共资金来治理污染和保护环境。[1] 一方面,国家制定统一的环境标准,强制要求污染者必须根据环境标准来排放污染物质。另一方面,国家作为污染治理责任最主要的承担者,投入大量人力、物力等公共资源,控制和治理污染者在一定范围内所造成的环境污染,以维护国民生命、财产安全并保护自然环境。在工业革命后的很长时间内,造成环境污染的企业或个人所承担的法律责任仅限于对具体的人身健康或财产所造成的直接损害,而对间接损害或者造成的环境损害不承担任何责任。

这种处理方式本质上是企业生产成本的外部化,排污企业在生产经营过程中所排出的污染物,实质上是其追求私人利润的副产品,而由国家来承担治理责任,由社会公众所贡献的税收作为治理和控制污染的资金来源,是由整个社会承担了原本应由排污者自身承担的污染治理责任,是排污企业将自身生产经营成本向社会的转嫁。企业作为市场主体,是典型的理性经

---

〔1〕 参见柯坚:《论污染者负担原则的嬗变》,载《法学评论》2010 年第 6 期。

济人,其所有行为的出发点与落脚点皆是使自身利益最大化,因此上述治理形式不仅不能阻止企业的排污行为,反而间接助长了企业肆意排污而无须付出代价的心理。不断恶化的环境和持续增长的污染治理费用也给国家与社会带来了严重影响与沉重负担,社会不公平、利益不平衡的情况越发严重,污染治理问题成为社会聚焦的矛盾点。

在前述背景下,污染者负担原则在1972年由经济合作与发展组织(以下简称经合组织)〔1〕首次提出。〔2〕虽然经合组织的这一举措,更多是基于对国际自由贸易市场公平竞争的考量,但确实顺应了这一时期国家与公众对污染治理新模式的探索和对社会公平的要求,故而该政策建议迅速完成了从经济原则到环境原则,从政策原则到法律原则的转变。

具体而言,经合组织作为由市场经济国家所组成的应对经济全球化挑战的国际组织,开始关注污染治理问题是由于一些成员国投入公共资金来控制和治理污染,实际上降低了该国企业的生产与经营成本,变相成为国家对企业的经济补贴,使污染企业生产的商品价格未能反映其实际成本,进而导致了在国际市场上受益企业与未受益或少受益企业间的不公平竞争。由此,经合组织提出应将污染者负担原则纳入国际自由贸易的核心思想,以此帮助成员国明确环境资源利用的价值性,明晰环境治理成本的合理来源,归正国际自由贸易和竞争秩序。〔3〕在此,污染者负担原则意即国家所实施的污染治理与预防措施的费用承担者应为排污主体,并且这些费用应当反映在造成污染的商品和服务的生产与消费成本中,否则将构成政府对排污企业的不当经济补贴,进而造成国际贸易中的不公平竞争。1974年经合组织

〔1〕经合组织:Organization for Economic Co-operation and Development,OECD。

〔2〕1972年经合组织在其颁布的《关于环境政策国际层面指导原则的建议》中,首次提出了污染者负担原则。参见柯坚:《环境税制改革:价值追求、法理依据与立法进路》,载《绿叶》2017年第3期。

〔3〕See OECD, Recommendation on Guiding Principles Concerning International Aspects of Environmental Policies, C(72)128 (final), 1972.

又发布了《关于实施污染者负担原则的建议》,提出污染者负担原则应为成员国普遍遵守的基本原则,并规定了在哪些情况下政府能够对污染者提供资金援助和补贴,且不属于对污染者负担原则的违反和对国际自由贸易关系的破坏。[1]

由前述内容可见,污染者负担原则产生之初是强调污染者对自身所带来的环境污染需承担治理与预防的经济责任。该原则是一项提高社会环境成本分配效率、保证国际贸易公平竞争的经济原则,在环境方面只要求保证环境处于可接受的水平,而非致力于消除任何形式的污染。作为一项经济原则,污染者负担原则以英国经济学家庇古(Arthur Cecil Pigou)提出的外部性理论[2]为基础。环境污染具有典型的负外部性,即环境污染作为生产经营者在追逐利润过程中的伴生品,所带来的不利影响与治理成本被转嫁给他人或社会,由其被动承担,而并未反映在生产经营者所提供的产品与服务的成本中。[3] 庇古认为,基于对市场竞争与效率的考虑,为保证价格信号能够真实地反映市场情况,市场主体能够基于价格信号作出高效的经济选择,这种成本的外部性应当"内部化",即纳入产品或服务的价格中,先由生产者或经营者来承担真实的成本,再通过价格将这些真实成本反映出来。[4]

虽然污染者负担原则产生之初只是经合组织给成员国的政策建议中的一项经济原则,但由于契合了西方工业化国家与社会公众在这一时期对环境污染治理公平性的要求,所以它的内涵与外延不断延展与充实,逐步发展为一项环境原则并被国际环境法及很多国内法吸收引进。例如,《里约宣

---

〔1〕 See OECD, Recommendation of the Council on the Implementation of the Polluter-Pays Principle, C(74) 223 (final), 1974.

〔2〕 外部性是指在实际经济活动中,生产者或消费者的活动对其他消费者和生产者的超越活动主体自身范围的利害影响。参见王金南:《环境经济学:理论·方法·政策》,清华大学出版社1994年版,第45页。

〔3〕 参见柯坚:《论污染者负担原则的嬗变》,载《法学评论》2010年第6期。

〔4〕 参见[英]庇古:《福利经济学》,朱泱等译,商务印书馆2006年版,第38~50页。

言》《欧洲联盟条约》等多个国际公约中均有对污染者负担原则的规定，这一原则已经成为国际环境法的一般原则。德国、日本、瑞士等多个国家也以不同形式将这一原则纳入本国环境法体系，作为环境法的基本原则之一。[1]在我国，《环境保护法（试行）》（1979 年）作为早期的环境基本法律文件，规定了“谁污染，谁治理”原则。其后，《环境保护法》（1989 年）正式颁行，进一步确定了“污染者治理”原则，经国务院《关于环境保护若干问题的决定》（1996 年）发展为污染者负担原则。[2]

作为一项法律原则，污染者负担原则既是一种责任承担方式，也是一种污染治理模式。一方面，污染者负担原则以法律的强制性和规范性明确规定了污染者的责任，污染者作为责任主体必须承担排放污染物所造成的环境损失，而不能转嫁给国家与社会。这实质上是要求污染者将排放污染物所获取的部分私利，用于控制和治理环境污染的公共环境保护活动，是以法律手段对污染者通过污染环境所获取利润的二次分配。通过明确责任主体与责任承担方式，污染者负担原则能够实现保护环境、预防污染、救济污染受害者的目的。另一方面，以污染者负担原则为基础，建立起以排污企业为直接责任主体的生产与服务环境标准、污染排放税（费）、环境行政许可、环境影响评价等污染治理制度，进而形成以政府管制为主导的环境治理一元行政模式，通过系列环境污染治理和预防活动来监管以排污企业为代表的污染者。

污染者负担原则确立之后很快收到了较好效果，自然资源利用率上升且环境污染情况有所缓解，环境治理一元行政模式稳定运行并不断完善。然而随着社会的持续发展，市场对环境资源的开发利用程度不断加深，污染物种类与总量持续增加，环境污染与破坏问题越来越复杂化，这都向污染者负担原则提出了现实挑战。

---

〔1〕 参见陈泉生：《论环境法的基本原则》，载《中国法学》1998 年第 4 期。

〔2〕 参见阳相翼：《污染者负担原则面临的挑战及其破解》，载《行政与法》2012 年第 12 期。

第一,"污染者"并非一个明确的概念。一方面它并不能涵盖所有对环境造成影响的主体,当前造成环境损害的原因不仅包括污染与生态破坏,还有过度开发与利用等多种可能,"污染者"中的"污染"一词过于狭窄,面对扩大的责任主体,仍然使用这一限定语不利于反映现实情况,而且容易引发误解。另一方面环境污染具有累积性、时空隔离性、潜伏性、多因性等特点,往往难以确定具体的污染者,并且污染包括点源与面源等多种表现形式,不仅在生产经营过程中存在污染的可能,在产品的服务和消费过程中亦有可能产生污染,甚至在治理过程中也有产生环境损害的风险。这使"污染者"从概念到实践都处于一种面目模糊的状态,而污染者负担原则作为污染治理责任界定的主要依据,相关的司法审理与判决遇到了很大困难。

第二,基于污染者负担原则,以政府管制为主导的环境治理行政模式一元单向性的弊端不断显现。对政府而言,这种模式的治理效果主要取决于政府的治污意志与能力。在意志上,政府对污染治理越重视则管制越严,反之则越弱,且存在政府被利益集团"虏获"或与之合谋的风险;在能力上,污染问题的复杂化使政府对环境污染的全面监管越发捉襟见肘,对环境污染风险及技术的认知也难以及时更新。对企业而言,不同企业排放的污染物种类与总量不同,自力治污未必符合市场经济的效率原则,而且并非所有企业都有足够的经济实力与技术水平来支撑自力治污。

在这种情况下环境污染治理模式发生了第二次转变,在责任承担形式上由污染者负担原则向损害者承担责任原则转变,在污染治理模式上由环境治理一元行政模式向环境治理公私合作模式转变,即由PPP原则转向PPP模式[1]。PPP模式,即政府与社会资本合作模式,又称公私合作模式。

损害担责原则源于污染者负担原则,是指"对环境造成任何不利影响的行为人,应承担恢复环境、修复生态或支付上述费用的法定义务或法律

---

〔1〕 PPP模式,即Public Private Partnership。

责任”[1]。此处的损害不限于环境污染,还包括生态损害等任何对环境造成不利影响的行为。损害担责原则是污染者负担原则在我国的新发展,是《环境保护法》(2014 年修订)第 5 条确立的我国环境保护基本原则之一。对此,德国和瑞士的环境法采用的是原因者担责的表述方式,日本环境法则是受益者担责的提法,以上表述都能够规避污染者负担原则的缺漏,更全面地涵盖环境损害责任主体。损害担责原则实际上已成为我国环境治理责任体系的核心,为各个新型环境治理机制中的法律责任界分提供了理论基础。

作为环境治理公私合作模式的典型代表,环境污染第三方治理中政府和排污企业与治理第三方合作,突破了传统环境行政管制模式的一元性与单向性,将社会和市场因素纳入环境治理过程,帮助政府与排污企业跨出自力治污的困境。通过环境服务合同,专门的环境服务机构能够参与环境治理并获取报酬,政府减轻了治污压力且更好地完成了环境治理与监管职责,排污企业摆脱了被动守法与自力治污投入产出失衡的困局,同时第三方治理企业的业务扩大有利于带动环境服务市场的发展以及环保科技的创新。环境污染第三方治理模式在世界范围内备受青睐,是当前各国环境治理的主要探索方向之一。

早在 21 世纪初,我国已尝试将第三方治理引入污水与垃圾处理等市政公用领域。[2] 党的十八届三中全会通过的《关于全面深化改革若干重大问题的决定》明确提出,“建立吸引社会资本投入生态环境保护的市场化机制,推行环境污染第三方治理”。2020 年 3 月,中共中央办公厅、国务院办公厅《关于构建现代环境治理体系的指导意见》进一步提出要创新包括第三方治理在内的环境治理模式。当前,环境污染第三方治理模式已经扩展运用于工业园区污染综合防治、小城镇环境综合治理托管服务、工业污染地块环境

---

〔1〕 竺效:《论中国环境法基本原则的立法发展与再发展》,载《华东政法大学学报》2014 年第 3 期。

〔2〕 例如,2002 年 12 月原建设部发布《关于加快市政公用行业市场化进程的意见》,允许外资企业和民营企业进入污水与垃圾处理等市政公用设施项目。

修复与开发建设等领域。环境污染第三方治理在全国范围内得到广泛应用,获得了良好的治理效果,其价值作用进一步得到决策者认可,应用领域不断扩大,成为国家环境治理体系不可或缺的重要组成。随着环境污染第三方治理的持续发展,其涉及的主体及法律关系越来越复杂,运行过程中陆续暴露出一些问题,如权力界限不清、权利相互冲突、参与主体权责不明、支持性制度不足等。这些问题对这一机制的进一步建构与发展造成了极大阻碍,也对第三方治理模式的实践效果产生了一些不良影响。

环境污染第三方治理的发展演进是环境法转型与现代治理制度重构的一个小的侧面,在一定程度上反映了我国环境法从传统到现代的范式转变,还有新型环境治理机制的建构与发展。同时,作为环境治理的代表性模式,环境污染第三方治理也是污染治理的问题集聚点,其在推广与应用的过程中所出现的诸多问题既是转型阵痛期的体现,也反映出当前制度架构的不足。因此,对这一模式中问题与解决办法的分析,应以实践论为指导综合考量我国当前环境治理中的诸多问题,联结现有的理论资源和当下我国环境治理机制的实践发展,以环境污染第三方治理为切入点做整体性分析,进而推动多元参与、公私融合的环境公共治理新范式的构建。基于国家各部门颁布的有关环境污染第三方治理的最新政策与指南,笔者从这一模式产生的理论基础出发,对第三方治理项目的现实运作及所处困境进行实证考察与分析,从问题的表征深入到问题根源,立足我国实际,提出完善及细化当前第三方治理相关制度的建议,进而为后续立法提供可资参考的理论支撑,并为具体项目的全生命周期提供有效的实践指引,以期消除环境污染第三方治理发展中的体制性障碍,促进第三方治理新模式的进一步有效推行。

对第三方治理机制而言,它的不断发展与完善可谓当下环境治理转型和环境法未来发展的一个缩影,不仅要完善表层的制度架构,而且要完成深层的理论建构。同时,对环境法理论来说,要进一步发展也必须以现实的制度实践作为试验场,来验证理论发展是否合理。在环境风险越来越被重视,整个社会急剧转型的当下,中国究竟需要怎样的环境法以及应如何建构,这一命题不仅涉及环境法知识论与方法论的发展,而且与当下环境治理机制的制度样态、运行逻辑及其影响变量等因素密切相关。将当下的环境法及理论发展“问题化”和“现实化”,从具体制度的实际发展来给出合理而精准的回答,是解决前述命题较为妥当且理想的路径。

可见,作为兼具实用性和理论性的制度典型,第三方治理是连接理论与实践的桥梁,对其法律机制的完善研究,作为环境法新理论与新制度的交汇点,具有理论与实践双重价值。

在理论价值方面,其一,明确环境污染第三方治理的相关概念,深入剖析机制产生的社会与法理基础,明晰机制的运行逻辑,论证治理模型的科学性和有效性,完善环境契约、公私合作治理、公私权力构造等系统性理论。其二,通过对第三方治理中环境服务市场竞争机制、政府监管机制、委托治理责任机制、公共参与机制等方面的实证分析,从现实发展中精炼各项问题,找寻问题产生的根源,推动相关理论的进一步发展。其三,立足我国实际,以对第三方治理法律制度完善的探索为着力点,为我国环境法规范体系和环境法治构建理路提供治理经验、制度试验及系统性反思,探求当前环境治理理论及法治转型的发展方向与切实路径。

在实践价值方面,其一,当前我国尚无针对环境污染第三方治理的专门立法,在公私法律关系、法律责任分配、与其他制度的衔接等方面尚无具体规定,笔者对环境污染第三方治理的重要法律问题逐一研究,为相关立法提供参考。其二,针对环境污染第三方治理运行过程中所暴露出的问题,从政府、排治污企业、公众、个体公民四方主体的角度出发,提出对环境服务市场竞争机制、政府监管机制、委托治理责任机制、公共参与机制中多个具体制度的重新设计与完善,为第三方治理现实架构的更新提供助力,促进机制的稳步推行与健康发展。其三,明晰环境污染第三方治理机制的作用机理,提炼出法律层面第三方治理项目全生命周期运作模型,推进环境污染第三方治理模式在地方治理、市政环保、私人治污中的深入应用,并为规范我国环境服务市场的健康有序发展起到推动作用。

（二）相关研究

近年来，国内有不少学者对“环境污染第三方治理”展开研究并推出了一系列研究成果，截至2023年8月，以“环境污染第三方治理”为关键词在中国知网上可检索到文章400余篇。[1] 根据笔者所检索到的信息和对相关文献资料的研读，可将当前相关的法律研究分为四个类别。

第一类主要围绕环境污染第三方治理的理论内涵与法律机制展开，大多是从整体上对环境污染第三方治理提出完善建议，具体包含多种角度的论述。骆建华论述了我国企业环境污染第三方治理的概念、现状和发展，分析了当前环境污染第三方治理的优势与障碍，提出设立国家环保基金等系列完善建议。[2] 刘超从我国环境治理理念与路径转变的角度出发，提出第三方治理代表着互动模式的发展，是对我国传统的管制模式下环境污染防治制度的矫正，应从污染防治市场制度的体系化、引入治污第三方机构等方面构建完整的制度体系。[3] 腾延娟提出环境污染治理第三方以义务为本位，既要承担对排污企业的契约义务，又要接受环境行政部门的监管。[4] 范战平认为环境污染第三方治理机制使原本排污者自力承担的治污责任变为可通过市场交易实现的经济责任，带动了环境服务产业、环保技术等的不断进步，应从政策扶持与氛围营造上推动治污专业化和产业化。[5] 王琪、韩坤

---

[1] 检索时间：2023年8月1日。需注意，在中国知网以“环境污染第三方治理”为关键词进行检索，结果显示有425篇论文，其中部分论文在内容上与“环境污染第三方治理”并无关联性，仅在主题上有所体现。

[2] 参见骆建华：《环境污染第三方治理的发展及完善建议》，载《环境保护》2014年第20期。

[3] 参见刘超：《管制、互动与环境污染第三方治理》，载《中国人口·资源与环境》2015年第2期。

[4] 参见腾延娟：《环境污染治理第三方法律主体地位分析》，载《石河子大学学报（哲学社会科学版）》2015年第2期。

[5] 参见范战平：《论我国环境污染第三方治理机制构建的困境及对策》，载《郑州大学学报（哲学社会科学版）》2015年第2期。

提出，环境污染第三方治理的关键点在于理顺政企关系。〔1〕 李雪松等学者针对第三方治理中存在的道德风险、信息辨识和传递风险，提出从构建参与约束机制、市场和监督机制等方面来防范风险。〔2〕 任卓冉提出环境污染第三方治理以契约为基础，以合作为核心，以利益均衡为保障，以多元共治为导向，应从市场培育、政府监管、责任划分、公众参与四个方面建立健全相关制度。〔3〕 陈潭提出第三方治理的重要驱动力是不同治理主体之间的相互依赖，以此为基础形成了第三方供给、第三方运营、第三方监管、第三方评估的实践模式。〔4〕 李一丁认为环境污染第三方治理以污染者付费原则、行政代履行制度为理论基础，是涉及多元主体、多方利益、多种方式的环境治理创新模式，应从适用对象、操作模式、法律效果、权责分配等方面来构建相应制度。〔5〕 张林鸿认为市场化的环境污染第三方治理是传统"命令—控制"型污染治理模式向"多元—互动"型模式变革的产物，应从立法规制、执法监管、司法保障三个层面完善环境污染第三方治理的法治化路径。〔6〕 唐绍均认为政府监管时松时紧、排治污企业责任边界划分模糊、市场催化机制缺漏是当前环境污染第三方治理中的制度梗阻，应以激励规制理论为指引，构造政府与排污企业、治污企业的三维规制激励结构。〔7〕

综上可见，此类研究是从环境污染第三方治理的理论基础、制度内涵出发，分析其运作模式和现实发展，进而提出相应的完善建议，在理论性与实

〔1〕 参见王琪、韩坤：《环境污染第三方治理中政企关系的协调》，载《中州学刊》2015 年第 6 期。

〔2〕 参见李雪松、吴萍、曹婉吟：《环境污染第三方治理的风险分析及制度保障》，载《求索》2016 年第 2 期。

〔3〕 参见任卓冉：《环境污染第三方治理的困境及法制完善》，载《中州学刊》2016 年第 12 期。

〔4〕 参见陈潭：《第三方治理：理论范式与实践逻辑》，载《政治学研究》2017 年第 1 期。

〔5〕 参见李一丁：《环境污染第三方治理的理论基础、现实诱因与法律机制构建》，载《河南财经政法大学学报》2017 年第 2 期。

〔6〕 参见张林鸿：《生态文明视野下环境污染第三方治理法治化》，载《社会科学家》2018 年第 12 期。

〔7〕 参见唐绍均：《论环境污染第三方治理的制度梗阻与激励规制》，载《政法论丛》2021 年第 5 期。

践性两方面均有所创新。这一类文献在环境污染第三方治理的研究初期出现较多,特点是较为宏观,往往是对环境污染第三方治理的整体性研究,目的是解答其制度内涵、发展根源以及未来方向等根本性问题,为后续更细致深入的研究打下了基础。

第二类主要围绕环境污染第三方治理合同展开,涉及环境污染第三方治理合同的概念、性质、分类、内部联系等问题。吕忠梅、刘长兴认为,环境合同的主体是国家与个人,内容是对环境资源使用权的处置。[1] 张宇庆对环境合同的性质和分类作了进一步研究,认为环境合同包括环境行政合同、环境民事合同,并且提出了环境服务合同的概念。[2] 鄢斌、李岩将环境服务合同与其他常见的合同进行比较,归纳出环境服务合同的特点,主张将环境污染第三方治理合同按照无名合同处理。[3] 孔东菊认为企业环境污染第三方治理合同应类型化为民事合同中的承揽合同,同时此类合同呈现出一定的公法特征。[4] 陈云俊、高桂林主张排污企业和治污第三方之间的合同属于民事合同,类型包括但不限于技术合同、融资租赁合同、委托合同、承揽合同,在不同情形下应适用不同合同类型的相关法律规定,而治污第三方与政府签订的合同应按照环境行政合同处理。[5] 任卓冉提出环境污染第三方治理是一个复杂的契约体系,由行政契约、民事契约、公共契约三个相互承接的契约范式构成,具体表现为环境服务政府合同、环境服务民事合同等。[6] 除此之外还有一些文献对环境污染第三方治理合同虽无专门论述但亦有所

〔1〕 参见吕忠梅、刘长兴:《试论环境合同制度》,载《现代法学》2003 年第 3 期。

〔2〕 参见张宇庆:《环境服务合同的概念演进与类型分化》,载《河北法学》2013 年第 10 期。

〔3〕 参见鄢斌、李岩:《环境服务合同的性质及其法律适用》,载《才智》2014 年第 3 期。

〔4〕 参见孔东菊:《论企业环境污染第三方治理合同的法律规制》,载《武汉科技大学学报(社会科学版)》2016 年第 3 期。

〔5〕 参见陈云俊、高桂林:《环境污染第三方治理民事合同研究》,载《广西社会科学》2016 年第 3 期。

〔6〕 参见任卓冉:《契约中心:环境污染第三方治理机制研究》,载《南京师大学报(社会科学版)》2021 年第 5 期。

涉及,如认为第三方治理合同属于委托合同,[1]认为是承揽合同,[2]是一种“以物为中心的承揽”,承揽人通过提供专业的服务来完成与定作人关于环境治理的约定等观点。综上,第三方治理合同作为第三方治理机制的核心,是必须要解决的关键问题。对于环境污染第三方治理合同的性质,学界虽有一定共识,但分歧也很明显。

第三类主要围绕环境污染第三方治理的责任承担展开,涉及环境污染第三方治理中产生的民事责任、行政责任、刑事责任等问题。其中对民事责任的讨论较多,如刘宁、吴卫星认为环境污染第三方治理中的民事责任不能简单地由一方承担,应将第三方治理在“企企模式”下分为嵌入型和独立型两类分别就侵权责任情形进行讨论。[3] 唐绍均、魏雨认为环境污染第三方治理中的侵权责任界定应回归到排治污企业间的基础法律关系,针对环境服务合同法律关系、承揽合同法律关系、无效合同关系的不同类型,依约定或者法定比例来分配排治污企业之间的责任。[4] 孔东菊提出借鉴德国环境设备责任的做法,区分不同第三方治理模式中污染生产和处理设备的归属,来界定排治污企业需承担的侵权责任。[5]

研究行政责任与刑事责任的文献数量相对较少。行政责任方面,胡静、胡曼晴提出环境服务企业的介入,使排污企业的行政义务或责任发生了变

[1] 参见周珂、史一舒:《环境污染第三方治理法律责任的制度建构》,载《河南财经政法大学学报》2015 年第 6 期。

[2] 参见唐绍均、魏雨:《环境污染第三方治理的侵权责任界定》,载《重庆大学学报(社会科学版)》2019 年第 1 期。

[3] 参见刘宁、吴卫星:《“企企合作”模式下环境污染第三方治理民事侵权责任探究》,载《南京工业大学学报(社会科学版)》2016 年第 3 期。

[4] 参见唐绍均、魏雨:《环境污染第三方治理的侵权责任界定》,载《重庆大学学报(社会科学版)》2019 年第 1 期;唐绍均、魏雨:《论第三方治理合同无效情形下的环境侵权责任界定》,载《重庆大学学报(社会科学版)》2020 年第 5 期。

[5] 参见孔东菊:《企业环境污染第三方治理侵权责任的划分——德国环境设备责任的启示》,载《南海法学》2019 年第 6 期。

化,应重新厘清排污企业的责任范围。[1] 刑事责任方面,马云认为应将治理第三方纳入责任范围,适用相对严格责任原则。[2] 唐绍均、魏雨提出,应以污染者担责原则为指导,鉴别排治污企业的污染者身份,在此基础上认定其刑事责任,并判断非污染者是否与污染者构成共同犯罪。[3] 任卓冉提出环境污染第三方治理在刑法归责方面具有特殊性,应引入客观归责论,以风险升高理论作为第三方治理中因果关系认定的补充。[4]

此外,还有学者在文献中同时论及民事责任及行政责任,如周珂、史一舒认为,在环境污染第三方治理中,第三方治理企业作为独立的责任主体分担了排污企业的部分责任,应按照损害担责原则及相应法律条文来确定责任的具体承担。[5] 邓可祝认为,排治污企业之间存在内部责任与外部责任的区分,不同治理模式下内部责任有所区别,且会影响到外部责任的具体分配。[6] 刘长兴提出,应先界分污染治理责任的转移和确定,继而针对不同情形,按照行政要求或者契约内容来分配责任。[7] 彭璞认为,应针对不同的第三方治理模式确定具体的排污者,以此为前提明晰排治污企业的行政责任和民事责任。[8] 任卓冉提出,应以利益均衡原则为基础,根据污染危险实际控制权的转移及负担,来确定第三方治理中行政责任与民事责任的界分。[9]

---

〔1〕 参见胡静、胡曼晴:《第三方治理中排污企业的行政责任》,载《世界环境》2017 年第 5 期。

〔2〕 参见马云:《水污染第三方治理机制中第三方的刑事责任》,载《中国环境管理干部学院学报》2015 年第 2 期。

〔3〕 参见唐绍均、魏雨:《环境污染第三方治理中的刑事责任界定》,载《南通大学学报(社会科学版)》2020 年第 4 期。

〔4〕 参见任卓冉:《论环境污染第三方治理的刑法归责》,载《江海学刊》2022 年第 3 期。

〔5〕 参见周珂、史一舒:《环境污染第三方治理法律责任的制度建构》,载《河南财经政法大学学报》2015 年第 6 期。

〔6〕 参见邓可祝:《排污企业与第三方的责任分配》,载《山东工商学院学报》2016 年第 3 期。

〔7〕 参见刘长兴:《污染第三方治理的法律责任基础与合理界分》,载《法学》2018 年第 6 期。

〔8〕 参见彭璞:《环境污染第三方治理模式下法律责任承担问题研究》,载《环境与可持续发展》2019 年第 4 期。

〔9〕 参见任卓冉:《企业环境污染第三方治理法律责任界分的困境与变革》,载《南通大学学报(社会科学版)》2021 年第 4 期。

也有学者提出将新的认定工具引入环境污染第三方治理的责任界定，如李一丁提出可借助企业环境信用评价制度来认定第三方在环境治理中出现二次环境污染时的责任。[1] 王社坤提出，应根据不同的环境污染第三方治理模式中排污单位与治污单位对污染危险的控制权来设定多样化的义务分配模式。[2]

综上，学界对于环境污染第三方治理的法律责任种类已经形成共识，即存在民事责任、行政责任、刑事责任三种性质的法律责任，但在污染治理责任是否转移、如何认定责任承担主体及责任如何界分等问题上，现有的研究与文献可谓分歧大于共识。

第四类主要围绕环境污染第三方治理中的公私合作展开，涉及公私关系、公众参与、合作博弈等问题。刘俊敏、李梦娇认为环境污染第三方治理是 PPP 模式的典型体现，公私合作在环境治理领域具有可能性和法律正当性。[3] 刘军、卓玉国认为 PPP 模式是推进环境污染第三方治理的重要手段，这一模式在经济发达国家已被广泛采用，在我国部分发达地区也形成了一些典型案例。[4] 胡炜认为公共选择理论、公共治理理论和合作国家理论为公私合作环境治理提供了正当性依据，[5] 环境污染第三方治理的操作性法源主要是有关公私合作的行政法规和部门规章，环境污染第三方治理应受到环境行政法和民事合同法的双轨制约。[6] 张锋认为，针对环境风险的不

[1] 参见李一丁：《第三方治理二次环境污染责任的认定——企业环境信用评价法制化视角的分析》，载《中国地质大学学报（社会科学版）》2019 年第 2 期。

[2] 参见王社坤：《第三方治理背景下污染治理义务分配模式的变革》，载《吉林大学社会科学学报》2020 年第 2 期。

[3] 参见刘俊敏、李梦娇：《环境污染第三方治理的法律困境及其破解》，载《河北法学》2016 年第 4 期。

[4] 参见刘军、卓玉国：《PPP 模式在环境污染治理中的运用研究》，载《经济研究参考》2016 年第 33 期。

[5] 参见胡炜：《公私合作环境治理的法理透析》，载《江西社会科学》2017 年第 2 期。

[6] 参见胡炜：《环境污染第三方治理：公私关系再审视及制度完善》，载《江海学刊》2021 年第 5 期。

确定性,还有环境规制的专业性、技术性等特征,应建立包括第三方治理制度在内的协商型环境规制体系,[1]当前我国环境治理应采用国家治理和市场第三方治理,以及以环保社会团体、环保基金会和环保社会服务机构为主体的社会第三方治理相结合的方式。[2] 陈颖、赵维圣在分析政府、排污企业、治污企业之间的利益博弈关系基础上,提出建构能回应现实要求的第三方治理义务分配机制。[3] 郑君君、董金辉、任天宇通过建立地方政府和排治污企业之间的环境污染合作博弈模型,提出合作博弈可以达成更好的治污效果,政府应采用均衡监管的手段并制定具体的激励措施,排治污企业可以确定合理的初始投资以实现合作共赢。[4] 黄仁辉、高明通过建立排污企业、第三方治理企业和政府的三方演化博弈模型,提出依据责任分担原则来设计奖惩分配激励机制,以此促进合作治理各方达成良好的信任关系。[5] 综上,现代环境治理理念的发展深刻影响了环境污染第三方治理的相关研究,学者尝试引入公共管理、博弈论等不同学科的分析工具,来为环境污染第三方治理的具体制度设计提供科学性依据。

国外有关环境污染第三方治理主题的研究成果主要体现为"环境治理市场化及其具体实现路径"和"环境治理公私合作的路径与形式"两大方面。对于前者,从英国经济学家庇古提出外部性理论开始,一些西方经济学家对政府强制性管制环境事务的做法提出批评,建议政府利用市场手段解决环境问题。环境污染治理市场化由此肇始,环境污染第三方治理的实际案例

---

[1] 参见张锋:《我国协商型环境规制构造研究》,载《政治与法律》2019 年第 11 期。

[2] 参见张锋:《环境污染社会第三方治理研究》,载《华中农业大学学报(社会科学版)》2020 年第 1 期。

[3] 参见陈颖、赵维圣:《论利益博弈视域下环境污染第三方治理的义务分配》,载《时代法学》2018 年第 5 期。

[4] 参见郑君君、董金辉、任天宇:《基于环境污染第三方治理的随机微分合作博弈》,载《管理科学学报》2021 年第 7 期。

[5] 参见黄仁辉、高明:《考虑奖惩分配激励机制的环境污染第三方治理演化博弈》,载《中国环境科学》2023 年第 4 期。

在美国、英国、德国等多个西方国家中大量出现。由此延伸出对环境标准与认证、企业环境社会责任、公众监督、绿色供应链、企业环境绩效与激励、行业组织与可持续发展等多方面的研究。[1] 对于后者,西方学者亦有大量著述,在此以两位知名学者的研究为例。美国学者朱迪·弗里曼(Jody Freeman)基于美国环境管制中协商制订规则和许可、栖息地保护计划、机构间的"谅解协议"等实践,将环境法和行政法两大领域结合起来,提出合作和契约治理模式,进而引申出"契约国家"的概念,提倡行政国家的合作治理,强调私方当事人在公共治理中的作用。[2] 埃莉诺·奥斯特罗姆(Elinor Ostrom)提出公共池塘资源的多中心、自主治理理论,以此解决集体行动的困境,推动对公共资源的可持续利用。[3] 这些研究构成了环境治理公私合作的理论基础,同时也创造出了多元合作环境治理的现实路径。综上,国外对环境污染第三方治理的研究起步较早,著述丰富,我国与西方国家之间在政治文化、政府结构、发展阶段等方面存在诸多差异,国外的研究在一定程度上有助于拓宽研究视野,启发研究思路。

(三)研究角度与方法

笔者认为,在国内有关环境污染第三方治理的整体性研究方面,学者虽然对于第三方治理的理论基础和内涵有相应分析但缺乏深入论证,对包括政府监管、市场培育、企业融资等方面的问题有所涉及但欠缺专门研究。对环境污染第三方治理的合同性质、责任承担等的具体性研究,不同学者之间的分歧较大,相互争鸣有利于理论的进一步发展创新,但莫衷一是也导致对

---

〔1〕 参见卢洪友等:《外国环境公共治理:理论、制度与模式》,中国社会科学出版社 2014 年版,第 1 ~33 页。

〔2〕 参见[美]朱迪·弗里曼:《合作治理与新行政法》,毕洪海、陈标冲译,商务印书馆 2010 年版,第 491 ~573 页。

〔3〕 参见[美]埃莉诺·奥斯特罗姆:《公共事物的治理之道:集体行动制度的演进》,余逊达、陈旭东译,上海译文出版社 2012 年版,第 35 ~67 页。

实践的指导性不足,未能满足现实需要。而在环境治理理念与环境法转型背景下出现的对环境污染第三方治理公私合作的剖析,尚未能融入各项具体制度之中。因此,虽然目前这一领域已有相当数量的研究成果,但尚无既具备宏观视角又囊括具体问题,且较为深入全面的体系性研究。

笔者以环境污染第三方治理为研究对象,针对相关法律制度的完善,以公私合作与引入第三方治理后的公私权利构造与契约范式为理论基础,以政府、排治污企业、社会公众、公民个体等参与主体为基点,从政府监管、市场培育、公众参与、责任界分、纠纷解决等不同层面来探讨规则完善与机制构建的路径与方式,将公私合作、利益均衡、风险控制作为线索贯穿整个研究。首先,公私合作是第三方治理长远发展的基础。第三方治理拓展了污染治理的主体范围,将市场主体与社会力量引入污染治理领域,政府、排污企业、环境服务企业、公众在第三方治理中都经历了自身的角色转换,公私合作成为污染治理新的基础,第三方治理中的法律关系也呈现出一定的公法私法化与私法公法化的特征。基于此,环境污染第三方法律制度的完善也必须实现公法强制功能与私法自治功能的交融互动。其次,利益均衡是环境污染第三方治理健康发展的保障。只有各参与主体认可彼此之间的利益达至均衡状态,才能够达成持久的互信与合作。公私益之间的平衡、环境治理成本与收益之间的平衡、各参与主体之间的利益平衡,必须贯穿这一运作机制的始终。最后,环境风险控制是环境污染第三方治理推行的目的。相关机制的构建必须基于环境风险的特点,一方面,基于科学判断保证第三方治理机制中的各项制度能够切实有效降低环境风险,预防和治理环境污染与生态损害;另一方面,在价值判断上应深入了解参与各方对环境风险形成的认知与判断,进而保证各项政策与制度的完善获得社会的认可与信任,形成公共话语和共同价值,真正实现合作共治。

笔者以公共治理理论与损害担责原则为指导,从目前大力推行环境污染第三方治理的北京、上海、江苏等省、自治区、直辖市以及地级市中选取典型案例为样本,通过实地调研与个案解剖的方式,对环境污染第三方治理项目的实践运行过程加以追踪调查，获取第一手资料，总结成功经验，挖掘潜在问题。在此基础上，通过文献收集、案例汇总、调查访谈等多种方式总结提炼环境污染第三方治理政策制定与实践运行中的理论与现实困境，并对其作出理论回应与对策论证，同时对域外的先进做法与有益经验加以归纳和借鉴，提出完善我国环境污染第三方治理机制的可行方案。

采用的研究方法主要有四种，具体如下：第一，过程分析方法。环境污染第三方治理具有过程性，是治理参与者相互作用的过程，研究中特别注重运用过程分析方法，把握治理各个阶段参与者的角色与功能，分析具有各自固有利害关系的参与者在实现污染治理目标的同时如何保证自身利益，并维持整体的利益均衡。同时，根据环境污染第三方治理运作过程中展现的不同特点，将其区分为不同模式并加以比较和评析。在类型化分析的基础上，对各个类型的环境污染第三方治理中的政府监管、责任界分、风险防范、公众参与等制度的完善提出针对性建议。第二，比较分析方法。对当前理论界中有关第三方治理机制的研究，还有实务界中第三方治理的现实发展情况进行梳理与对比。在理论方面，收集、整理、评析已有文献与资料，如论文、著作、法律法规等，进一步作对比性研究，发现不同理论观点争锋的关键之处，明确研究的重点与难点。在实务方面，对比实践中环境污染第三方治理项目的运行机制，比较分析不同类型的优点与弊端，发现并总结问题，进一步论证解决问题的路径与措施。第三，实证分析方法。为避免纯粹在逻辑层面"推演"理论而使理论脱离现实，通过调查与访谈，实地考察环境污染第三方治理的代表性项目和典型案例，深入了解当前治理的实际情况，总结经验教训，为问题与对策的提出筑建坚实基础，保证所提问题来源于实处，并证成对策的合法性、合理性与可行性。同时，收集与环境污染第三方治理有关的民事、行政、刑事案件，分析各种法律问题产生的法理根源，对不同类型纠纷的责任界定进行类型化总结，做到有的放矢，进而为纠纷解决与后续发展提供有力支撑。第四，跨学科分析方法。环境污染第三方治理涉及环境法、行政法、民法，乃至经济学、社会学、政治学等多个学科，需要综合运用多学科知识,进行系统研究。例如,引入公共治理理论,解析环境治理领域的经典模型,以此深化对第三方治理实践样态的理解,进一步夯实理论基础;还有在研究中引入博弈论分析工具,特别注意对第三方治理中参与主体的行为逻辑进行分析,构造公众参与的博弈模型,推演不同主体间的利益博弈与策略行为,提高政策与制度建议的科学性与合理性。

二、什么是环境污染第三方治理

(一)概念解析

环境污染第三方治理是由政府或排污企业与专业化的环境服务单位签订合同,委托其进行污染治理的新型环境治理模式,是我国现代环境治理体系的重要组成部分。对环境污染第三方治理的概念进行分析,可知其由“环境污染”“治理”“第三方”三个关键词构成,以下将分别进行解析。

第一个关键词是“环境污染”。环境污染是环境问题中最尖锐、最突出的部分,在世界范围内环境污染防治都是一个重大而艰巨的任务。从不同角度可对环境污染进行不同类别的划分,如按照环境要素可以分为大气污染、水污染、土壤污染等类别;按照污染物可分为固体废物污染、环境噪声污染、放射性污染等类别;按照污染来源可分为生物污染物污染、工业污染物污染、城镇场地污染和区域性环境污染物污染等。

人类甫一出现即开始对环境产生影响,人类活动不断对自然环境的原有功能、结构和状态发生着作用。在漫长而复杂的人类文明进化过程中,随着生产力的发展和科技水平的提高,人类对环境资源的利用也大幅提升,随之而来的是越来越多的废弃物及光、热、声、辐射等污染被排放到环境中。人类对环境施加的不合理的人为影响,已经超过了自然本体的最大容量和吸收极限,导致各种环境污染、环境破坏和损害产生。同时,这种开发利用和污染也扰乱了生态系统稳定的原有功能与结构,造成了生态破坏。

从广义上来讲,环境损害不仅包含污染物排放所导致的环境污染,还包括对自然资源过度开发利用所造成的生态破坏。相应地,无论是环境污染还是生态破坏,任何对环境造成的过度损害都是人类所必须着力解决的环境问题,也是环境治理的对象。故此,对环境污染第三方治理的理解,不应囿于"环境污染"的范围,从发展的角度来看,无论是环境污染还是生态破坏都应涵盖在第三方治理的范畴内,即使当前第三方治理主要是用于污染治理领域。

第二个关键词是"治理"。治理最初的含义基本上是与国家的统治行为相关,在20世纪90年代以前,治理与统治的概念几无差别,主要是指民族国家的政治管理活动。在经济全球化及后现代主义思潮的影响下,20世纪90年代以来治理的内涵产生了全面改变,即治理是各种公共和私人的个人和机构管理其共同事务的诸多方式的总和。作为治理理论创始人之一,詹姆斯·N.罗西瑙(James N. Rosenau)认为治理与政府统治并非同义词,〔1〕与政府统治相比,治理的内涵更加丰富,"既包括政府机制,同时也包括非正式的、非政府的机制"〔2〕。英国著名学者格里·斯托克(Gerry Stoker)认为,"治理所指,是统治方式的一种新发展,其中公私部门之间以及公私部门各自的内部的界限均趋于模糊。治理的本质在于,它所偏重的统治机制并不依靠政府的权威或制裁"〔3〕。我国著名学者俞可平认为,治理的基本含义是官方的或民间的公共管理组织在一个既定的范围内运用公共权威维持秩

---

〔1〕 詹姆斯·N.罗西瑙提出:"尽管两者都涉及目的性行为、目标导向的活动和规则体系的含义,但是政府统治意味着由正式权力和警察力量支持的活动,以保证其适时制定的政策能够得到执行。治理则是由共同的目标所支持的,这个目标未必出自合法的以及正式规定的职责,而且它也不一定需要依靠强制力量克服挑战而使别人服从。"参见[美]詹姆斯·N.罗西瑙主编:《没有政府的治理:世界政治中的秩序与变革》,张胜军、刘小林等译,江西人民出版社2001年版,第4~5页。

〔2〕 [美]詹姆斯·N.罗西瑙主编:《没有政府的治理:世界政治中的秩序与变革》,张胜军、刘小林等译,江西人民出版社2001年版,第4~5页。

〔3〕 [英]格里·斯托克:《作为理论的治理:五个论点》,华夏风译,载《国际社会科学杂志(中文版)》1999年第1期。

序,满足公众的需要,包括必要的权威、管理规则、治理机制和治理方式。[1]在有关治理的各种定义中,全球治理委员会作为权威机构在《我们的全球伙伴关系》研究报告中明确,治理既包括有权迫使人们服从的正式制度和规则,也包括各种人们同意或以为符合其利益的非正式的制度安排。它有四个特征:治理不是一整套规则,也不是一种活动,而是一个过程;治理过程的基础不是控制,而是协调;治理既涉及公共部门,还包括私人部门;治理不是一种正式的制度,而是持续的互动。[2]

可见,统治与治理至少有四个方面的区别:其一,权威来源不同。统治的主体必须是社会的公共机构,权威来自政府;治理的主体可以是私人机构、公共机构,还可以是两者的合作,其权威并不必然来自政府。其二,权力运行向度不同。统治是运用政府权威对社会公共事务自上而下的单一向度的管理;治理是基于合作网络的权威,通过合作、协商、伙伴关系,对公共事务进行上下互动的多元管理。其三,管理的范围不同。统治的范围是以领土为界的民族国家;治理的范围则不以民族国家为限,可延伸至国际领域。其四,权威的性质与基础不同。统治具有强制性,权威来自政府和法律;治理具有自愿性,建立在多数人的共识和认可之上。[3]

基于治理理论,善治就是使公共利益最大化的社会管理过程,基本要素有十点。一是合法性,即社会秩序和权威被自觉认可和服从的性质和状态。二是法治性,即法律是社会治理的最高准则。三是透明性,即政治信息的公开性。四是责任性,即某一特定职位或机构由于其承担的职务而必须履行一定的职能和义务。五是回应性,即治理者必须对公民的要求作出及时、负责的反应。六是有效性,即尽可能地提高管理效率。七是参与性,即公民对治理活动的参与。八是稳定性,即政策连贯、生活有序、居民安全的社会环

---

〔1〕 参见俞可平:《全球治理引论》,载《马克思主义与现实》2002 年第 1 期。

〔2〕 参见全球治理委员会:《我们的全球伙伴关系》,牛津大学出版社 1995 年版,第 2 ~ 3 页。转引自俞可平:《全球治理引论》,载《马克思主义与现实》2002 年第 1 期。

〔3〕 参见俞可平:《全球治理引论》,载《马克思主义与现实》2002 年第 1 期。

境。九是廉洁性，即公职人员奉公守法，不以自己的权力寻租。十是公正性，即保证公民的基本权利，消除两极分化。[1]

环境污染第三方治理以"治理"为落脚点，作为一种新型环境治理模式与传统的环境行政管理模式有着本质上的不同，必须认识到两者之间的区别才能把握第三方治理的本质。

第三个关键词是"第三方"。传统的环境污染行政管理主要围绕环境行政机构和排污者两方展开，第三方是相对于传统环境污染治理责任主体而言的新主体。目前国内外学者对于第三方存在广义和狭义的不同理解。从广义上来说，有学者认为，第三方包括独立于政府部门和市场部门之外的所有行业协会、社区组织、专家咨询小组、非政府组织等私主体；[2]也有观点认为，治理第三方可以界定为政府之外、具备一定能力、自愿参与公共服务和社会监督的公民、私人部门和社会团体。[3] 从狭义上来说，有学者认为，环境污染第三方治理中的第三方包括市场第三方和社会第三方，市场第三方即排污者与政府之外的环境服务企业，社会第三方包括环保社会团体、环保基金会、环保社会服务机构等具有公益性、专业性、社会性和组织性特征的专业主体，[4]一般而言，第三方应为市场第三方。还有一种新的观点认为，当前存在从广义的第三方向狭义第三方的转变，即从个体公民、相关企事业单位、社会团体、非政府组织等，转向公司、企事业单位等专业化组织，从外围式的监督参与者转向内核式的实质参与者，因此第三方治理中的第

〔1〕 参见俞可平：《全球治理引论》，载《马克思主义与现实》2002 年第 1 期。

〔2〕 参见杜辉：《论环境私主体治理的法治进路与制度建构》，载《华东政法大学学报》2016 年第 2 期。

〔3〕 参见陈潭：《多中心公共服务供给体系何以可能——第三方治理的理论基础与实践困境》，载《人民论坛·学术前沿》2013 年第 17 期。

〔4〕 参见张锋：《环境污染社会第三方治理研究》，载《华中农业大学学报（社会科学版）》2020 年第 1 期。

三方应是狭义的第三方,即对治理有实质贡献或承担治理主要作用的第三方。[1]

产生广义和狭义两种看法的原因,一是对治理理论的理解不同,二是对环境污染第三方治理发展阶段的着眼角度与范围不同。从污染治理模式的演进来看,传统的环境污染行政管理模式是面对"市场失灵",政府以具有普适性的强制手段统一排污者治污标准与治污路径的结果。而政府单一向度的管制与干预也不是万能的,治理责任的无限性和政府治理手段和治理资源的有限性之间的矛盾越来越尖锐。在这种情况下,环境污染第三方治理通过契约引入专业治污机构等市场主体,以应对"政府失灵"。公私双方通过环境契约法律关系实现对环境污染治理的责任共担,企业对环境利益的分享以完成公共治理为前提,政府对污染治理的管制以合作共治为基础。具有强大的权威性与整合性的政府治理与具有高度的灵活性与竞争性的市场治理相结合,可弥补各自"市场失灵"与"政府失灵"的不足,然而这种合作并非完美无缺,一方面合作未必能保证达至最优市场效益,另一方面二者基于各自利益有可能"合谋"进而导致集体性的不负责任。政府与市场的双重失灵,要求第三方主体范围的进一步扩大,公众与环保社会团体、环保基金会等社会主体的监督能在一定程度上填补双重失灵的漏洞,从帮助形成环境风险的共同价值判断、提前参与协商消弭利益冲突等方面发挥积极作用。由此可见,第三方治理的整体演进存在从广义第三方到狭义第三方再到广义第三方的不同发展阶段,表现为从过去公众等主体的外围式监督参与,到以治理企业为代表的内核式实质参与,再到更广泛的社会与市场主体的实质参与的转变。因此,环境污染第三方治理模式与制度的具体构建,需要从治理的落脚点出发,从广义和狭义两方面来着手完善从微观到宏观的整体性制度框架,并预留足够的制度发展空间。

---

〔1〕 参见张林鸿:《生态文明视野下环境污染第三方治理法治化》,载《社会科学家》2018 年第 12 期。

综上所述,笔者所探讨的环境污染第三方治理是以专业的第三方主体参与环境污染治理为核心,同时以更广泛的第三方主体参与预防和控制环境损害为外延的新型环境治理模式。专业的第三方主体参与,是由专门企业和专业性机构与政府和排污企业合作,通过市场机制和政府管制来预防环境损害,实现环境污染治理目标的环境治理形式;更广泛的第三方主体参与,是在对自然资源和生态环境的利用中,生态环境的利益相关者参与环境决策与治理,行使权利并承担相应责任,进而实现生态环境绩效、经济绩效和社会绩效的平衡和最大化,还有环境可持续发展的综合治理模式。

(二)内涵分析

契约是第三方治理的基础,合同是承载参与者权利义务、协调环境治理公共性与市场私益性的主要工具。环境服务合同是政府或排污企业与治理第三方就环境污染治理权责的确定与转移达成的协议,根据相对方的不同,可分为环境服务政府合同与环境服务民事合同两大类型。前者是政府为解决环境问题,通过行政委托、特许经营、政府采购等方式与专业的环境服务企业签订的合同;后者是排污企业与环境服务企业就污染防治或生态保护与修复签订的合同。[1] 从实践中环境服务合同的签订与履行来看,环境污染第三方治理的内涵包括以下三个方面。

首先,环境污染第三方治理以平等合作为核心。环境服务企业作为市场性与专业性主体的代表,它参与环境污染治理,推动传统环境行政一元管制模式向环境治理多元合作模式转变。政府与排污企业和治理第三方的合作以环境服务合同为基础,双方基于自愿与合意就具体的污染治理事项作出约定,平等合作是环境污染第三方治理的本质与核心,与此同时,基于环境利益的公共性,合同目标必须与政府环境管制责任目标保持一致。因此,此种合作具有以下特点:其一,合同以合意性为基础,不能违背市场和经济

〔1〕 参见张宇庆:《环境服务合同的概念演进与类型分化》,载《河北法学》2013年第10期。

规律。合同当事双方地位平等,由第三方企业承担污染治理与生态修复等合同主要义务,排污企业通过购买污染治理服务让渡自身所获取的部分环境利益给第三方企业,政府以企业或公众缴纳的环境税费等公共资金来向第三方企业支付报酬。其二,在以合同为基础的合作之外,作为被委托方的第三方企业,还有企业委托第三方治理中的排治污双方,需遵守环境管理规范,接受行政机关的管制与监督。其三,合作过程必须注意对公众环境权的保障。在合同订立过程中应向社会披露有关环境公共利益的事项,以便利益相关者对合同条款表达意见。[1] 在政府委托治理中应保障公共资金支出质量。在企业委托第三方治理中,排污企业和环境服务企业的合作虽然是私人部门的选择,属于企业自身运营,但基于环境治理的目的,必须在程序和实体上受到类似于约束公权力的适当限制,如信息公开、接受公众监督等。

其次,环境污染第三方治理以利益均衡为保障。利益均衡是第三方治理得以推广及长期施行的保证。其一,第三方治理以合同形式达到环境治理的目的,必须保证公益与私益之间的平衡。环境公益在第三方治理中处于基础性地位,环境污染的治理与预防作为合同目的决定了企业利益的范围。私主体必须担负公共环境保护责任才能获得合法利益,而国家的环境治理行为必须得到私主体的配合才能达到目的。同时,排污企业与第三方治理企业以利润为驱动,如果利润空间被过度挤压,则不利于污染治理与环境服务市场的发展,因此在实现社会整体环境利益的同时,必须保证企业有一定的盈利空间。其二,参与者认可其自身利益与价值选择和其他利益相关方处于均衡状态。例如,排污企业与第三方治理企业作为市场主体,利益最大化是其作为理性经济人的必然追求,如果主体之间风险承担不均衡,或利益倾斜较大,则会影响其对环境污染第三方治理模式的选择。其三,保证参与主体的责、权、利相统一,即权利、义务和责任必须相一致,参与各方在

---

〔1〕 参考张宇庆:《环境服务合同的概念演进与类型分化》,载《河北法学》2013 年第 10 期。

治理活动中享有相关权利，同时履行具体的环境法律义务，并在违反义务时承担相应的法律责任，也即合同主体各自所可能获取的私益与其承担的风险大致是均衡的。其四，环境治理的总体成本与收益之间至少处于平衡状态，收益大于等于成本。

最后，环境污染第三方治理以多元共治为导向。多元共治中的私主体不仅包括代表市场的企业与专业性机构，还包括代表社会力量的公众与各类环保社会组织。对于前者，企业与专业性机构为公共治理提供专业化产品和服务，实际上分担了政府环境管理的部分职责，在促进政府实现污染治理目标的同时私主体也获取了相应利益。环境服务合同赋予当事各方平等的地位，治理参与者基于自愿与合意而订约，通过合同来确定彼此在污染治理中的权责。相较于威慑和对抗的治理策略，有条件的自我规制与合作治理中对契约性管制工具的运用，更有助于治理目标的实现。[1] 仅有市场主体的参与属于狭义第三方主体的参与，体现了环境污染第三方治理的专业性与竞争性，即政府能力有限性和机构随意性的问题只有依托专业第三方才能解决，也只有运用市场机制和竞争机制，才能够保持公共资源配置和公共事务治理中第三方参与的活力和有效性。对于后者，公众与环保社会团体、环保基金会、环保社会服务机构等主体参与环境治理，是在政府与市场之外，以协商民主、社会合力来规范公权力与私权利，以更宽泛的政策机制来提升模式整体的环境治理能力，应对政府和市场的双重失灵。公民环境权的落实在一定程度上分担了政府环境管理权的负担。市场主体与社会公众的共同参与属于广义第三方主体的参与，体现了环境污染第三方治理的开放性与自治性，即开放社会中更广泛主体的参与才能形成治理与监督的合力，防止掌握社会资源的优势群体间的合谋，以多元主体对治理过程的切

〔1〕 See M. Aalders & T. Wilthagen, *Moving Beyond Command-and-Control: Reflexivity in the Regulation of Occupational Safety and Health and the Environment*, Law & Policy, Vol. 19:4, p. 415－443 (1997).

实参与,来更好地达成环境治理的目标和公共利益的最大化。由此可见,专业第三方与政府及排污企业的合同关系,以及与公众形成的更广泛的外部社会关系,是以契约为连结,公私协力实现治理目标,完成从依靠国家与企业的“环境管理”到政府、市场、社会多元共治进行“环境治理”的转变。

(三)主体分析

对主体及其角色的认定是系统性制度建立的基础。传统环境污染治理中的私主体仅包括排污企业,环境污染第三方治理拓展了污染治理的主体范围,将作为社会与市场力量代表的第三方纳入。第三方治理的参与主体,按属性可以划分为政府、私人部门、社会公众。基于参与主体的扩大,以及平等合作、利益均衡、多元共治理念的内在要求,各主体突破了传统角色的限制,身份与作用更为多样(如图0－1所示)。

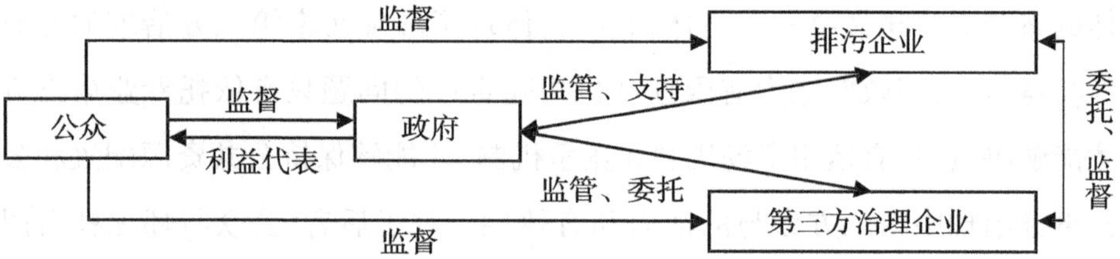

图0－1 环境污染第三方治理中各主体之间的关系

第一,政府从过去单一的行政管制者向监督引导者与合同当事方转变,其作用更为积极,角色与功能更加灵活多样。在企业委托第三方治理中,行政机关将发挥监督管理、政策指导、关系协调等多重作用。当前环境服务市场发展尚不充分,严格的政府监督是排污企业与第三方治理企业履约的主要外在压力,政府作为环境公共利益的代表,拥有环境管理权,应对排治污企业的履约情况予以监督,如定期检查治污成果、考察治污设施的建设与运行标准、对因环境治理瑕疵所产生的环境污染进行处罚等。此外,政府需制定第三方治理的实施规则与配套制度,为环境服务合同的订立以及第三方治理的推广创造良好的政策空间。政府还可以帮助排治污企业理顺关系,调解纠纷。在政府委托第三方治理中,政府在监督引导者的角色之外,还是合同相对方。政府尽管在此类合同中起主导作用,但仍需遵守市场与合同的基本原则,如履行承诺、支付对价、兼顾个体利益和整体利益、保证违约救济和实际补偿等。

第二,排污企业从单一的被管理者与责任承担者向更为丰富的角色转变,既是合同当事方也是行政管理相对人。作为合同当事方,排污企业充当委托者及监督者的角色,通过签订合同将自身承担的污染治理责任委托给第三方治理企业,根据治理效果支付相应费用。基于责任共担关系,在治理过程中排污企业将对第三方治理企业的治污水平、治理效果、生存经营等进行监督,防止对方基于利润最大化的自利性而骗取合同或虚假治理。作为行政管理相对人,排污企业需要接受政府的管制,遵守相关法律与政策,并对因污染治理瑕疵所产生的环境污染承担相应责任。相较传统管制模式,环境污染第三方治理使排污企业的治污选择更为丰富,能够帮助其减轻治污压力并提高治污效率。鉴于当前我国对环境污染第三方治理并无强制性要求,环境服务合同以排污企业自愿缔结为前提,在外部压力之外,由环境治理投资成本与效益决定的内生动力,是影响排污企业是否选择第三方治理的主要因素。

第三,第三方治理企业作为新参与主体,与排污企业角色类似,既是合同当事方也是行政管理相对人,在第三方治理中承担主要的治污责任。作为合同当事方,第三方治理企业是被委托者和监督者,接受排污企业或政府的委托,利用专业技术处理环境污染和生态损害并根据治理效果收取相应费用,同时,在治理过程中监督排污企业是否依合同约定的总量、种类、浓度等排放污染物,防止偷排漏排。作为行政管理相对人,第三方治理企业要接受政府监管,并且在治理过程中产生环境二次污染时,与排污企业共同承担相应责任。

第四,公众由过去单纯的风险与损害承担者,转变为治理参与者,对其他三方进行监督,是最重要的外部力量。从污染治理的角度来看,公众主要包含两类,一类是环境污染与生态损害所直接涉及的个人与群体,另一类是普通公众。前者是某一环境事件中的受害者,后者是理论上环境治理风险的承受者。在传统环境治理模式中,公众处于边缘位置,一般是作为被动接受者,在污染发生时则转变为受害者追索损害赔偿。在环境污染第三方治理中,公众除拥有诉权外,治理参与者的角色将更为突出,在环境治理过程中拥有知情权、决策参与权、监督权等各类权利,对政府、排污企业、第三方治理企业的治理方案及成效进行监督。这一情况在政府委托第三方治理类型中尤为突出。

综上所述,环境污染第三方治理重新赋予了各参与主体新的角色与功能,且新角色在不同的第三方治理类型中表现有所不同。这种转变能够突破传统环境治理模式的局限性,使参与主体的权利义务更为明确合理,而且不同主体间监督与合作的加强,也有利于各参与主体功能的有效发挥。

第一章

环境污染第三方治理的理论基础与制度逻辑

第一节　公共治理理论与环境污染第三方治理

环境污染第三方治理的产生与发展，除了受到污染者负担原则的深刻影响，还与公共治理理论密切相关。在某种意义上，公共治理理论下的公共行政改革和污染者负担原则变迁下的环境治理模式演进是同一个社会背景下的产物，有着千丝万缕的联系。

一、公共治理理论的缘起

从20世纪70年代末开始，西方发达国家在公域之治出现了从“统治”到“治理”的广泛变革，市场与社会因素在治理中的作用逐渐获得重视。[1]随着治理理念的不断深化（见表1－1），公共治理概念由此发端，吸引政治学、法学、公共管理学、社会学等多个领域学者的关注，一跃成为多门学科的热门课题，时至今日相关研究仍在进行并且得到了世界范围内的广泛认可。

---

〔1〕 参见任声策、陆铭、尤建新：《公共治理理论述评》，载《华东经济管理》2009年第11期。

表1-1 治理理念的早期发展

年份	机构	行为	内容
1989	世界银行	发布《南撒哈拉非洲:从危机走向可持续增长》报告	首次提出“治理危机”这一概念
1992	世界银行	发布《治理与发展》报告	系统阐述了对于治理的看法
1992	联合国	成立全球治理委员会并创办《全球治理》杂志	对治理理论展开了持续性探讨
1995	全球治理委员会	发布《我们的全球伙伴关系》报告	给出治理的权威性定义

公共治理概念的兴起,可以说是西方政治学家应对公共事务管理中“政府失灵”与“市场失灵”的产物。如英国学者鲍勃·杰索普(Bob Jessop)所言,“治理的重新发现有可能标志着一场新的革命——对过去由国家进行协调遭到失败的事例做出的简单的周期性反应;20世纪更晚一些时候,则是对市场调节失败做出的周期性反应”[1]。到21世纪初,公域之治主要经历了三种模式:一是国家管理模式,该模式基于传统的公共行政理论与范式,由国家作为唯一主体实行封闭性和单向度管理。二是公共管理模式,该模式基于新公共理论与范式,进行单向度和半开放的管理,主体从国家拓展到社会自治组织。三是公共治理模式,这种模式开放性和双向度的特征显著,公共管理与公众参与互为助力、互相结合。[2] 公域之治模式的变化,实际上也是传统公共行政理论到新公共理论再到公共治理理论,西方政治学理论与范式不断重构的过程。[3]

(一)国家管理模式与“政府失灵”

基于传统公共行政理论而产生的国家管理模式,具有以下特点:其一,

---

〔1〕[英]鲍勃·杰索普:《治理的兴起及其失败的风险:以经济发展为例》,漆燕译,载《国际社会科学杂志(中文版)》2019年第3期。

〔2〕参见罗豪才、宋功德:《公域之治的转型——对公共治理与公法互动关系的一种透视》,载《中国法学》2005年第5期。

〔3〕参见何翔舟、金潇:《公共治理理论的发展及其中国定位》,载《学术月刊》2014年第8期。

国家管理以统治的形式进行,对公共秩序和公共利益的追求本质上是对统治秩序和统治阶级利益的维护。其二,国家管理具有唯一性和垄断性,形成“管理者—被管理者”的单向度封闭性管理模式。其三,国家管理依托科层制官僚体系,采用强制性手段,形式单一。其四,国家管理依仗政府权威,强调社会与公民责任,缺乏足够的自我监督。

传统公共行政范式在东西方分别表现为“全能国家”和“福利国家”两种基本形式。中国是“全能国家”形式的典型代表,由政府以“大家长”式的大包大揽来承担全部的公共事务管理事项与管理责任。18 世纪中期至 20 世纪三四十年代西方各国普遍采用“夜警国家”的管理模式,当时西方各国多奉行“小政府、大市场”的古典自由主义经济学思想,强调对国家行政权的限制,追求有限行政和被动行政。20 世纪 20 年代末至 30 年代初,经济危机促使西方各国开始推动国家形态的变革,积极行政成为主流,强调对市场与社会进行广泛和积极的干预甚至管制。行政机关种类与监管范围不断扩张,多种拥有实质行政权力的公共权力组织出现。[1] 这些机构通过不同的法律机制,不断对经济进行干预,以保证“从摇篮到坟墓”普遍福利的实现。西方各国从“夜警国家”逐渐转变为“福利国家”。

“全能国家”与“福利国家”虽然存在诸多差异,但本质上都是依靠政府这一单一主体来管理公共事务,因而具有整齐划一、令行禁止的优势,在面对单一的社会结构时能够实现管理的统一性和有效性。然而,其不足之处也很突出:第一,官僚管理体制下的管理主体单一,管理方式逐渐僵化,管理程序烦琐冗杂,整体管理能力有限。第二,管理的单向度使管理过程具有极强的封闭性,政府与公众缺乏沟通与互动,极易形成二元对立。第三,由于缺乏完善的内部制约与激励机制,管理效率低下,国家权力机构化和机构职权私人化使政府陷入普遍的信任危机。第四,行政权的过分扩张,形成对立

---

〔1〕 参见王明远:《论我国环境公益诉讼的发展方向:基于行政权与司法权关系理论的分析》,载《中国法学》2016 年第 1 期。

法权与司法权的侵蚀与冲击,造成权力制衡的弱化或缺失。

这些内部矛盾在20世纪60年代工业化大发展时期所引起的环境污染、劳工权益、消费者权益等大量社会问题爆发时,演变为整体性的国家危机。尤其是20世纪70年代中期,第二次世界大战后最严重的全球经济危机爆发,西方发达国家相继进入"滞胀"期,"福利国家"政府管理能力不足、管理效果不佳的问题彻底暴露,公众对政府管理的必要性和可能性产生怀疑,对国家管理的正当性提出了挑战。

传统公共行政范式下的"政府失灵"充分暴露了政府有限的公共事务管理能力和社会无限的公共事务管理需求之间的矛盾。经济发展的高速化、社会结构的复杂化、自然环境的急速恶化,使公共事务领域不断扩张、公共问题更为复杂、公共矛盾日益突出,国家管理模式面对难度遽升的公域之治越发捉襟见肘,无法对公民的权益诉求作出及时的回应,也无法通过自我修正的方式来解决这些难题。以上情况最终导致传统公共行政范式下的国家管理模式由盛到衰,陷于终结。

(二)公共管理模式与"双重失灵"

20世纪70年代末,西方发达国家掀起"新公共管理运动",要求"重塑政府""再造公共部门",代表性的改革实践包括缩小政府规模的撒切尔政府"财政管理革新",用宪章的形式界定公共部门服务内容与标准的梅杰政府"公民宪章运动",美国"国家绩效评估委员会"的成立等。[1] 几乎同时,"全能国家"模式下的一些国家也开始收缩国家管理范围来拓展社会自治空间,如中国、越南等,开始从全能政府向有限政府转变。由此,公共管理模式在东西方国家应运崛起。

所谓公共管理,一般认为是指政府公共部门、非营利部门等社会公共组织为建立与维持公共秩序、实现和保护公共利益的目的,运用政治、法律、经

---

[1] 参见何翔舟、金潇:《公共治理理论的发展及其中国定位》,载《学术月刊》2014年第8期。

济和管理的理念与方法,依法制定与执行公共政策、管理公共事务、提供公共服务的活动。[1] 从本质上来说,这一模式对传统公共行政范式的改革,体现为对全包全能式政府的反思,收缩管制范围和弱化国家统治,重新强调市场价值与社会自治在公域之治中的重要作用。

公共管理模式以解决政府失灵为主要目的,要求打破传统的官僚体制和一元化管理形式。这一模式具有以下特点:第一,国家不再是公域之治的唯一主体,出现公共管理主体的多元化。第二,重视项目、结果和绩效,将有利于提高公共产出绩效作为衡量公共管理正当性的标准之一,从过程导向转为结果导向。第三,对政府的全能假定和对公务人员的利他性假定被抛弃,代之以有限理性和利己假定,政府由全能性、规制型、权力性向有限性、服务型、责任性转变。第四,公共管理由从上至下的纵向模式向扁平化的横向模式转换。第五,公共管理方式更为多元,与传统的规制、处罚等刚性管理方式截然不同的指导、契约等柔性管理方式逐渐增多。第六,公共资源配置从主要由政府分配转为政府分配和市场机制配置相结合。

从传统公共行政向公共管理的范式转变,对于解决公共问题、理顺公共关系、管理公共事务,确实取得了非常瞩目的成效,但随着实践的深入,其不足之处也很快显露,即公共管理模式只能部分缓解公域之治的内在矛盾,而无法根除政府失灵的问题。具体而言,在公共管理模式中,公共权力仍然在国家与政府手中,权力运作模式仍然是单向度的。国家和政府作为管理主体,享有垄断制定规则和实施、适用绝大部分规则的权力,个人与私人组织等私主体作为管理对象,主要是公共规则的遵守者。公共意志从上位的管理者传递到下位的管理对象,仍然具有显著的强制性。除此之外,公共管理模式虽然放松了对经济社会发展和技术创新的束缚,但同时也面临另一重意义上的困境与指责。过于强调效率与效能的经济价值取向太过单一,片

---

〔1〕 参见罗豪才、宋功德:《公域之治的转型——对公共治理与公法互动关系的一种透视》,载《中国法学》2005 年第 5 期。

面追求市场化导致对社会公益的忽视等，都与现代民主社会注重公众利益、社会正义、公平公正的价值追求相去甚远，公共管理模式在公域之治中的局限性越发明显。

由此，研究者与规则制定者开始认识到，无论是层级制的集权式国家管制方式，还是市场化的管制方式，在实践中都存在缺陷。在公共事务管理和社会资源配置中，既有“政府失灵”又有“市场失灵”，仅依靠政府政令的上传下达与组织的层层架构，固然无法实现最优的资源配置，难以保障和促进公众的政治与经济利益，而仅依靠市场手段，亦无法达到经济学中的帕累托最优。市场在限制垄断、提供公共物品、约束个人的极端自私行为、克服生产的无政府状态等方面的软弱与无力，是市场失灵的典型表现，单靠市场手段不可能实现社会资源的最优化。[1] 在治理层面同时解决“政府失灵”与“市场失灵”的双重失灵现象已经超出了公共管理模式的能力范畴。由此，新的理论开始崭露头角。

（三）公共治理理论的兴起

全包全能型政府机构叠床架屋，效率低下，导致财政、信任、管理三重危机，而市场机制又存在分配不公、市场垄断等现实问题。到20世纪后期，国家与社会、政府与市场等传统二分法已暴露出严重缺陷，创造社会治理的新样态，重新理解国家、市场和社会的关系，无论在理论上还是实践中的需要都很迫切。[2] 如查尔斯·沃尔夫（Charles Wolf）所言：“市场与政府之间的选择是复杂的，而且这种选择通常不是单纯地选择市场或政府，往往是两者在不同组合之间的选择，以及某种配置资源模式的不同程度之间的选择。”[3]公共治理的理论与范式围绕如何在渐趋复杂的政府结构和不断深入

---

〔1〕 参见任声策、陆铭、尤建新：《公共治理理论述评》，载《华东经济管理》2009年第11期。

〔2〕 参见王诗宗：《治理理论及其中国适用性》，浙江大学出版社2009年版，第12页。

〔3〕 [美]查尔斯·沃尔夫：《市场，还是政府——不完善的可选事物间的抉择》，陆俊、谢旭译，重庆出版社2007年版，第114页。

的市场机制下实现公益和私益的平衡，如何合理而灵活地以有限资源的最大化利用保证社会公共需求和国家与经济发展的现实需要之间的平衡等问题建构，其自身即应对传统公共行政和新公共管理范式所显露的政府与市场双重失灵的产物。因此，公共治理理论的兴起，是西方发达国家对自然和社会变化的一种适应与改革，以此达到协调政府、市场与社会之间的关系，实现三者之间积极互动与合作的目标。

二、公共治理理论的内涵

公共治理概念产生之初便迅速受到政治学、法学、公共行政学等多领域研究者的青睐，从不同学科领域对其做出了多角度的定义与建构，形成了不同的理论学派。经过长时间的理论争鸣和实践研判，以下论断已成为学界共识："主张分权导向，摒弃国家和政府组织的唯一权威地位，社会公共管理应由多主体共同承担；重新认识市场在资源配置中的地位和作用，重构政府与市场关系；服务而非统治，传统公共行政模式发生变革，公共政策、公共服务是协调的产物。"[1]

经提炼总结，该模式的特征可概括为以下方面：第一，在整体理念上，该模式认为治理主体具有多元性，主张民主参与的治理理念。民主参与应具有普遍性，而非有限主体的参与，这是公共治理的基础。第二，在主体的行为方式上，采用互动主体方法论，承认所有参与者皆为有限理性的个体，通过个体与组织间的交互来形成集体意志，并以合理精巧的制度架构和规范设计来促使公共机构作为社会公益的代言人。第三，在利益追求上，以公私益间的平衡为目标，以公益和私益的共同发展来追求社会整体利益的最大化。第四，在价值导向上，主张在实现社会公平的基础上最大限度地追求效率，在维护社会秩序的基础上实现公民自由，以此保证公平和效率、自由和

[1] 何翔舟、金潇：《公共治理理论的发展及其中国定位》，载《学术月刊》2014年第8期。

秩序的辩证统一。第五,在治理对象的范围上,认为各种公共事务皆为治理对象,治理范围应涵盖公共关系笼罩的所有公共领域,而不限于公共权力的运作范畴。第六,在治理主体上,认为所有公共关系参与者皆为治理主体,在以政府为代表的公权力主体之外,还有私人组织、私人组织与公共机构的合作机构,乃至公民个体等权利主体。各参与者在治理过程中扮演不同的角色,平等地参与公共治理过程,各尽其能、齐头并进,展现多中心的治理样态。第七,在治理方式上,以问题解决为导向,以综合性成本—收益分析为基础,以协商、契约等柔性管制手段为先导,以强制性刚性手段为后盾,以充分发挥市场与社会的自治作用为前提,以政府治理为保障,推进民主多元的治理策略,通过博弈实现均衡,达成程序正义与实体正义的互相促进。第八,在权责安排上,主张各公共治理主体应当权责统一,享有应有权利的同时必须依法承担相应责任,保证所有权力都有监督,所有权利都有救济。

公共治理理论在实践中的治理系统表现为多元主体集体行动动态发展的过程,有研究者将其动态过程的演进逻辑总结为图 1 – 1。[1] 具体而言,在动态发展中,政府不再是唯一的权力中心,过去依靠政府权威对公共事务的单向度管理被多元主体的多权力中心所取代,各参与主体的利益偏好与表达,将作为公共选择影响一国的立法、司法和行政政策。在正式的权力结构下,由各主体共同参与公共事务。在治理过程中,各个主体仅依靠自身的能力和资源并不能解决所有问题,因此需要不同主体之间的互动与合作,形成多种多样的协作与监督关系。多元化的治理主体依靠各自的优势与资源,既相互独立又相互依存,彼此制衡,相互监督,最终形成一种自主管理组织,完成各自的主要工作,并得到相应的产出与结果。这一演进逻辑总体来看是通过多元、合作、协商、伙伴关系,寻找共同的治理目标,来完成对国家、市场与社会力量的整合。

---

〔1〕 See Carolyn J. Hill & Laurence E. Lynn Jr, *Governance and Public Management an Introduction*, Journal of Policy Analysis and Management, Vol. 23:1, p. 3 – 11 (2004).

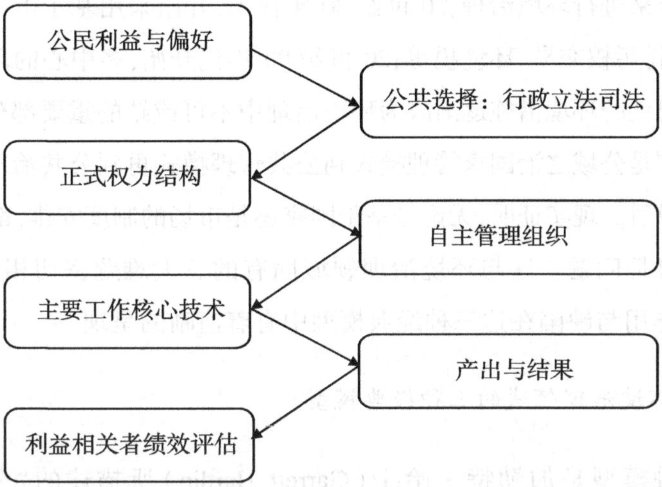

图1-1　治理的政治经济逻辑

公共治理理论的兴起和发展，既是对越来越复杂的社会现实的回应，也是对传统理论的批评与反思。公共治理理论本质上是多元主体共治，在形式上要求治理体制与机制的进一步创新，即以国家治理为顶层设计，以市场治理为核心，以社会治理为基础，以国家、市场与社会治理的有机统一为公共治理实现的根本路径。

三、公共治理理论在环境治理领域的运用

污染物排放和自然资源开发利用所带来的环境损害，一直是环境治理领域中最尖锐、最重大的难题。如何对自然环境实行最佳治理，无论在学术领域还是在现实世界，都引发了持续性的思考和探讨，有些研究者建议应由国家对自然资源进行控制并对污染进行预防和治理，也有研究者认为应将市场机制作为污染治理与资源利用的基础。从环境治理起步较早的发达国家在该领域的历史发展来看，先后出现了“命令—控制”型治理、市场型治理、多中心的自愿型治理等模式。西方发达国家在20世纪80年代以前主要使用强制性法律

法规和命令来进行环境治理;20世纪80年代末,开始采用基于市场的环境经济政策,如排污权交易、环境税等;20世纪90年代开始,多中心的环境治理模式以及自愿性的环境措施逐渐成为环境治理中不可或缺的重要部分。这一演变过程可谓是公域之治国家管理模式到公共管理模式再到公共治理模式在环境领域的投射。现实证明,无论是基于国家还是市场的制度安排,都未能从根本上解决环境问题。这与环境治理领域固有的三大难题密切相关,不同治理理论的作用与缺陷在这三种经典模型中有着清晰的呈现。

(一)环境治理领域的三种经典模型

第一种模型是加勒特·哈丁(Garrett Hardin)所描述的“公地悲剧”(tragedy of commons)。哈丁设想了一个对所有人开放的牧场,放牧人是理性个体,能够从自己的牲畜中获得直接利益,但当他或者他人过度放牧时,每个放牧人均需承担公共牧场退化带来的延期成本。然而,每个放牧人仍想增加更多牲畜,因其能获得全部的牲畜收益,而只需承担过度放牧的部分损失。因此,在公地自由使用的环境里,每个人追求自己的最大利益,最终只会导致整体的毁灭。哈丁所假设的模型并不只限于一片牧场或者某个区域,大量环境污染与自然资源过度开发的事例都可以用这种模型来描述,可以说凡是依赖自然环境这种公共资源的领域都可能会产生这种情况。如今,“公地悲剧”已经成为一种象征,即无论何时只要多人共同使用一种稀缺资源,便会发生环境的退化。

第二种模型是“囚徒困境”博弈模型。[1]“囚徒困境”博弈模型可以用

---

[1] “囚徒困境”博弈模型由梅里尔·M.弗拉德(Merrill M. Flood)和梅尔文·德里舍(Melvin Dresher)提出,由阿尔伯特·W.图克(Albert W. Tucker)正式建立。该模型可具体描述为两名嫌疑犯被带到拘留所,分别看管。地方检察官确信他们犯有某项罪,但他没有足够的证据在审判中证明他们有罪。他分别告诉这两名囚犯他们面临两个选择:承认有罪或不承认有罪。如果两名囚犯都不认罪,地方检察官将编造一些非常小的罪名如偷窃或非法持有武器控告他们,他们将会受到轻微的处罚;如果两人都承认了,就会被起诉,但检察官会建议不给他们最严厉的惩罚;但是如果一人承认,另一人不承认,承认的将会因此受到宽大处理,而不承认的则会加重罪名。

一定区域内自然环境对污染的容量来描述。一定区域内的自然环境容量是有限的,这个限度内的环境污染可以被容纳。在由两个排污主体构成的博弈中,“合作”策略是假定每个排污主体占用一半的环境容量;“背叛”策略则是每个排污主体排出尽可能多的污染物,只要产生污染物的生产过程所生产出的商品能够获利(或者生活过程能够获得个人利益)。假定二者都把排污量限定在环境容量的一半,将获得100个单位的利润,反之都采取排出尽可能多的污染物的做法,那么利润将为0;如果他们二者中的一个把自己的排污量限定在环境容量的一半,而另一个肆意排放污染物,那么选择背叛策略的一方将额外多获得10个单位的利润,而选择合作策略的一方将额外获利-10。如果事先没有能达成具有约束力的协议,而由任意一方来自由选择,那么他们都会更倾向于选择背叛策略,以获取更高利益;而当他们都选择了背叛策略时,他们获取的利益将为0。虽然这一情境较为极端,但能在一定程度上反映此种模型的基本结构,即这是一种典型的所有参与者都拥有完全信息的非合作博弈。在这种模型里,每一个参与者的占优策略是,无论其他参与者选择哪种策略,只要自己选择背叛策略,就有更大概率获取更多的利益,但是每一个对局人所选择的个人最佳的行为策略,并不能导致一个帕累托意义上最优的结果,也即个人理性的策略选择通向集体非理性的结果。

第三种模型是曼瑟尔·奥尔森(Mancur Olson)所提出的集体行动困境。奥尔森认为,作为理性的、寻求自身利益的个人,只有在群体人数足够少,或者存在强制性或特殊性要求的时候,才会为共同的或群体的利益而采取行动。这一模型对基于群体理论的个人会为促进包含自身在内的共同利益而自愿行动的论断提出了挑战。在环境治理中,奥尔森的观点可以被解读为,如果一个主体在面对环境资源或公共环境治理时,不会被排除在资源或治理所带来的利益之外,那该主体就没有动机去为保护资源或帮助治理自愿贡献力量,并且主体的这种选择与每个主体的行动引人注目的程度相关。

这三种模型将个人在面对个人利益与公共利益时所产生的许多问题做了说明,深刻地反映了环境治理领域诸多困境产生的根源。这些模型解释了为何完全理性的个人在某些情况下会导致并不理性的结局。如奥斯托罗姆所言,一种情况是,个人只有在无法分享他人所争取的利益时,才会参与行动,否则只会选择“搭便车”,而如果所有参与人都被“搭便车”的诱惑控制,那就无法产生公共利益,最终的结局对所有人而言都很糟糕。另一种情况是,有些人可能会作出贡献,而另一些人会选择“搭便车”,这会导致公共利益无法达到最优水平。[1] 可见,这些模型的价值在于提炼了在世界范围内不同背景下所发生的许多不同环境问题的一些重要共性,这些共性形成了环境治理政策的基础。在模型中固定不变的条件,在现实中可以通过参与者的行动而加以改变,而在这一过程中,参与者是否具有改变博弈中约束规则的能力至关重要。

对三种模型的解决方案,主要有两种观点,一种是以利维坦为“唯一”的方案,即国家管理模式下由中央政府对生态环境和自然资源实行集中的外部控制;另一种是以私有化为“唯一”的方案,即在公共管理模式下强制实行私有财产权制度。要在国家管理模式下通过集中控制来实现最优均衡,必须满足信息透明、制裁有效、监督有力、行政支出低廉等条件,事实已经证明这些条件无法实现。而在公共管理模式下,实行完全的私有产权与生态环境和自然资源本身的公共属性相悖,在很多情况下无法落实,且市场的逐利性不仅不能解决所有问题,还将产生新的问题。在这种背景下,开辟政府与市场之外的第三条道路,即将公共治理理论运用于环境治理成为一种必然选择。

(二)公共治理理论在环境治理领域中的实践形态

20 世纪 80 年代,美国著名学者奥斯特罗姆教授从对公共池塘资源利用的实际案例出发,运用经验分析和制度分析的方法,提出公共池塘资源自主

---

〔1〕 参见[美]埃莉诺·奥斯特罗姆:《公共事物的治理之道:集体行动制度的演进》,余逊达、陈旭东译,上海译文出版社 2012 年版,第 8 页。

组织和自主治理这一不同于公有和私有的治理模式。在这种治理中,参与者通过相互交流和博弈,来寻找解决前述三种经典困境的制度安排,取得持久的共同利益。公共池塘资源自主治理中的公共池塘资源实际上是公共环境资源,具有非排他性和竞争性,每个个体都可以使用整个公共资源,同时享有其带来的个人收益。而自主治理是解决集体行动困境的方式,即通过理性个体的互惠合作和合理博弈,来消除个人理性导致的集体非理性。具体包括,确定影响理性个人策略选择的内部变量,如收益、成本、共同规范、机会;设计自主组织的制度供给;建立明确权责的可信承诺;完善自主组织内部的互相监督。

奥斯托罗姆考察了多个国家的大量成功案例,总结出有效自主治理公共事物的七个原则:第一,清晰界定边界,规则应明确规定谁拥有什么权利;第二,应当建立适当的冲突解决机制;第三,个体按照收益比率分担相应的维护资源的责任;第四,监督和制裁应由资源占用者本人或者对占用者负责任的人来进行;第五,制裁应是累进制的、分级的,对首次违反者处以较轻的惩罚,对再次违反者的惩罚则相对较重;第六,决策过程的民主化使治理更容易成功,当大多数用户可以参与对规则的修改时,更容易治理公共资源;第七,对组织最低限度的认可,用户自我组织的权利应该得到外界权力机关的明确承认。[1] 这些原则能够帮助实现合意的目标,使合作的规模由小及大。对权力的规定、供给、监督、执行,冲突的解决以及治理活动都可以在多层次的分权制组织中逐步实现,[2]形成运作良好的规则,再由规则对治理形成反哺,进而形成规则与治理相辅相成、彼此强化的良性循环。

奥斯托罗姆所建立的公共池塘资源自主治理的模型实质上展示了公共治理理论如何运用于环境治理领域的一种现实路径。她所倡导的基层自治

---

〔1〕 参见张克中:《公共治理之道:埃莉诺·奥斯特罗姆理论述评》,载《政治学研究》2009 年第 6 期。

〔2〕 参见张克中:《公共治理之道:埃莉诺·奥斯特罗姆理论述评》,载《政治学研究》2009 年第 6 期。

组织,既能够回应公民个体的需求,落实个人权利,又能培养公众自我组织与管理的能力。这有助于抑制市场与政府双重失灵的负面影响,同时发挥市场经济的优势作用。

整体来看,这是一种重塑政府权能,由政府让利于市场、放权给社会的竞争、命令与合作的治理模式,根本理念是"公私合作 + 社会自主治理",综合运用公法手段和私法手段,来推动合作与竞争。前文所提到的 PPP 模式,是该种治理模式中公私合作理念的体现。PPP 模式是政府通过和社会资本合作来提供公共产品和服务的一种方式,具有平等合作、互利共赢、风险共担三个基本特征。作为公共行政和公共物品供给方式改革的创新模式,PPP 模式包括合同模式的 PPP,如 BOT(built-operate-transfer,建设—经营—转让)、TOT(transfer-operate-transfer)、BOO(built-own-operate)、特许经营等,还有公司模式的 PPP,如公私双方共同建立新的 PPP 项目公司或公共一方转让公司股份给私人。[1] 环境污染第三方治理是在环境治理领域对 PPP 模式的延续和拓展,"延续"是指以政府为责任主体的"公—私"合作环境治理;"拓展"是以排污企业为责任主体的"私—私"合作环境治理。[2] 从长远发展来看,第三方治理不仅包含了公私合作的理念,而且通过更广泛第三方主体的参与,有在环境治理领域实现社会自主治理的现实可能。

第二节 第三方治理的制度逻辑

虽然对于公共治理理论是否适宜在国内应用有诸多讨论,但实践中我国不少领域已经在利用和借鉴公共治理理论,创新公共治理机制,并且成效良好。环境污染第三方治理,即在传统行政管制模式大变革的背景下产生

---

[1] 参见喻文光:《PPP 规制中的立法问题研究——基于法政策学的视角》,载《当代法学》2016 年第 2 期。

[2] 参见张林鸿:《生态文明视野下环境污染第三方治理法治化》,载《社会科学家》2018 年第 12 期。

的，以公共治理理论为基础，构造了自身制度逻辑的新型环境治理模式。按照奥斯特罗姆的分析方法中人、物品、制度三个主要因素来解析，在环境污染第三方治理中，人是作为有限理性个体的参与者，物品是环境利益，制度是进行博弈的规则，相关法律规范即一套配置收益、分配权利与义务的框架。

一、契约范式及运行逻辑

环境污染第三方治理的核心是通过合同的方式实现对污染的治理。公私合作协议反映了公共部门与私人部门之间对于公共服务的买卖合同关系，还反映了公共部门作为公共服务市场的监督者与私人部门作为公共服务的生产者和经营者之间的管理与被管理关系。[1] PPP模式中包含公法关系与私法关系的复杂交织，还有公共治理理论对公法手段和私法手段的综合运用，而契约则是连接公法和私法的桥梁，是最主要的管制工具之一。

契约原本是属于民商法范畴的概念，在公共行政改革浪潮掀起之后，它作为一种管制工具又被引入公共治理模式，成为行政方式变革的主导方向之一。源自解决环境保护、安全与健康、消费者保护等新兴社会问题的现实需要，政府将许多传统职能通过契约外包给私主体，传统"命令—服从"模式的行政管理逐步演变为"协商—合作"模式的公共治理，传统"命令—控制"的行政法范式也向以实现治理目标为导向、公私协力的新方向转变。[2] 这种柔性管制工具的引入，丰富了传统以强制性为特征的刚性管制手段，多元协商与合作治理成为解除传统行政范式合法性与规制危机的新形态。"契约国家"甚至成为现代行政国家的新称号。[3]

---

〔1〕 参见湛中乐、刘书燃：《PPP协议中的法律问题辨析》，载《法学》2007年第3期。

〔2〕 参见姜明安：《全球化时代的"新行政法"》，载《法学杂志》2009年第10期。

〔3〕 See J. Freeman, *The Contracting State*, Florida State University Law Review, Vol. 28: 1, p. 155 – 214 (2000).

(一)环境污染第三方治理中契约的两个面向

在环境污染第三方治理中,契约作为一项重要的管制工具,具有现实投射与工具价值两个面向。现实投射面向,即为第三方治理中的环境服务合同。当前主要包括两类,一类是公私合作治理中政府与专业治污企业之间签订的环境服务政府合同,另一类是私私合作治理中排污企业与第三方治污企业签订的环境服务民事合同。这两类合同对应环境污染第三方治理中政府委托治理与企业委托治理两大类型。

工具价值面向,即契约作为环境管制工具。首先,契约具有"法"的价值。环境污染第三方治理项目具有长期性与不确定性,参与主体多元而复杂,规制目标多层次且多维度。对此,当前尚未形成连贯而清晰的法律框架,且具有原则性与普适性的法律太过抽象与僵硬,易导致传统"命令—控制"模式的无效率,难以完成规制任务。相对而言,契约作为一种柔性的规制工具更为具体灵活,可以针对个体项目采取更具特殊性的措施。其次,契约具有"沟通"的价值。契约包含交换、对话与流动的含义,是承载各种关系的重要载体,为参与主体提供了对话与交流的平台。[1] 多元主体的不同价值目标,在契约中通过动态、分散、持续、平等的对话而形成合意。

因此,环境污染第三方治理中的契约,是一种借由现实面向的合同形式体现的治理工具,包含政府、企业和公众等不同群体的意志与合作愿望,相当于当事人之间的法律,对当事人具有直接明确的约束力。

(二)环境污染第三方治理中契约的三种范式

环境污染第三方治理是一个复杂的契约体系,整个治理过程即契约的生命周期运转过程。多元参与主体的不同利益诉求,各种风险的合理分配,

〔1〕 See J. Freeman, *The Private Role in Public Governance*, New York University Law Review, Vol. 75:3, p. 543 -675(2000).

政府与社会资本以及公众的权利义务等，都通过契约来予以明确及调整。在此，契约是“环境公共利益—环境管理权和公民私益—环境公民权的集合”[1]。环境污染第三方治理的契约体系由三个相互承接的契约范式构成。这三种契约范式是契约工具价值的具体体现，同时也形成对契约现实面向的实际指导。

第一种是政府通过行政委托、特许经营、政府采购等方式与私主体签订的污染治理和生态修复的行政契约。在现实面向，主要是指“政府基于法定职能，在其负责任的公共领域向社会购买环境公共服务，与第三方签订以环境质量提升为核心的环境服务政府合同”[2]。它具有以下特点：一是在原理上，它是基于政府对污染治理公共职能的履行。二是在法律关系上，行政契约范式是基于市场规律，以非行政运作方式引入市场与社会因素的公共治理形式，呈现出明显的公法私法化倾向，一方面反映了政府与私人部门之间对于公共服务的买卖合同关系，另一方面反映了政府作为公共服务市场的监督者和私人部门作为公共服务的生产者、经营者之间的管理与被管理关系，应属于兼具公法和私法性质的混合合同，[3]当事双方应同时受到公法和私法原则的约束。[4] 根据最高人民法院《关于审理行政协议案件若干问题的规定》，[5]这一类合同被纳入行政协议的范畴。三是在主体上，行政契约

---

〔1〕 杜辉：《论环境私主体治理的法治进路与制度建构》，载《华东政法大学学报》2016年第2期。

〔2〕 张林鸿：《生态文明视野下环境污染第三方治理法治化》，载《社会科学家》2018年第12期。

〔3〕 参见湛中乐、刘书燃：《PPP协议中的法律问题辨析》，载《法学》2007年第3期。

〔4〕 环境服务政府合同属于PPP协议中的一种，由于当前法律法规对其并未有清晰定位，故其法律性质学界有不同观点，包括民事合同说、行政合同说，以及混合合同说，民事合同说忽视了政府在合同签订到履行中所拥有的行政优益权，行政合同说则未能对环境污染第三方治理本身作为一种市场合作行为而非政府强制的情况有足够描述，因此，本书认为，混合合同说能够充分体现环境服务政府合同兼具民事合同与行政合同双重属性的特点，更为符合实际。

〔5〕 该司法解释于2019年11月12日由最高人民法院审判委员会第1781次会议通过，自2020年1月1日起施行。

属于典型的“合作行政”，主要包括政府、私人合作者和其他利益相关者三类活动主体，行政契约的运作过程就是这三类利益主体的互动过程，其中最为核心的法律关系即政府与私人部门之间的法律关系。[1] 其中，政府至少承担着规则的制定者与执行者、公共服务的采购者和提供者、公共服务的监管者等三重角色的责任和义务，在对市场主体进行监管的同时，必须遵守市场规则与契约的原则。环境服务企业既是合同当事方又是行政管理相对人，接受政府委托，承担主要的治污责任，同时接受政府的监管。

第二种是污染者与其他具备污染防治和生态修复能力的私主体签订的各类技术、承揽或委托的民事契约。在现实面向，是指排污企业与环境服务企业约定，由环境服务企业进行污染防治及生态保护与修复事务的环境服务民事合同，具体包括技术合同、融资租赁合同、承揽合同以及委托合同等形式。[2] 它具有以下特点：一是在原理上，是“谁污染，谁付费”损害者担责原则的体现，排污企业可以以支付治污费用的形式将法定责任转移给第三方，用成本负担代替直接的治理责任。二是在法律关系上，这一契约范式本质上属于民事合同范畴，契约的订立是私人部门的选择与合作，属于企业自身运营。同时，由于环境权益作为合同客体所具有的公共产品属性，所以合同具有社会公益性，不同于一般的民事合同，表现出强烈的私法公法化特征。污染治理作为合同目的决定了合同主体必须担负公共环境保护责任才能获得合法利益，排污企业与环境服务企业的契约自由要受到一定限制，双方在一定程度上需执行公法上约束公权力的相关规定，保证行为公开透明并接受社会公众监督。三是在主体上，此类合同当事双方是同为平等民事主体的私人部门，政府虽然可能参与了环境服务企业的投资或在排治污双方的合作中有“牵线搭桥”的引导作用，但并不直接作为一方合同主体。排

---

〔1〕 参见湛中乐、刘书燃：《PPP 协议中的公私法律关系及其制度抉择》，载《法治研究》2007 年第 4 期。

〔2〕 参见陈云俊、高桂林：《环境污染第三方治理民事合同研究》，载《广西社会科学》2016 年第 3 期。

污企业与环境服务企业既是合同当事方又是行政管理相对人，二者之间形成“伙伴关系、环境绩效共享关系及投融资风险分担关系”[1]，并接受政府监督。政府代表公共利益行使环境管理权，除了承担监管的责任，还具有引导者、政策推动者、关系协调者的角色，为第三方治理提供良好的制度环境。

第三种是利益相关者与政府协商制定环境治理规则的公共契约。在现实面向，是指环境污染第三方治理中的公众参与，参与主体包括利益相关者以及公众和各类环保社会组织。公众并非环境服务合同的直接参与方，而是基于环境治理结果承担者与环境风险承受者的身份，拥有对政府、排污企业与环境服务企业治理项目的参与权以及治理效果的监督权。这类契约范式的具体特点如下：一是在原理上，是在“以国家为中心的环境污染治理在特定情况下出现结构性失效、制度性失效和政策性失效的风险，而市场第三方治理由于不能解决环境污染治理中的价值诉求、参与动力、沟通协调和利益保障等核心问题，有可能陷入市场失灵和政府失灵怪圈”[2]，以及科学不确定性普遍存在的情况下，通过公众参与推动形成公共话语，以沟通理性、交往行为与程序正义来弥补传统技术理性决策的缺陷，增强环境治理的合理性、合法性及正当性。二是在法律关系上，表现为协商式参与制度，即由政府、企业、公众及环保社会组织等主体通过共享信息、平等协商、理性合作来对环境污染第三方治理相关问题做出决定。对此，利益相关者与各类环保社会组织由于与第三方治理的关联程度及自身性质特点的不同，而在实际参与形式上有所区别。社会力量发挥其作用既可以通过私法途径自主实现，也可以通过公法手段达成。[3] 三是在主体上，包括个体公民、社会团体、非政府组织等。在此，环境污染第三方治理中的“第三方”有从狭义的“第三

[1] 曹莉萍：《市场主体、绩效分配与环境污染第三方治理方式》，载《改革》2017年第10期。

[2] 张锋：《环境污染社会第三方治理研究》，载《华中农业大学学报（社会科学版）》2020年第1期。

[3] 参见杜辉：《公私交融秩序下环境法的体系化》，载《南京工业大学学报（社会科学版）》2020年第4期。

方”(承担实际治理任务的第三方)向广义的“第三方”(在政府与排污企业之外,因环境污染涉及的环境利益相关人)转变的趋势。

(三)环境污染第三方治理中契约的运行逻辑

由于环境污染第三方治理项目的长期性、复杂性、专业性,以及当事各方信息的不对称性,第三方治理的整个运作过程表现出非常明显的动态属性,契约的工具价值与实际形态符合第三方治理的特点与需求,环境污染第三方治理合同是典型的不完全契约。契约以其“法”的约束力与“沟通”的弹性,在项目的运作过程中,对可能影响合同的各种事实进行描述更新,对成本、收益和风险进行持续定义,并对合同当事人的权利、义务不断加以精确。同时,第三方治理也赋予此类契约新的特点,如同时拥有“私法契约”的特征及“公法契约”的属性,并且由于环境利益的公共性而在一定程度上突破了合同的相对性。由此,环境污染第三方治理与契约的结合契合各自的特点,并且形塑了彼此的外在样态,共同决定了第三方治理的运作机理。

首先,通过科学与价值判断进行环境风险控制。环境污染第三方治理的目的是治理环境污染,控制环境风险。对环境风险的控制一般可分为问题认定、管制标准设定、风险评估、风险沟通和风险管理等环节。基于环境风险的特点,对环境风险的规制既包括科学判断也包含不同的价值判断。其一,环境风险具有双重性。它既是客观存在的物理性风险,又是受到社会、文化和心理等主观因素影响的建构性风险。客观意义上的环境风险是指,不以人的意志为转移,可以通过科学手段观测并以定量技术来衡量损失的,可能发生的真实不利后果。建构意义上的环境风险则与具体的风险感知者联系紧密,其认定受到一定社会环境、主观心理、文化认知,乃至政治与道德维度的影响。[1] 其二,环境风险具有不确定性。这既是由于科学的

---

〔1〕 See Stephen Breyer, *Breaking the Vicious Circle: Toward Effective Risk Regulation*, Harvard University Press, 1993, p. 23 – 28.

不确定性,又与建构意义上的环境风险相关。由于科技发展的限制与科学误差的存在,环境风险在因果关系、发展过程、危害后果等方面都具有不确定性,[1]难以被真正准确地认定。建构意义上的环境风险与感知者的背景联系紧密,不同感知者的偏好与价值判断迥异。由此,环境风险规制可说是在科学基础上的价值选择问题,集合了不同主体间的价值冲突,规制过程的各个阶段包含着多重主体的博弈。环境污染第三方治理中的契约范式从对环境风险的控制上来说至少应包含科学与价值判断两个层次。从科学角度出发,契约的不同参与主体可以提高环境风险规制的科学性。例如,第三方企业为获得利益,提高治理实效,会在政府或排污企业之外对环境风险进行预估并持续校准。从价值判断出发,契约范式更有利于为参与主体提供持续性的妥善处理价值冲突的平台,形成真正的公共话语和共同价值。

其次,通过多元主体参与进行利益协调。利益均衡是一种环境治理形式能够施行并持续收到良好效果的基础,具体包括公益与私益之间的平衡,环境治理的总体成本与收益之间的平衡,参与者认可其自身利益与价值选择和其他利益相关方处于均衡状态等。传统治理方式无法持续的原因即在于"以集体利益僭越或抑制私人利益",进而"持续加大集体利益和私人利益间的张力",造成不同群体间的利益失衡,且由于治理成本过高而无法与治理效果相匹配,最终集体利益亦无法保障。环境污染第三方治理以契约形式引入代表市场因素的不同主体,通过契约的私法属性为利己性的私人选择提供"维系利益分化,填补政府失灵缺口"的机会,同时以公共属性要求政府的理性设计与公众的积极参与来"弥补私主体在具体手段选择与优化环节中的缺陷",减少市场失灵的可能。[2] 在此,环境污染第三方治理是以契

[1] 参见林森、乔世明:《环境风险的不确定性及其规制》,载《广西社会科学》2015年第5期。

[2] 参见杜辉:《环境私主体治理的运行逻辑及其法律规制》,载《中国地质大学学报(社会科学版)》2017年第1期。

约来进行利益协调,进而达到利益均衡的目的。契约是作为社会发展原动力的私人选择的载体,也是利益均衡状态形成的着力点。

最后,通过协商共治进行冲突事前预防。环境污染纠纷往往涉及面广,极易产生重大社会影响,给传统司法救济系统带来较大压力。第三方治理项目不仅一般规模较大、周期较长,一旦产生纠纷影响范围极广,而且公私协作的新型模式与"现行司法语境下秉持公私法二元界分的司法救济机制"[1]并不契合。环境污染第三方治理中的契约范式在以环境治理公益目的为基本价值导向的前提下,利用契约自由与合意来实现环境治理行为效率与民主的双重兼顾,平衡契约当事人的利益与地位。契约参与主体围绕契约的订立与履行,对环境风险作出判断并捏合不同的价值目标,彼此形成互信与协商合作的关系,在一定程度上可以避免冲突的产生,并在产生纠纷时更易以"促成继续合作"为目标,寻求符合主体利益与偏好,具有低成本、高效率等优势功能的诉讼外纠纷解决方式。

二、权利构造及作用机理

(一)环境污染第三方治理与权利的关系

环境污染第三方治理的产生与发展,是环境治理应对"市场失灵"与"政府失灵"双重难题的选择,是国家形态演进与公共行政改革的典型表现。多元共治和合作治理使环境污染第三方治理中权利与权力的构造呈现出新的样态。如肯·萨罗-维瓦(Ken Saro-Wiwa)所言,"环境是人的首要权利"[2],但与环境有关的权利并非一开始就进入大众的视野之中,人权发展

[1] 柯坚、吴隽雅:《环境公私协作:契约行政理路与司法救济进路》,载《重庆大学学报(社会科学版)》2017年第2期。

[2] [英]简·汉考克:《环境人权:权力、伦理与法律》,李隼译,重庆出版社2007年版,第49页。

有着自身的进化历程。[1] 环境权和发展权等作为“第三代人权”在20世纪70年代的出现，反映了人类对自身命运与所处环境更深刻的思考与更本质的关怀。作为一种新型人权，环境权具有独特的产生背景和内容，与生存权是两个并行的权利概念，而与发展权是对立统一的关系，发展导致环境问题，环境问题的解决最终依靠发展并促进发展。[2] 人权的发展演变实质上与前述国家形态、公共行政模式的演进具有同步性，以环境污染第三方治理为典型代表的现代环境治理模式，本质是融通了三代人权精神的综合治理体系。

环境权与发展权等新型权利的出现，一方面使过去单纯运用权力解决环境问题的做法受到审视，另一方面形成对财产权、经营权等滥用的制衡与限制。这产生了两方面的效果，其一，权利的发展与演进，使权利与权力的合作成为可能。环境污染第三方治理，即通过引入市场机制与社会力量，以权利与权力的合作，来推动环境治理公共问题的解决。其二，以赋权的形式，实现权利与权利的重新协调与配合。环境污染第三方治理是通过适当的权利安排来重新分配社会公共资源。例如，通过环境服务合同等契约性工具的运用，将过去单纯的环境污染治理义务的施加变为选择第三方治理权利的赋予，在义务履行的同时意味着权利的享有，以此达到更好的环境治理效果。在此意义上，环境污染第三方治理并非纯技术性概念，而是包含了技术性与价值性要素的复杂体系。[3] 它的价值性要素不仅包括发展、效率等，更重要的是还包括了以环境权为代表的权利体系。技术性要素不仅包括污染者与治理者的合作结构、问责制度等，还包括参与主体及社会公众的权利

---

〔1〕 人权发展的历史经过了初创期、发展期和升华期，三个时期的核心性人权分别是自由权、生存权和环境权，自由权的实现要求国家履行消极不妨碍的义务，生存权的实现要求国家或社会积极地提供保障，而环境权是保有和维护适宜人类生存繁衍的自然环境的人类权利。参见徐祥民：《环境权论——人权发展历史分期的视角》，载《中国社会科学》2004年第4期。

〔2〕 参见侯怀霞：《论人权法上的环境权》，载《苏州大学学报（哲学社会科学版）》2009年第3期。

〔3〕 参见侯健：《试论人权治理》，载《学术界》2020年第10期。

保障制度,以及具体的技术和方法。由此可见,对权利的保障是现代环境治理体系的出发点与归宿,也是环境污染第三方治理机制出现的根本原因,而权利本身也是环境治理的重要工具,是“一种精巧的国家治理技术”[1]。

整体而言,环境污染第三方治理与权利的关系包含三个层次:其一,环境污染第三方治理的产生与发展以权利保护为基本价值目标;其二,以环境权为代表的权利保障与实现是环境污染第三方治理的主要内容,在制度安排中要从市场与社会权利保障的角度出发来设计和配置权利与权力、权利与权利的关系;其三,在环境污染第三方治理中通过赋权于市场与社会,可以将企业与公民权利的运用作为一种治理手段,促进环境治理效果的真正实现。

(二)环境污染第三方治理中权利的四种构造

从环境污染第三方治理的运行逻辑来看,它突破了传统治理模式的一元性与单向性。在传统模式中,政府权力必须不断扩张以适应不断增加的治污压力和持续提高的治理目标,与此相应个人的权利和自由将进一步被限制。[2] 而环境污染第三方治理则与此相反,是由政府主动引入或者引导市场与社会因素进入环境治理领域,通过对环境治理权的让渡,来重新分配环境治理责任,以此减轻治理压力,并消减一元管控下环境治理效果不佳、公众环境权益难以保障等负面效应。在这一过程中,市场主体与社会力量通过分享治理权与自我赋权而成为第三方治理中与政府并行的两极,环境污染第三方治理围绕权利与权力、权利与权利的双层关系而展开。具体而言,环境污染第三方治理中既有公法关系又有私法关系,政府之外的参与者具有公民与私人的双重身份和公权利与私权利的双重权利。因此,环境污染第三方治理中的双层关系又可以拆分为公权利与权力、私权利与权力、公

---

〔1〕 叶传星:《论人权的国家治理功能》,载《人权》2015 年第 3 期。

〔2〕 参见杜健勋:《国家任务变迁与环境宪法续造》,载《清华法学》2019 年第 4 期。

权利与私权利、私权利与私权利四种构造。

第一,公权利与权力之构造。从类型上来说,公权利是公众参与管理国家与社会公共事务的权利,包括接受政府委托,协助政府管理社会事务,听证、制定、批评、建议、监督的权利等。公权利对应国家的“公权力”,是公众参与法律秩序创立,能够切实影响国家意志的形成的权利,是制衡国家公权力的主要凭借。[1] 相对于公权力概念下对公众义务主体身份的侧重,公权利更强调其权利主体资格,在第三方治理中公众既是环境管理权的相对人,也是治理服务的对象和对政府进行监督的主体,能够通过表达和实现自身意志来推动公权力为环境公益服务。环境污染第三方治理将引入市场机制与社会力量作为机制架构的基点,其中社会力量的作用即通过公众和环保社会组织的参与权、监督权,来与政府、市场主体就第三方治理的相关问题做出决定,协商制定环境治理规则,以对第三方治理的实质参与来实现“社会权力”对国家与市场力量的制衡。

第二,私权利与权力之构造。私权利强调自由法治下不受国家干预的私人部门、个体所拥有的私权及对私人活动的从事,主要为经济主体和民事主体所提倡。在现代社会,国家权力是应对社会利益冲突的产物,行使的目的是维护和保障私权利的实现,私权利通过划定对国家机关履行职责的需求范围,而对国家权力形成制约。[2] 在环境污染第三方治理中私权利主体主要包括市场主体与公民个体,一般情况下,市场主体和公民个体应遵守私权利与权力的关系准则,受公权力保护与管制,同时能以诉权来防止公权力的滥用。特殊情况下,如在政府委托第三方治理中,市场主体通过接受委托或采购等形式与政府签订污染治理和生态修复的环境服务政府合同,以私法形式改变了政府承担公法责任的形式。政府作为合同当事方,权力的行

---

〔1〕 参见郭道晖:《政府治理与公民社会参与》,载《河北法学》2006 年第 1 期。

〔2〕 参见刘旺洪:《权利本位的理论逻辑——与童之伟教授商榷》,载《中国法学》2001 年第 2 期。

使应受到市场规则与契约原则的限制，在一定程度上显现出公法私法化的倾向；市场主体一方面作为公共服务的生产者和经营者接受政府管制，另一方面在合同中与政府处于平等地位，可在法律许可范围内追求自身利益的最大化。

第三，公权利与私权利之构造。作为政治存在，公权利力求表达和实现自身意志，参与国家治理，推动国家为公民利益、社会利益服务；私权利则追求减少国家对私人权益和私生活的干预。公权利在一定程度上能够超越私权利的局限，通过由公众志愿组成的社团及其活动来集中和表达社会的共同意志和公共利益，以对社会民主化与法治化的推进，来保障私权利的实现；公众及个体对私权利的追求也能够推动公权利的发展，促使私人利益转化为公众利益，使私域中的诉求扩展为公共诉求。[1] 环境污染第三方治理既涉及具体利益相关者的财产、人身以及私益性环境权，又与生态平衡、公益性环境权紧密相连，其中环境公益与环境私益始终是互相联系的，“公共利益是建立在一个又一个个人利益基础上的”[2]，没有完全离开环境私益的所谓环境公益。公私益的紧密关联意味着，侵害个人利益的活动极可能对环境公益有损，而对环境公益的损害也难免会影响到具体的个人。环境污染第三方治理所构成的复杂利益体系，要求公权利与私权利的合作与互助。

第四，私权利与私权利之构造。权利的发展具有阶段性，不同权利间的抵牾难以避免，从同类私权利之间，到基本权利之间，乃至大多数宪法基本权利与私权的冲突最终都表现为私人间的权利冲突。[3] 从权利的演进来看，自由权、发展权、环境权彼此之间以及各自内部都存在不同的利益冲突。限制自由权与发展权的滥用本是环境治理的题中之义，而环境污染第三方治理还有对原本属于正常行使范围内权利的限制。例如，企业委托第三方

---

〔1〕 参见郭道晖：《公民权与公民社会》，载《法学研究》2006 年第 1 期。

〔2〕 杨小君：《试论行政作为请求权》，载《北方法学》2009 年第 1 期。

〔3〕 参见郭明瑞：《权利冲突的研究现状、基本类型与处理原则》，载《法学论坛》2006 年第 1 期。

治理是排污企业与环境服务企业约定由后者进行污染防治及生态保护与修复事务的环境服务民事合同，是平等主体间的民事法律关系，但由于作为合同客体的环境权益具有公共产品属性，而在一定程度上要求原本市场主体间或市场主体与公民个体间的私权利关系，承担类似对公权力要求的公法义务。在环境污染第三方治理中经常通过对财产权、经营权等传统权利的限制，来保障与之相关但影响更为广泛的环境权、生命健康权等权利，具有强烈的私法公法化特征。

（三）环境污染第三方治理中权利构造的作用机理

在环境污染第三方治理中，权利保障与环境治理互为价值与工具，环境污染第三方治理的权利构造既是承载各参与主体系统性权利的容器，也是实现环境治理目标的工具与通道，其作用机理可以概括为三个方面。

首先，引入多元主体保证有效治理。环境污染第三方治理的整体运行逻辑是引入市场机制与社会力量，以企业的自主经营权与公众和社会组织的参与权、监督权为基础，发挥市场在环境治理资源配置中的决定性作用，激发社会公众的参与活力，进而优化国家、市场、社会在环境治理中的功能关系，最终保证每个公民个体环境权利的实现。环境污染第三方治理对政府、市场主体、社会力量、公民个体的同时关照，使通过实质性权利赋予和程序性权利引导来保证权利能力的充分发挥成为可能，能够以多元主体的参与，实现多元价值观、差异化社会问题意识和多层次利益主张的统一与融合，[1]进而提高环境风险规制的科学性并在治理过程中形成公共话语和共同价值，最终保证环境治理的有效性。

其次，推动公私融合实现合作治理。政府委托治理与企业委托治理作为环境污染第三方治理的主要类型，分别表现出公法私法化与私法公法化的显著特征。这种公法强制功能与私法自治功能的交融互动，一方面，要求

---

〔1〕 参见杜辉：《面向共治格局的法治形态及其展开》，载《法学研究》2019 年第 4 期。

以私法权利来约束政府行使公权力的方式和行为,优化针对市场和社会的监管权和服务权;另一方面,能够在保证公益的基础上,充分发挥市场主体的意思自治能力和社会力量的辅助治理能力。此外,公私融合还可有另一种解读,即社会公众与公民个体的协作。在环境污染第三方治理中,社会力量作为治理权的一极,更加强调社会公众与公民个体的协作,公众基于社会公共性和民主权利对第三方治理的参与,能够为公民个体权利的实现提供切实保障,而公民个体在公众于照护环境利益的潜在利害关系中缺位时,有对超个人法益的关切与把握的必要与可能。[1]

最后,保证利益均衡达成长期治理。环境治理机制能够持续发展并收到良好效果的关键,在于保持公益与私益之间的平衡,参与者认可其自身权利与价值选择和其他利益相关方处于均衡状态,并且在责、权、利相统一的基础之上,保证公权力、公权利、私权利之间的平衡。其中,私权利的实现是基础,公权力的配置与运作为手段,公权利也即社会权力为连接与调整二者关系的杠杆。环境污染第三方治理以"赋权"为基础,通过不同的权利构造,使市场主体与社会公众具有了通过私人选择来影响治理效果的现实基础,不同群体间产生了对话与协商的可能,进而帮助环境治理从过去某一种权力或利益过度扩张而造成不同主体间利益失衡的状态中挣脱出来,使达成利益均衡成为一种经由参与群体间的互信与合作能真正实现的切实目标。

三、第三方治理的法律关系

(一)环境污染第三方治理的法律特性

传统环境行政管制模式是由环境行政机关与排污企业构成的二元主体结构,其中环境行政机关是管制者,排污企业是被管制者,两者之间是不平

---

〔1〕 参见王世杰:《私人主张超个人利益的公权利及其边界》,载《法学家》2021 年第 6 期。

等的“权力—义务”单向对抗关系。环境污染第三方治理使环境服务企业所代表的市场因素和公众所代表的社会因素进入环境治理领域，极大地缓和了过去环境行政机关和排污企业之间的紧张关系，将原本的二元结构变为“政府—第三方治理企业—排污企业—公众”四元主体结构。这种结构模式的转变使环境污染第三方治理呈现与传统污染治理模式截然不同的法律特性。总体而言，在环境治理的应然层面，拓展了环境治理的参与主体，使环境法律责任主体范围扩大化。在环境治理的实然层面，就管制主体而言，市场第三方与社会第三方的参与能够协助管制主体实现环境治理功能，提升行政执法效能；就市场主体而言，从被动管制向主动守法转变；就社会公众而言，从外围式监督向实质性参与转变。具体如表1－2所示。

表1－2　污染治理模式特征对比

类型	传统治污模式	第三方治理模式
权力结构	科层制的国家权威管理模式	政府、市场、社会多元合作共治模式
制度核心	“谁污染，谁治理”	“谁污染，谁付费，专业化治理”
制度类型	行政权力主导的一元关系	非单一权力主导的多元关系
参与主体	政府、排污企业二元主体	政府、排污企业、第三方治理企业、公众四元主体
制度价值	政府管制意志的单方下达	在市场交易及公众参与中表达主体立场、利益和诉求
责任原则	污染者负担原则	损害担责原则

（二）环境污染第三方治理的四元法律关系

环境污染第三方治理模式是公共治理理论在环境治理领域的典型体现，需要公私权利与权力的合作与制约、权利和权利的衡平与配合，来发挥公权力主体的引导、监督作用，以及私主体的专业、竞争、监督作用。多元主体以不同的契约范式为桥梁，实现从国家一元管制向多元社会自我治理的蜕变。基于此，第三方治理形成了政府、排污企业、环境服务企业、公众四元法律关系，且在不同的环境污染第三方治理类型中表现有所不同，具体如图

1－2、图1－3所示。

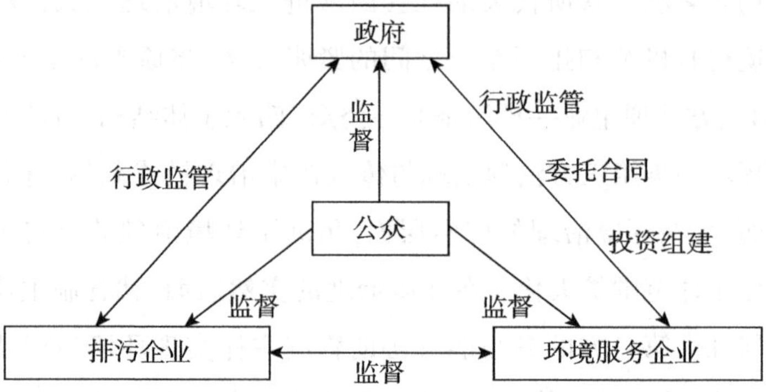

图1－2　政府委托治理中各主体间的关系

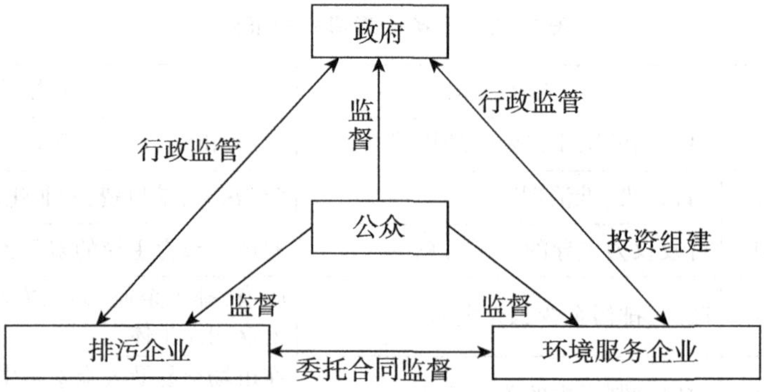

图1－3　企业委托治理中各主体间的关系

整体来看,政府与排污企业之间基于《环境保护法》及其他污染防治法等形成行政监督法律关系,而政府与第三方治理企业之间的关系则更为复杂,一是存在环境行政法律关系,二是在政府委托治理类型中还存在私法性质的委托合同关系,三是在现实中还有政府投资组建环境服务企业的情况。排治污企业之间是平等主体的委托合同法律关系,在此基础上,二者构成伙伴关系、环境绩效共享关系、投融资风险分担关系,[1]还有互相监

[1] 参见曹莉萍:《市场主体、绩效分配与环境污染第三方治理方式》,载《改革》2017年第10期。

督关系。公众虽然不是环境服务合同的直接参与者，但是作为风险与损害承担者，可通过公法、私法等多种方式对政府、排污企业、环境服务企业进行监督。

具体而言，可按照四元主体在彼此关系中的定位与角色对环境污染第三方治理中的法律关系作进一步细分，主要有三种类型。[1] 首先，对于作为污染者的排污企业和作为治理参与者的公众来说，政府和环境服务企业是治理者，政府的责任来自其法定社会职责，环境服务企业的责任来源于和排污企业或政府达成的环境服务合同，具体如图 1－4 所示。

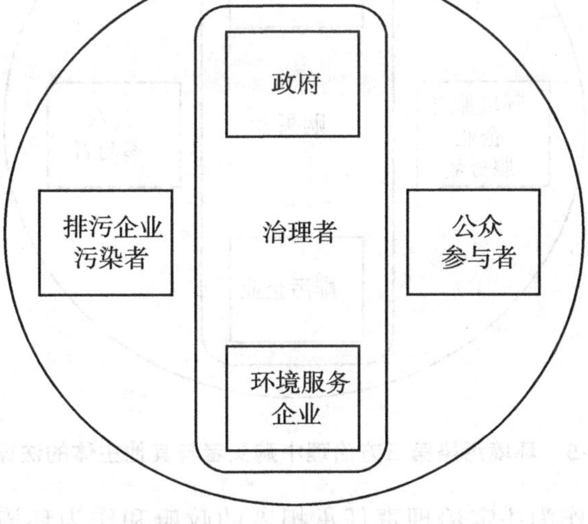

图 1－4　环境污染第三方治理中治理者与其他主体的法律关系

其次，对于作为服务提供者的环境服务企业和作为参与者的公众而言，政府和排污企业是环境污染治理和生态修复服务的购买者。政府和排污企业本身要承担由宪法和环保系列法律法规所设立的法定义务和责任，但法律放松了对污染者自力治污的要求，第三方治理的推行使政府或排污企业

[1] 参见张林鸿：《生态文明视野下环境污染第三方治理法治化》，载《社会科学家》2018 年第 12 期。

可以通过成本负担的方式来代替治理行为,即支付治污费用将治理责任转移给专门的环境服务企业。第三方治理从本质上使过去单一而固定的责任承担方式变为多样而开放的方式,无论是自力治污还是通过市场和契约委托专业治理机构都成为可资选择的有效路径。这种约定转移是"谁污染,谁治理"精神的典型反映,也是在现有法律框架内责任履行的创新方式。具体如图1-5所示。

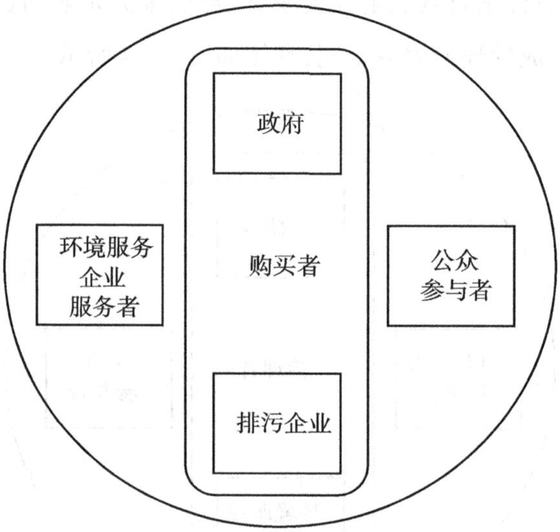

图1-5 环境污染第三方治理中购买者与其他主体的法律关系

最后,对于作为法定治理责任承担者的政府和作为环境治理参与者的公众而言,排治污企业属于提供产品与服务的市场主体,本质是"理性经济人",目的是通过合作治理实现自身利益的最大化。排污企业在生产经营过程中产生污染物,同时获取环境利益。治污企业通过向排污企业提供技术服务分割其所获取的环境利益。政府作为治理责任承担者,要对排污企业和环境服务企业的逐利行为进行监管,同时还要保证市场主体在遵守市场与经济规律和相关法律规则的基础上,能够获取合法利益。而公众则通过实际的参与行为形成对其他三方的监督。具体如图1-6所示。

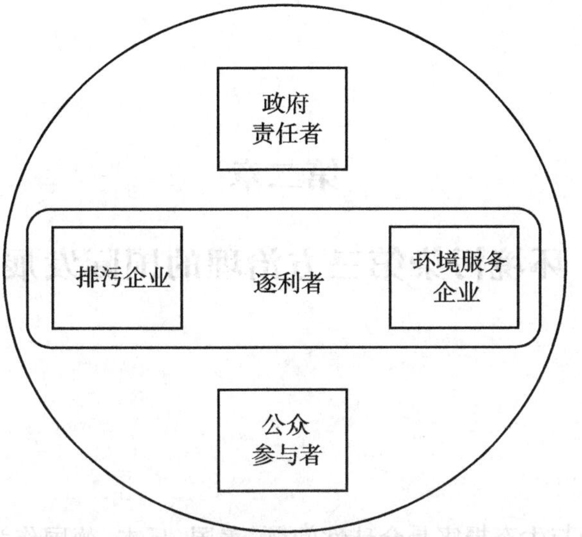

图1－6　环境污染第三方治理中逐利者与其他主体的法律关系

第二章

环境污染第三方治理的国际发展

环境污染与生态损害是全球性问题，美国、日本、德国作为发达国家，都经历过环境严重污染的历史阶段，对污染防治与生态保护关注较早，在环境治理方面取得了较为瞩目的成果，积累了丰富的实践经验。这些国家的环境治理事业在发展过程中都曾不同程度地受到污染者负担原则、公共治理理论，以及 1992 年联合国通过《里约宣言》所提出的环境民主、环境与发展之间的公平等多种理念的影响。虽然这些国家的法律及政策中没有直接使用"环境污染第三方治理"这一表述，但在其环境治理体系中实际存在与环境污染第三方治理的契约范式、权利构造、法律关系相类似的环境污染治理机制。这些环境治理机制与形式体现了环境污染第三方治理在不同国家中的发展。

第一节 美　　国

一、美国环境污染第三方治理的发展背景

作为世界范围内环境治理富有成效的国家之一，美国的环保事业经历了从环境污染、生态破坏到保护与治理的发展过程。第二次世界大战之后，

美国工业化进程逐步加快,经济高速发展,矿产等自然资源被大量开发利用,导致环境严重恶化,环境问题日益尖锐。20 世纪五六十年代,面对不断爆发的环境问题,美国社会掀起了一场声势浩大、席卷全国的反对污染的环境保护运动,这给美国政府的环境治理带来了巨大压力。针对这种状况,美国于 1970 年成立了国家环境保护局(Environmental Protection Agency, EPA)来指导各州,进行统一的环境治理,并在 70 年代发布了大量环境方面的法律,如《国家环境政策法》(1970 年)、《清洁空气法》(1970 年修正案)、《联邦水污染控制法》(1972 年修正案)、《有毒物质控制法》(1976 年)、《综合性环境响应、补偿及责任法》(1980 年,又称《超级基金法》)等。

这些措施构成了美国"命令—控制"式的威慑型环境治理模式,在当时遏制住了环境违法行为直线上升的趋势,在环境治理方面收到了较好效果。然而这种刚性社会治理手段,随着美国经济的波动和治理范围的扩大,暴露出诸多弊端。第一,繁重的管制任务使行政机构疲于应对,由于没有足够的行政资源支撑,难以实现预期的环境治理目标。第二,"命令—控制"一元行政模式忽视了不同的被管制个体在行业、地域间的显著差别,环境管制手段与标准过于统一,僵化低效的问题突出。第三,威慑型环境治理依靠国家的主动管理,企业利益集团的游说与环保社会组织的不满和控诉,给政府带来巨大压力,也造成环境诉讼频发。第四,环境污染治理具有极强的专业性与技术性,随着经济与技术的发展,新问题不断出现,对于这些问题不仅存在立法真空,而且行政机关也往往不具备足够的技术与专业能力来解决。

在这种背景下美国的环境治理理念逐步转变,从主要依靠政府来进行环境管制转变为借助多元社会主体的力量与资源来实现环境污染的合作治理,从关注环境公平转向关注环境合作。美国环境治理制度设计的重心转为通过契约性工具的使用来达成环境治理目标,政府之外的市场与社会主体参与协商制定规则,不仅使规则中的权利义务安排更符合参与者的利益需求,而且大大减少了规则推行过程中的阻力与问题,实现以"合作"为基础的环境治理。[1] 虽然美国没有使用环境污染第三方治理这一表述,但其治理模式对合作治理理念的阐释与对契约性管制性工具的运用,与环境污染第三方治理的本质精神相同。

二、美国环境污染多元治理的发展模式

(一)杰出领袖工程

杰出领袖工程(Project XL)是克林顿政府推出的环境治理方式,以回应长期以来美国社会对环境行政工作滞后的不满。杰出领袖工程的核心是监管机构和被监管企业通过协商的形式达成协议,以被监管企业作出更优的环保绩效承诺,来达成解除环境法规中某些限制性要求的许可。杰出领袖工程中最引人注目的案例是“英特尔协议”,政府免除对英特尔公司某些设施较为严格的许可和操作要求,前提是英特尔公司承诺将降低所有受监管的污染物的排放总量。[2] 杰出领袖工程旨在赋予被管制的企业一定的灵活性,前提是该企业满足传统的管制要求,达到或超过可适用的环保标准。被监管企业提出参与杰出领袖工程的要求,一旦获得行政机关的批准,即由该企业来启动一个利害关系人程序,包括企业、联邦、州行政机关、社会代表在内的利益相关者将共同参与,对“最终方案协议”进行协商。这种协议可能会容许传统管制所禁止的多介质(从一种介质到另一种介质)或跨污染物交易,将具有不同届满期限的多重许可合并为单一的、期限更长的许可。[3]

---

[1] 参见李徜:《通过契约实现行政任务:美国环境自愿协议制度研究》,载《行政法学研究》2014 年第 2 期。

[2] See D. A. Dana, *The New "Contractarian" Paradigm in Environmental Regulation*, University of Illinois Law Review, Vol. 2000:1, p. 35 - 59(2000).

[3] See J. Freeman, *Private Parties, Public Functions and the New Administrative Law*, Administrative Law Review, Vol. 52:3, p. 813 - 858(2000).

(二)棕地项目

根据联邦和州法律的规定,尤其是《综合性环境响应、补偿及责任法》,政府要求受污染地(棕地)所有者在取得该地所有权之前先缴纳修复土壤污染的费用,而且修复与清理的标准通常要求很高。面对高昂的修复费用,企业作为理性经济人往往会放弃购买或重新开发受污染的土地,除非潜在的经济回报非常高。因此,在较贫穷的城市地区,许多被遗弃的棕地无法获得治理,也无法为周边社区提供就业机会或其他公共设施。此外,由于许多棕地的污染情况并不严重,不足以被联邦和州列为优先监管事项,故而在负责治理的私人资金到位之前,常常无法得到及时清理。棕地项目(Brownfields)即为吸引市场与社会对棕地的治理,由州政府与联邦政府合作,和可能的治理者谈判并达成协议,由企业购买和治理棕地,并为修复工作提供资金,而对该棕地的修复并不要求满足州和联邦法律下所有严格和普遍适用的修复标准,同时作为谈判协议的一部分,治理者将收到监管机构的保函,保证以后不会要求治理者承担额外的修复工作和其他费用。棕地项目实质上是用协商标准来代替污染场地修复的一般标准。[1]

(三)补充环境项目

补充环境项目(SEPs)是由政府和违反管制者通过谈判达成协议,由违反污染控制法规的企业进行一些超出法律规定范围的环保工作,来代替支付罚款。这一方式是联邦和州环境监管机构针对传统命令—控制一元行政模式对污染治理关注太少的批评所作出的回应,是以契约性管制工具来处理违反传统命令与管制环境法规行为的一种执法活动。针对传统监管手段存在的惩罚性、对抗性和非建设性等不足,补充环境项目使用由管制者与被

[1] See D. A. Dana, *The New "Contractarian" Paradigm in Environmental Regulation*, University of Illinois Law Review, Vol. 2000:1, p. 35 - 59(2000).

管制者协商一致的特定环保措施来代替一般的标准，在这类型项目中往往是计算和支付罚款的标准。[1] 污染治理是补充环境项目开展的重点领域。

三、美国环境污染多元治理的特点

（一）契约主义治理机制的整体塑造

当前美国经常使用的环境治理方式，如杰出领袖工程、棕地项目、补充环境项目等都非常独特，但它们具有共同的特点，即由政府与私人部门为治理环境污染或提高资源利用效率，订立超出法律内容的协议。这种使用环境契约的治理模式与传统的威慑型环境治理模式有着明显区别：第一，契约缔结具有自愿性，而非强制性要求，私人部门具有充分的选择权，不会因未选择缔约或终止协议而受到法律处置。第二，参与主体具有广泛性，管制机构和被管制企业，还有行业协会、环保团体、第三方机构等都包含在内。第三，载体类型丰富，可以是契约、协议、项目，也可能被称为计划、意向书、谅解备忘录。第四，契约具有公共性，首先考虑的是实现整体的环境治理和环境公益，其次才是缔约方的利益。[2]

在契约主义范式的影响下，美国政府进行了一系列改革，塑造了一套完整的契约主义环境治理机制。第一，建立正式的谈判。监管解决方案的每个重要内容都经过监管主体与被监管主体的正式协商和同意，中间包括若干正式和非正式的谈判，参与各方在协商达成共识的过程中可以作出的承诺和让步相对而言有较少的预先限制。第二，设定契约的效力边界。与传统环境行政监管的普遍适用性与标准统一性不同，契约式监管仅对特定地

---

〔1〕 See D. A. Dana, *The New "Contractarian" Paradigm in Environmental Regulation*, University of Illinois Law Review, Vol. 2000:1, p. 35 – 59(2000).

〔2〕 参见李徇：《通过契约实现行政任务：美国环境自愿协议制度研究》，载《行政法学研究》2014 年第 2 期。

点或设施有效，而无法被用于其他地点或设施，如杰出领袖工程的许可证就划定了效力的边界。第三，将传统的行政监管作为后盾。如果参与主体之间不能协商达成协议，那么就按照一般的环境行政监管措施来加以规制。第四，更新法院解决此类纠纷的侧重点。区别于法院在处理传统环境管制纠纷时对国会制定法条的具体意图的关注，法院更倾向于认为这种经过正式性谈判的契约管制类似于传统的政府合同，如采购合同，因而谈判参与者的意图也成为法院解决纠纷时的关注重点。第五，完善被监管者就监管变更而获取补偿的权利。监管者对环境契约的修改和补充，可能会导致被监管者合规成本的增加，而被监管者可以根据此前的契约来要求对更改契约所造成的损害给予一定的补偿。

（二）多种管制模式的综合探索与应用

在美国环境治理转型的过程中，对三种治理模式进行了探索，分别是单边自我管制模式、双边协商模式、多边治理模式。单边自我管制模式强调排污企业的自我规制，行政机关的作用主要是加强和促进企业的有效自我监管，特别是对环境绩效的评估，同时也运用惩戒手段来应对自我规制不足的排污企业。这种模式代表性案例是 EPA 的 33/50 计划。该计划是自愿性的，由环保机关通过检查和要求排污企业提交报告和减少排放计划等方式来推动排污企业加强绿色生产，以期实现在第一阶段将有毒化学品排放量减少 33%，第二阶段减少 50% 的目标。这种模式的优点表现为可以大大提高规制效率，减少行政机关监管资源的占用，同时也能够提升排污企业在社会中的形象，进而增强其市场竞争力。它在实践中收到了一定效果但也遭到了众多批评，如由于合规性成本过高，企业难以将自我管制纳入具体的业务决策等。[1]

---

〔1〕 See D. A. Farber, *Triangulating the Future of Reinvention: Three Emerging Models of Environmental Protection*, University of Illinois Law Review, Vol. 2000:1, p. 61 – 82(2000).

双边协商模式强调行政机关和被管制者之间的谈判协商，前述杰出领袖工程等项目大多是双边协商模式的典型案例。这种模式在现实中运用较广，收到了较好效果，同时也有很多批评。例如，相比传统管制模式，可能会削弱环境执法的威慑力量；环保社会组织和公众更难以参与双边协商等。双边协商模式在一定程度上是对单边自我管制模式和多边合作治理模式的平衡，单边模式较为简单，多边模式则更为复杂，难以理解和执行。相较而言，双边协商的方法难度适中，同时也为更多参与方的加入预留了空间，因此是目前美国应用最为广泛的模式，契约主义治理机制在美国现阶段主要表现为双边协商模式。虽然如此，美国并没有放弃对其他两种模式的探索，自我监管模式有效地强调了改变企业结构、建立激励措施和披露制度的重要性，多边治理模式更关注创建新的长期结构的可能性。这两种模式不仅为协商模式提供了可资借鉴的修正，而且从长远来看，经过协商模式的过渡，治理模式的大规模运用应是未来发展的方向。

多边治理模式强调多元主体对环境治理过程的参与，政府与其他主体一起制定有效的环境治理方案，彼此之间是一种协同合作关系。典型代表是1983年EPA签署的《切萨皮克湾协议》，该协议由政府、专家、私营部门代表和环保社会组织共同参与，致力于减少有毒物质排放、恢复栖息地、保护湿地等目的。[1] 这种模式的优点是能弥补行政机关执法能力的不足和专业能力的欠缺，还能够以超强的弹性和适应能力缓解公众环境利益和污染者经济利益之间的张力。缺点是包括政府、私营部门、环保团体等在内的参与者各自的角色有其固有的立场与缺陷，而各自立场的无限扩张将大大增加合作治理失败的可能。例如，排污企业对经济利益的追求，使其与监管机构的合作可能会以牺牲环境质量为代价。故此种模式推行的关键是在所有人都面对“搭便车”、规避责任或其他机会主义行为诱惑的情况下，怎样将所有

---

〔1〕 See D. A. Farber, *Triangulating the Future of Reinvention: Three Emerging Models of Environmental Protection*, University of Illinois Law Review, Vol. 2000:1, p. 61 – 82(2000).

利益相关者组织起来，进行有效的自主治理，从而取得持久的利益。[1]

(三)环境法体系的及时迭代与更新

环境问题的复杂性给环境法体系带来了巨大压力，美国对环境治理模式进行了广泛而有益的探索。有学者总结美国环境法至今经历了四代的更新迭代，皆是在原有环境治理体系无法应对新的环境问题时所作出的改革与回应，具体对比见表2-1。[2]

表2-1　美国四代环境法体系之对比

要素	目标	对象	手段	权力分配	法律作用
第一代环境法体系	防止危害环境	污染物	规则	集中	要求遵守规则
第二代环境法体系	有效改善环境绩效	行为	激励	市场或公私合作伙伴关系	促进规则的替代方式
第三代环境法体系	使系统(环境、社会、经济)可持续发展	系统	参与	分散合作	促进新规则的协作发展
第四代环境法体系	加强和支持社会生态恢复力	相互关联的系统(社会—生态—制度)	多种模式	多元化治理	刺激并支持适应性治理

第一代环境法体系出现于20世纪70年代，特点是命令—控制的威慑型监管，通过制定统一的环境技术标准并采用规范性的环境预防技术等“硬法”手段，来使被监管者遵守规则。这一代环境法的标志性做法是丹·塔洛克(Dan Tallock)所说的法治诉讼(包括执行环境法规的公民诉讼)和基于技术标准的污染控制。[3]

---

〔1〕 参见[美]埃莉诺·奥斯特罗姆：《公共事物的治理之道：集体行动制度的演进》，余逊达、陈旭东译，上海译文出版社2012年版，第35页。

〔2〕 参见蔡守秋、王萌：《论美国第四代环境法中“一体化多模式”的治理方式》，载《中国人口·资源与环境》2019年第11期。

〔3〕 参见蔡守秋、王萌：《论美国第四代环境法中“一体化多模式”的治理方式》，载《中国人口·资源与环境》2019年第11期。

第二代环境法体系是对第一代环境法所导致的行政僵化和效率低下作出的回应,特点是重视成本和经济效率,以成本效益分析、合规激励、协商规则等市场激励手段,来提高监管的灵活性和效率。这一代环境法的目标是以市场手段来提高行政机构、企业和个人的环境绩效,因此市场和公私伙伴关系是其关注的重点,这在一定程度上是"软法"干预手段的肇始。

第三代环境法体系融合了第一、二代环境法分别以监管和市场为主导的特点,强调在分散管理和集中管理过程中实现社会与政治利益,追求可持续性,包含可持续发展、环境正义、反身法(reflexive law)、协商解决机制、公众参与、适应生态系统管理等诸多特征。[1] 相较而言,第三代环境法致力于为环境治理提供某种法律框架和结构,由公众或多方利益相关者的参与来促进具体规则的形成,进而改变环境治理中不可持续发展或不公平的情况,因此,权利下放的合作机制是第三代环境法体系的核心。

第四代环境法体系是美国环境法的最新一代,也是其未来发展方向。第四代环境法体系认为环境是由自然生态和社会系统构成的,同时也受到法律制度的深刻影响,自然、社会、法律之间纵横交错的联系形塑了环境体系高度动态的特点,而环境治理亦需由此着手,关照自然、社会与治理机构间的复杂关系,以此保证环境治理成效。该体系的核心是"适应性"的多元治理,即综合运用前述单边、双边、多边管制模式,发挥不同环境治理工具的优势,寻找最合适的方式与时机,推动多元合作,从多种解决环境问题的方案中寻找最佳结果。[2]

(四)系统性支持机制的构建与完善

美国政府采取多种措施积极鼓励和支持环境服务企业的发展:其一,加

---

[1] See Arnold C. A., *Fourth-Generation Environmental Law: Integrationist and Multimodal*, William & Mary Environmental Law and Policy Review, Vol. 35:3 p. 771 - 791(2011).

[2] See Arnold C. A., *Working out an Environmental Ethic: Anniversary Lessons from Mono Lake*, Wyoming Law Review, Vol. 4:1, p. 1 - 56(2004).

大对环保产业的投入,减少国家政策与管制规定等对环保产业的负面影响,推动私人资本对环保技术的研究与开发投资。例如,1994 年美国政府对环境技术投资 40 亿美元,是 1970 年 5.5 亿美元的 7 倍多。其二,探索环境管理新方法,为环境服务企业的发展提供便利。例如,精简环境监管环节,加快环境许可审批,推动应用新型治污技术,发展综合性防控手段,加速环境技术的商品化等。其三,美国政府大力开展环境教育,多渠道开展环保宣传。美国早在 1970 年就颁布了《环境教育法》,1990 年修订后沿用至今,其中包括环境教育的目标、组织机构、经费来源、鼓励措施等详细规定。在美国小学、中学、大学各个阶段都有对应的环境教育课程,联邦政府还设立了环境教育专项资金。美国的环保组织和机构也经常开展各种环境保护宣传活动。

第二节　日　　本

一、日本环境污染第三方治理的发展背景

日本是目前世界上环境治理水平处于领先地位的国家之一,但这一成就的达成经历了艰难曲折的过程。第二次世界大战后,日本进入经济高速发展的时期,然而经济的飞跃造成了严重的环境污染和生态破坏,甚至出现了水俣病、疼痛病等震惊世界的环境公害事件,企业和民众的关系急剧恶化,民众抗议运动不断爆发。自 20 世纪 60 年代始,日本大力推进环境污染治理,到 70 年代开始集中治理工业污染,80 年代至 90 年代进行环境公用设施集中建设与升级,到 21 世纪初,日本已经构建起较为完整的环境治理体系,取得了令人瞩目的环境污染治理效果。经过前述阶段的发展,日本形成了以垂直式直接治理方式为核心的独具特色的治理模式,具体表现为:在以生活污水和生活垃圾处理为代表的公共污染治理领域,由政府承担主要的污染治理责任,包括治污设施的出资建设和统制运营;在工业污染防治领

域,排污企业尤其是大型生产企业大多设立专门的环保部门来自力治污。这一时期环保企业的业务主要集中在制定解决方案、制造专业设备、实施治理工程等领域。

随着实践的不断深入,这一模式暴露出诸多问题。在公共环境治理领域,政府集中建设的治污设施逐渐老化,运营成本不断增加,而运营收益随着日本人口数量的下降而不断减少,运营机构管理迭代、技术人才短缺的问题也很突出。在工业污染治理领域,随着排污标准、污染物管控标准、资源回收利用要求的提高,治污成本节节攀升,排污企业不堪重负,环境污染的风险也随之提高。与此同时,随着日本环境治理工作的全面推进,环保产业的发展在这一时期进入了成熟期,形成了覆盖环境治理各主要领域的完整产业链条,能够为第三方治理的展开提供足够保障。

在这样的背景下,近年来日本着手推广应用环境污染第三方治理模式,展开由政府、企业、社会团体和公众广泛参与的全社会性环境保护行动。虽然日本并未提出明确的环境污染第三方治理理念,但相关实践工作已经在多个领域深入推进与发展。

二、日本环境污染第三方治理的发展模式

对于公共环境治理领域的第三方治理,由于日本已经基本建成了公共环境污染的集中治理体系,对现有设施的运营管理是当前第三方治理的主要方向。[1] 目前,日本公共环境治理中的环境污染第三方治理类似于政府委托治理,主要采用整体打包委托运营模式和特许经营模式。

整体打包委托运营模式主要运用于生活污水处理和生活垃圾处理方面。生活污水处理是日本环境污染第三方治理最先应用的领域。从 2001 年开始,

---

〔1〕 参见常杪、杨亮等:《日本环境污染第三方治理的最新实践与启示》,载《中国环保产业》2021 年第 2 期。

日本颁布了一系列导则与指南，细化了政府委托专业企业进行污水处理的模式选取原则、业务流程、标准合同模板、监管要求与流程、企业在委托业务期间的责权等内容。[1] 委托内容从早期的设施运维服务到设施与管网系统整体打包运营服务再到囊括从资本引入到提供服务全过程的 PPP/PFI（Private Finance Initiative，私人主动融资）模式[2]，逐渐向纵深发展。基于日本国土交通省的统计数据，到 2019 年，引入第三方治理的设施已经超过 400 座，占全部 2200 座的近 20%，其中污泥处理领域的 PFI/DBO（Design-Build-Operate，设计—建设—运营）项目已超过 30 项。日本生活垃圾处理与生活污水处理的情况类似，第三方治理企业参与的 BOT、BTO（Build-Transfer-Operate，建设—移交—运用）、DBO[3] 等模式下的新项目逐年增加，尤其是 DBO 模式已经陆续应用于数十个新建项目。

特许经营模式是继整体打包委托运营模式之后，日本在公共环境治理领域中的又一尝试。静冈县滨松市 2018 年开展的西远处理区污水处理特许经营项目是日本首个正式落地的污水处理特许经营项目。该项目涉及集中污水处理设施 1 座、泵站 2 座，服务人口 80.6 万人。2018 年 4 月由威立雅日本、JFE 工程、欧力士、须山建设等企业联合出资成立的项目公司是该项目的业务主体，该公司投资 25 亿日元获得了这一区域包括污水处理在内的 20 年特许经营权。[4]

对于工业污染治理领域的第三方治理，属于企业委托第三方治理，是由

---

〔1〕 参见常杪、杨亮等：《日本环境污染第三方治理的最新实践与启示》，载《中国环保产业》2021 年第 2 期。

〔2〕 PFI 是 PPP 模式的一种类型，偏重于强调社会资金的主动介入，政府的目的在于获取有效的服务，因而不再介入项目的设计、建设等过程，只购买最终的公共服务。参见闫竹、赵伟欣、陈志敏：《日本 PPP 发展中政府的作用及对我国的启示》，载《现代管理科学》2017 年第 1 期。

〔3〕 BOT 是指建设—经营—转让模式，BTO 是指建设—移交—运用模式，DBO 是指设计—建设—运营模式。

〔4〕 参见常杪、杨亮等：《日本环境污染第三方治理的最新实践与启示》，载《中国环保产业》2021 年第 2 期。

污染排放私营企业在烟气治理、工业污水治理、固体废物处理处置等方面委托专业的第三方治理企业对污染物进行处理。日本的工业污染第三方治理主要业务模式包括废物的委托处理处置[1]、环保设施的托管运营[2]、工厂或设施的整体托管运营[3]、工业园区环境设施的委托运营[4]等形式。

三、日本环境污染第三方治理的特点

(一)建立包括法律、政策、指南的综合规制体系

整体来看,得益于完善的法律体系和多种规制工具的综合运用,环境污染第三方治理在日本发展迅速,所应用的领域较为集中,发展模式特色突出。从1967年8月3日日本《公害对策基本法》公布实施以来,1970年日本又部分修改了《公害对策基本法》并通过了其他13件有关环境公害的法案。[5] 1993年11月,日本颁布了《基本环境法》,将《里约宣言》的内容国内法化,建立起日本环境保护与治理的基本框架。从《公害对策基本法》到《基本环境法》,均明确规定了国家、地方公共团体、企业、公众在治理环境污染和公害中的责任和义务,规范了环境治理各细分领域的原则和流程,为环境污染第三方治理的形成与发展提供了保障。

---

〔1〕 废物的委托处理处置主要是针对工业固体废物、危险废物、医疗废物,由排污企业通过委托合同将废物的运输、处理、处置的全环节或部分环节委托给专业的第三方治理企业。

〔2〕 环保设施的托管运营主要是在工业污水处理领域,由不具备专业运营能力或希望引入专业运营服务的排污企业委托专业的环境服务企业来负责企业的污水处理设施的运营管理。

〔3〕 工厂或设施的整体托管运营主要运用于烟气治理领域,由第三方治理企业为火力发电厂等提供整体焚烧与发电设备工程及运营服务,并将烟气治理相关配套装置或设施作为综合运营服务的一部分进行运营管理。

〔4〕 工业园区环境设施的委托运营是日本近年来推进第三方治理的新领域。日本工业园区规模一般较小,但数量众多,大部分由政府部门协调成立的"园区协同组合",类似园区管委会,来负责园区的综合管理。目前,园区集中式污水处理设施建设与运营、园区环境监测等领域的第三方服务获得较大发展,陆续出现了集中式污水处理设施的第三方托管运营等新的业务模式。

〔5〕 参见康树华:《日本的〈公害对策基本法〉》,载《法学研究》1982年第2期。

除了完善相关法律，日本对第三方治理的规制还综合运用了政策、指南、合同等重要的规制工具，构成了日本环境污染第三方治理的规制工具树（如图2-1所示），对包括资源能源的使用效率、各类污染物的处理和治理目标、生态环境的各项监测指标、委托处理业务的处理标准和委托标准等在内的各种环境标准作出了明确规定。

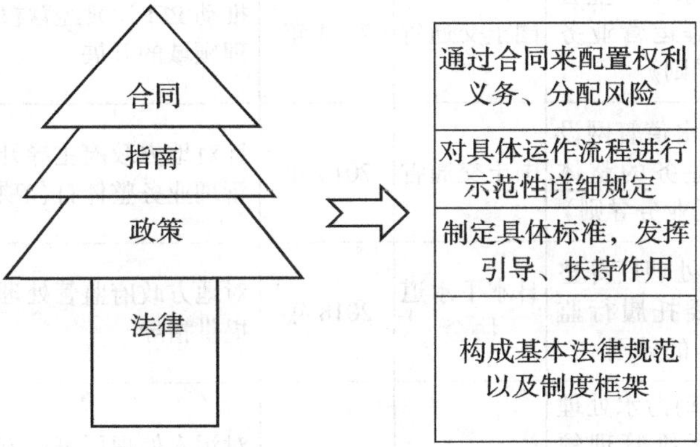

图2-1 日本环境污染第三方治理的规制工具树

在日本，一套法律之下往往会有配套的政令、规则和指南作为法律实施的具体操作规则。例如，针对污水处理的第三方治理，日本构建了包括"导则""通知""指南"等在内的规则体系，详见表2-2。[1] 日本地方公共团体拥有条例制定权，可以规定超越国家法律规定范围的内容，还能够设置比国家标准更严格的标准，例如，表2-2中日本下水道协会制定的《关于对处理厂等整体打包委托履行监督及评价的导则》。日本地方政府还可以通过行政指导的方式要求第三方治理企业遵守本地区的环境保全承诺，以及与企业签订公害防止协定，以契约管制的形式来推动企业执行比法律规制更严格的治理标准。[2]

〔1〕 参见常杪、杨亮等：《日本环境污染第三方治理的最新实践与启示》，载《中国环保产业》2021年第2期。

〔2〕 参见曲阳：《中日环境执法对策的研究与探讨》，载《华东政法大学学报》2010年第2期。

表 2-2 日本污水处理领域第三方治理主要规制文件

类型	名称	颁布部门	颁布时间	主要内容
导则	《基于性能服务采购的民间委托导则》	国土交通省	2001 年	对处理设施所有者购买民营企业提供的运维等服务的模式进行了定义
	《整体打包民间委托业务实时导则》	国土交通省	2008 年	针对污染治理设施的整体运维委托服务业务的开展提供指导
	《关于下水道事业公共设施等运营业务实施的导则》	国土交通省	2014 年	推动 PFI 让渡经营权项目在污水处理领域的开展
	《面向下水道管网设施管理业务的整体打包委托业务导则》	国土交通省	2014 年	针对地方政府主导开展的污水管网管理业务整体打包项目提供指导
	《关于对处理厂等整体打包委托履行监督及评价的导则》	日本下水道协会	2018 年	对地方政府监管处理设施委托项目提供指导
通知	《关于推动污水处理厂等的运维管理领域整体打包委托的通知》	国土交通省	2004 年	对污水处理厂第三方委托领域的整体打包模式进行定义和规范
	《关于污水处理厂等的运维管理领域技术标准提升的通知》	国土交通省	2005 年	提升污水处理厂运维管理领域的技术标准
指南	《面向下水道事业的 PPP/PFI 模式选择指南》	国土交通省	2018 年	针对地方政府采用 PPP/PFI 模式开展的生活污水处理委托项目提供指导

(二)明确污染治理主体责任

日本在法律层面对第三方治理中的责任分配作了细致规定。首先,将“受益者担责”原则确立为环境治理的基本原则之一。日本在 1993 年颁布的《环境基本法》中进一步强调了受益者担责的原则,企业在生产过程中因污染排放而获取利益者,必须付出相应的成本,且在生产过程中应遵守 3R

原则。[1] 其次，明确不同类型中委托第三方治理的方式与责任。允许企业和地方政府将非强制性自力履行的治理业务委托给拥有相应资质的第三方治理企业，并对委托第三方过程中的法律责任有明确规定。市町村对部分一般污染物承担处理义务，可按照法定标准以政府委托的形式将污染物收集、运输和处理工作交由专门的第三方治理企业。工业污染物以受益者担责的原则由排污企业承担污染治理责任，也允许其按照法定标准委托给第三方治理企业来处理，但必须对污染治理过程与结果进行监督与确认。[2] 例如，《废物的处理及清扫相关法律》作为日本固废处理基本法，对污染者将固废委托第三方治理中的合规第三方选择、过程监督、最终处置监督等环节的责任有明确规定，如果排污方未尽到相关义务将承担相应责任，同时对第三方治理企业的责任也作出了明确规定。[3] 最后，对各类非合理的污染物处理和非法抛弃等行为作出严格惩罚规定，使违法成本远远高于污染治理投入成本，以此减少逃避污染治理责任的行为。

（三）塑造健全的第三方治理管理制度体系

日本目前已经形成了相对健全的环境污染第三方治理管理制度体系。首先，资金保障机制完善。在公共环境污染治理领域，明确了"受益者付费"原则，城市及农村地区污染物处理费征收体系完整，运行有序；在工业污染治理领域，排污企业的环保意识整体较好，且"受益者付费"原则已经形成排污企业的普遍共识，污染治理的费用成本清晰、来源明确。这为第三方治理模式的切实展开提供了坚实的基础。其次，市场准入资格审查和许可制度

---

〔1〕 3R 原则（the rules of 3R），是指循环经济的减量化（reduce）、再利用（reuse）和再循环（recycle）三种原则。

〔2〕 参见任维彤、王一：《日本环境污染第三方治理的经验与启示》，载《环境保护》2014 年第 20 期。

〔3〕 参见常杪、杨亮等：《日本环境污染第三方治理的最新实践与启示》，载《中国环保产业》2021 年第 2 期。

健全。污染物治理企业均需经过资格审查和认证,不同类别的具体要求有所不同,具体包括一般废弃物处理企业或个人[1]、工业废弃物处理企业[2]、再生利用企业[3]、特定资源再利用企业[4]等类型。各个类型在审核机构、业务标准、资质期限等方面均有所区别。最后,地方长官拥有对企业处理全过程的监督检查权,能够以取消许可、罚款、拘役等手段对违法者加以惩处。[5]

(四)构建系统全面的第三方治理支持机制

首先,通过评价推荐体系对环保企业进行培育和扶持。例如,日本环境省2011年建立了"优良产废处理企业认证制度",由各地政府根据无违规记录、财务指标、信息公开等6项统一的客观标准,来评选优秀的工业固废,尤其是危险废物的治理企业。获得认定的企业可以享受低息贷款、政府宣传推介,以及延长许可有效期限等优惠扶持政策,通过良好的市场与社会评价,来增强企业自身的市场竞争力。到目前为止,已有超过1000家企业获得该项认定。

其次,利用税收和资金支持等经济手段来对第三方治理参与各方进行鼓励和扶持。日本政府对于开展环境污染第三方治理项目的地方政府提供过程性的技术指导和资金支持,具体包括前期基础调查、中期规划制定等阶段。对于开展第三方治理业务的排污企业,由日本政策投资银行遵照法定标准提供无息或低息贷款支持。对环境服务企业,各地设立了多个专项支

---

〔1〕 一般废弃物处理企业(或个人)需由市町村和都道府县审核其资质和设施情况,并取得市(町村)长和知事的许可,一般期限为5年。

〔2〕 同一般废弃物处理企业(或个人)。

〔3〕 再生利用企业要接受环境省的审核,取得环境大臣的许可,按照环境省制度的标准开展业务并每年报告业务情况。

〔4〕 特定资源再利用企业,如容器包装、特定家电、建筑材料、食品循环资源、报废汽车、小型家电、农林渔业有机物质等,除从业资格外,还对废弃物的分类收集、运输、处理过程和再资源化标准作出明确规定。

〔5〕 参见任维彤、王一:《日本环境污染第三方治理的经验与启示》,载《环境保护》2014年第20期。

持项目，以提供资金支持。例如，宫崎县的“产业废物回收利用设施整备费用补贴”，佐贺县的“回收利用产业培育支援项目”，鹿儿岛县的“产业废弃物处理设施计量器事业费用补助”等。

再次，大力推进环保技术的研发和应用。日本为推动环保技术发展设置了直接支持与间接支持两种手段。直接支持是政府设立了大气污染治理、污水治理等多项专项研究资金，以促进环保技术的研发与进步，还设有环境保全经费，以补助金的形式来资助生态环境保护、废弃物处理和再利用等领域的技术研发和设施建设。间接支持是对环保企业及相关研发机构的重点技术研发与产业化提供资金与推广服务。例如，日本环境省设立“环境技术实证事业”，为环境服务企业，尤其是中小企业的新技术提供第三方评价平台及部分经费，并在环境省官网等平台进行认证与推广。日本经济产业省的“产业技术实用化开发助成事业”将环保领域作为重点扶持方向，支持企业在技术基础研发结束后3年内继续开展应用型研究与推广。

最后，积极建设信息平台，普及环保教育。在日本环境省主导下，各地建设了“产业废物处理企业信息检索系统”，系统内收录了拥有不同处理资质的环境服务企业的相关信息，便于排污企业与其进行业务对接。另外，日本的环境教育非常普及，对各个年龄段的人群有不同的宣传教育活动，在全体国民中形成了良好的环境保护氛围。日本于2013年颁布了《增进环保热情及推进环境教育法》，鼓励社会、公众、企业与政府共同致力于环境教育和环境保护活动的开展和推广，这也成为亚洲首个环境教育法律规范，为日本环境教育的开展提供了强力支持。

第三节　德　　国

一、德国环境污染第三方治理的发展背景

德国是欧洲在环境治理领域处于世界领先水平的代表性国家。第二次

世界大战后,为尽快摆脱战争带来的重创,联邦德国与民主德国政府皆致力于重振国内经济,大力发展重工业和制造业,当时的政府与公众普遍没有环境保护的概念与意识。随着经济的迅速起飞,德国环境污染日益严重,公害事件时有发生。到20世纪70年代,德国空气污染、噪声污染、水污染等已非常严重,大规模的环境保护运动不断爆发,绿党也在此时成立。环境保护与环境法观念逐渐深入人心,环境治理相关立法在这一时期获得迅猛发展,大量法律法规被制定出来,仅从20世纪70年代初到70年代中期,德国联邦层面就颁布了超过50部环境法律法规。1990年两德统一,环境保护被写入修订后的《德国基本法》第20条A款。〔1〕

整体来看,德国环境保护经历了从注重应激性与技术性的环境管制到以政策性和预防性为导向的环境治理的转变,在环境法中确立了预防性、污染者负担、广泛合作三大原则。预防性原则强调防微杜渐、未雨绸缪,尽量避免对环境的损害,如果损害无法完全防止,则必须将对环境的损害降至最小。〔2〕污染者负担原则强调污染者必须承担污染治理的责任,不仅要作出相应的经济赔偿,还要负担后续治理过程产生的各种费用。广泛合作原则强调联合多元主体共同完成环境治理目标,官方或民间、营利性或非营利性的组织和机构都应当参与到环境治理过程中。〔3〕为最大效率地保护环境利益,德国在环境治理中综合运用了多种机制,包括环境协议、第三方治理、企业自组织的环境管理机制(环境保护委托责任人、环境监控体系、环境证书)、行业标准与目标等。〔4〕

---

〔1〕《德国基本法》第20条A款规定:“国家应该本着对后代负责的精神来保护自然的生存机制条件。”

〔2〕See Trüe Christiane, *Germany—the Drafting of an Environmental Law Code (UGB)*, European Energy & Environmental Law Review, Vol. 18:2, p. 80 – 90(2019).

〔3〕参见王劲:《二战后德国环境法制建设及发展趋势研究》,载《学术探索》2017年第11期。

〔4〕参见沈百鑫:《简析法治国家理念下系统性环境保护——环境保护法律机制创新的若干基本问题》,载《中国政法大学学报》2016年第3期。

二、德国环境污染第三方治理的发展模式

(一)城镇污水第三方治理

德国《水平衡管理法》第50条和第56条明确规定,作为民生保证及公共任务,公共水供应和污水处理的具体权限由州法作进一步规定,现实中这一任务通常是由基层政府以及为此而建的公共专业联合会负责。[1] 自20世纪90年代起,为促进水行业的竞争和私营化,修订后的《水平衡管理法》规定各州有权将污水处理义务委托给私法主体。基层政府可以自行决定污水处理义务是由自己履行还是通过第三方来履行,如果选择第三方治理,那么需要通过投标或政府特许,遵循"保障行政"的机制规则来确定第三方治理企业。对于基层政府而言,尽管作为污水处理责任主体可以通过委托第三方来履行其义务,但是它和公共专业联合会仍然是污水处理义务的责任人,要承担兜底担保责任。对于私营第三方而言,尽管是依私法经营,但需受基层政府指导或者企业本身即为基层政府持有,并且基于私法合同收取的服务费用需要接受政府的价格监管。

(二)其他领域的第三方治理

1991年德国制定《防止和再生利用包装废物条例》,授权制造商和经销商可以委托第三方替代履行回收利用义务,允许成立生产者责任组织以统一的收集利用替代个别履行。2002年修订的《循环经济与废物清除法》第13章至第16章规定了废物转让和出售的原则、公共和私营废物处置的法定责任、委托第三方进行处置的一般规定等,还对私营废物处置者接受委托的

[1] 参见[德]科克·沃尔夫岗等:《德国城镇水事管理法律的发展——供水保障和污水治理》,载《环境工程技术学报》2017年第4期。

有关事项作了具体规定。[1]

三、德国环境污染第三方治理的特点

(一)兼具系统性与技术性的法律体系

德国环境法律体系是典型的技术理性和制度理性的结合。其一,以技术进步驱动制度更新。以德国《污染防治法》为例,自 1974 年颁布以来,该法根据社会发展与科技进步而不断修订更新,同时持续颁布和修订具体的实施条例作为支撑,截至 2019 年已颁布 44 个相关条例,包括《污染防治和事故专职人员条例》《中小锅炉设施条例》《固体废物燃烧和混合燃烧条例》等(其中有部分已经废止)。其二,立法和科研积极互动。立法不仅积极吸收先进的科研成果,而且及时将知识与科技进步应用于社会治理。例如,德国联邦环保部于 2020 年修订了标准化的行政规章《技术导则:空气》(TA Luft),该规章近 500 页,涵盖了行业的最新科技发展情况,规定了重要的空气有害物的计算规范。德国政府还通过环境经济性手段,利用污染者负担原则和引导性补贴机制来对科技发展加以引导。可见,德国环境法体系设计具有综合性,以传统行政强制手段,例如环境许可,来迫使企业采用最适宜、最先进的绿色生产技术,同时以环境信息与市场手段来推动科研与技术的持续突破。[2]

(二)多元合作参与的治理体系

国家、社会与私人间的多元协同是德国环境治理的重要组成部分。首

---

[1] 参见孔东菊:《企业环境污染第三方治理法律问题研究》,知识产权出版社 2019 年版,第 62 页。

[2] 参见沈百鑫:《德国环境法治的经验和对我国的启示——以空气污染治理为重点比较领域》,载《德国研究》2021 年第 1 期。

先，重视国家与企业的合作，引导市场力量自愿与政府合作，综合行政与市场手段，积极采用最新科技，来处理具体的环境治理问题。其次，强调政府与社会组织的合作。在德国，政府外的标准规范组织能够参与制定国家标准体系，帮助更新行业标准。例如，《技术导则：空气》最初是由行业协会于1895年制定，后经国家法律确认及更新，成为针对企业生产经营许可行为的实质性规范。最后，政府各级组织间形成了多层治理，德国强调联邦政府与各州及基层政府的紧密合作，政府机构间有多种专业联席会议。

（三）完善的责任界分体系

德国针对环境治理建立了完善的责任界分体系。一方面，规定基层政府在公共环境治理中的兜底性责任，引入市场因素并不能免除政府责任主体身份下所担负的义务。另一方面，规定了强制性担保责任。在环境治理过程中，只要企业或个人所经营的设备影响了环境，造成了损害，那么其就必须承担赔偿责任，而无论其是否从事了一定的加害行为。[1] 这种设备责任规避了第三方治理企业加入环境治理后，与排污企业之间就污染治理与二次污染可能产生的责任分歧。无论是排污企业还是第三方治理企业，只要对污染治理设施担负所有或管控责任，那么即需对所造成的环境损害承担责任。如此一来，不仅要求排污企业谨慎选择委托对象，对治污企业的治理行为进行监督，而且督促排治污企业双方在设备使用过程中更多地考虑安全措施和履行谨慎注意义务，以尽量减少设备对环境的损害。

（四）发达的社会支持机制

首先，鼓励环保科技的发展与创新。德国政府采取多种补偿与资助措施，支持环保技术的研究开发，激励生产技术与环保技术的同步更新，相关

---

〔1〕 参见孔东菊：《企业环境污染第三方治理侵权责任的划分——德国环境设备责任的启示》，载《南海法学》2019年第6期。

的科学技术标准被纳入德国和欧盟的环境法体系。其次,鼓励公民和环保组织积极参与环境治理。德国政府部门通过"环境发展论坛"协同非政府组织,共同推进全社会的环境治理。并且德国有数量众多的非政府环保组织,有超过800个全国及地方性的环保组织或环保信息中心,它们经常开办各种环境讲座,向公众提供免费的环保知识手册。德国环保部门对此不仅予以行动支持,还提供金钱资助。最后,建立多层次的环保教育网络。德国建立了一个由政府机构、民间组织和各级学校共同参与的多层次的环保教育网络,其中联邦环保部对全国的环保意识建设进行总协调,各级环保机构及时在网站上公布环保信息,向民众做环保知识介绍,向企业推广环保技术,向社会宣传新的环保立法。同时,在各级学校中开展环境教育,通过各种环保活动来提高学生们的环保意识。

第四节　域外经验与中国视野

作为世界范围内环境污染第三方治理推广应用较具代表性的国家,美国、日本、德国的发展样态各具特色。美国创造了多种实践形式,形成了多元合作参与的环境治理体系,并且在治理理念和范式上有着非凡的创新,可以说是世界范围内环境治理模式发展的风向标和试验场。日本在环境污染第三方治理的具体实践模式和管理制度上有着精细的发展,法律规定全面细致,管理制度具体规范,极具借鉴与学习价值。德国的环境污染第三方治理以明确的责任界分体系为基础,兼重规范性与技术性,强调社会和公众的协同治理。

除此之外,还有一些国家的环境污染第三方治理有着突出的特点与价值。例如,英国是PPP模式最早诞生的国家,从1979年英国政府的民营化改革开始,私人部门作为产品和服务的提供者逐渐进入公共治理领域。[1]

---

〔1〕 参见莫莉:《英国PPP/PFI项目融资法律的演进及其对中国的借鉴意义》,载《国际商务研究》2016年第5期。

历经四十多年的发展，英国的 PPP/PFI 规范体系形成了一种兼具操作性和规范性的独特立法模式，其所创制的融资手段已经成为世界各国效仿的典范。具言之，在规范方面，制定了一系列强制性程序要求，如发布具有强制力的标准合同范本。在融资方面，从完全由私人融资并承担风险的模式转变为公共部门提供少量项目权益资本以换取股东权益，政府从单纯的项目购买者变为项目经营参与者。此外，英国的环境治理模式也经历了从政府管制到政府管制和非政府管制相结合，政府部门、行业协会、环保组织、司法机构、社会公众等多元主体参与的转变，环境治理服务的提供主体和监督主体具有多样性，彼此之间形成了良好的互补与制约关系。

虽然特色鲜明，但前述各国环境污染第三方治理的实践发展也有一些共性。第一，美国等国家在环境治理过程中，都经历了由命令—控制型治理到多元主体合作共治的发展历程。为提高环境治理效率，破除僵化的传统行政管制体系，这些国家都不约而同地选择了引入市场、社会因素，实行污染专业化治理与业务精细化分工的道路，并鼓励公众、环保社会组织等利益相关主体参与治理，以提高规制的合法性和社会支持度。在这种转变下，环保产业在上述各国获得了长足的发展与进步，环境污染治理效果显著。可见，环境污染第三方治理是当前及未来环境治理的理想路径。

第二，都构建了较为完整的环境法律体系作为支撑。前述各国在推广环境污染第三方治理时，基本上都是采用立法先行、项目跟进、制度保障的脉络行进。通过具体的规范，厘清行政机关、排污企业、第三方治理企业、公众等参与主体在环境治理中的法律关系。

第三，综合运用法律、指南、导则、契约等多种管制手段，“软”“硬”法兼施来规范环境污染治理活动。这一特点在美国、日本、德国的环境治理中都很突出，各国突破了环境管制手段的单一性，用更具有灵活性与针对性的软法手段来推进具体的环境治理项目，效果显著。

第四，建立了完善的法律责任界分机制，明确参与主体权责。虽然美国、日本、德国分属不同法系，但是都针对环境合作治理中第三方主体的介入建立了相应的责任体系。日本、德国通过法律规定的形式,明确了排治污双方以及政府部门在污染治理中的权责。美国则是通过法院系统对纠纷处理侧重点的转变,来调整对参与治理主体的权责分配。

第五,重视与传统管制形式的合作,还有与其他环境制度的衔接。美国、日本、德国引入第三方治理并非对传统污染治理模式和传统管制形式的完全抛弃,而是以传统环境行政管制模式为基础,在此之上,通过多元主体的引进来保证环境治理的效率与活力。同时,环境污染第三方治理模式的推广,并非建立一座孤岛,前述各国非常重视其与各项具体环境治理制度的衔接,例如,在德国第三方治理与环境许可制度、环境税制度的衔接,在日本第三方治理与排污费征收制度的衔接等。

第六,完善系统性的社会支持体系。环保产业的发展是第三方治理能展开的现实基础,美国、日本、德国非常重视对环保产业的支持,通过多种激励手段以及相应的配套措施来鼓励和支持环保产业的发展。此外,前述各国还非常重视普及环境教育和提高公众环保意识,而这也是环境污染第三方治理推进的社会基础。

过去我国的环境规制是以政府管制为主导,即"通过强化环保机关能力的建设以最大限度地实现法律赋予的责任"[1]。在这种一元性、单向性的规制模式下,管制部门通过标准设置、许可证发放等方式督促排污单位承担相应的治理责任。随着管制工具的革新与污染治理工作的推进,环境污染第三方治理在我国全国范围内得到广泛应用,其价值作用逐步得到决策者认可并被纳入国家现代环境治理体系。中共中央《关于全面深化改革若干重大问题的决定》明确提出,"建立吸引社会资本投入生态环境保护的市场化机制,推行环境污染第三方治理"。2020 年 3 月,中共中央办公厅、国务院办公厅《关于构建现代环境治理体系的指导意见》进一步提出要创新环境治理

---

〔1〕 杜辉:《论环境私主体治理的法治进路与制度建构》,载《华东政法大学学报》2016 年第 2 期。

模式,积极推行环境污染第三方治理。早在21世纪初,我国已尝试在污水与垃圾处理等市政公用领域引入第三方治理。[1] 当前,环境污染第三方治理模式已经扩展运用于工业园区污染综合防治、小城镇环境综合治理托管服务、工业污染地块环境修复与开发建设等领域。整体来看,环境污染第三方治理契合了我国环境规制"从偏重政府管制和行政法的形式主义权威模式向讲求目标适应、解决实际问题的实用主义的公共治理模式"[2]的转变,自身也正在经历从政企、企企平等合作进行环境管理到政府、市场、社会、公众个体多元共治进行环境治理的进化,其应用领域不断扩大,涉及的法律关系及主体越来越复杂。可以说,环境污染第三方治理已经从域外走入了中国视野。

〔1〕 例如,2002年12月原建设部发布《关于加快市政公用行业市场化进程的意见》,允许外资企业和民营企业进入污水与垃圾处理等市政公用设施项目。

〔2〕 杜辉:《环境私主体治理的运行逻辑及其法律规制》,载《中国地质大学学报(社会科学版)》2017年第1期。

第三章
我国环境污染第三方治理的实践样态

第一节　我国环境污染第三方治理的提出与发展

一、我国传统环境污染治理模式的演变与困境

（一）我国传统环境污染治理模式的演变

我国历史上素有保护环境、治理污染的优良传统，相关规定最早可追溯至公元前16世纪的商朝。《韩非子·内储说上》记载："殷之法，弃灰于公道者，断其手。"秦朝时亦有保护自然环境方面的立法，《田律》规定："春二月，毋敢伐材木山林及雍堤水。不夏月，毋敢夜草为灰，取生荔……到七月而纵之。"意即，二月初春之时，不能砍伐山上的林木也不能阻塞水道，除了夏季，别的季节不能烧取草木灰，不能采摘刚发芽的植物，禁令到七月才放开。传统律法中有关环境保护的记载不可胜数，但我国传统环境污染治理模式中的"传统"并不是指历史上存在的环境保护传统，而是指中华人民共和国成立以来，在我国长期存在的以污染者负担原则、"命令—控制"单向管制模式、"行政—行政相对人"二元主体结构为基础的环境污染治理模式。这种模式与当前具有"损害担责""多元主体""合作治理"等特征的现代环境治理体系形成了鲜明对比。

1. 传统环境污染治理模式的形成期

中华人民共和国成立后，百废待兴，百业待举，集中力量发展经济成为国家与人民的首要任务。这一阶段，经济与政治是国家关注的重点，相较而言环境保护事业并没有得到应有的重视。环境相关立法级别较低、分布零散、内容粗糙、可执行性较差，且法律规范以自然资源法和自然保护法为主，防治环境污染方面的法律较少。当时与环境污染治理有关的规范性文件大致可分为两类：一类是直接相关的规定，如《关于注意处理工矿企业排出有毒废水、废气问题的通知》（1957 年）、《关于工业废水危害情况和加强处理利用的报告》（1960 年）等；另一类是其他规范中有部分条款涉及环境污染治理，如《工厂安全卫生规程》（1956 年，已失效）第 64 条[1]，《矿产资源保护试行条例》（1965 年，已失效）第 26 条[2]等。

20 世纪 60 年代末到 70 年代中期，国际环境保护运动风起云涌，西方发达国家的环境立法突飞猛进。1972 年 6 月 5 日，第一次人类环境会议由联合国在瑞典首都斯德哥尔摩组织召开，中国政府派代表参加。在会议上，我国了解了环境法治在西方发达国家的发展情况，认识到中国也同样存在严重的环境污染问题。受此影响，我国的第一次全国环境保护会议在 1973 年 8 月召开，会上通过了《关于保护和改善环境的若干规定（试行草案）》。该份文件实际上是我国第一个较为全面的综合性环境保护行政法规，确立了我国的环境保护方针。[3]文件还对环境保护的原则、基本制度与措施等作出

[1] 《工厂安全卫生规程》（1956 年，已失效）第 64 条规定：“废料和废水应该妥善处理，不要使它危害工人和附近居民。”

[2] 《矿产资源保护试行条例》（1965 年，已失效）第 26 条规定：“工矿企业、医疗卫生部门和城市建设部门，对于排出的工业、医疗和生活污水，必须采取有效措施，防止污染地下水的水质。”

[3] 《关于保护和改善环境的若干规定（试行草案）》规定：为了保护和改善环境，各地区、各部门、各单位都要在党委统一领导下，以路线为纲，深入进行政治思想路线教育，发动群众，贯彻执行“全面规划，合理布局，综合利用，化害为利，依靠群众，大家动手，保护环境，造福人民”的方针（《工业用水与废水》1974 年第 2 期）。

了规定,如"三同时"制度。[1] 其后,《防止企业中矽尘和有害物质危害的规划》(1973年)、《防止沿海水域污染暂行规定》(1974年)、《关于治理工业"三废"开展综合利用的几项规定》(1977年)等一系列规范性文件相继出台,我国环境污染治理进入由政府主导的国家管理模式。这一时期可以称作我国传统环境污染治理模式的"草创期"。

2. 传统环境污染治理模式的发展期

1978年,我国步入改革开放时期,开始了从计划经济向市场经济的转型。可以说,从1978年至20世纪末,是我国改革开放和经济建设取得巨大成就、工业化和城市化极速发展的时期,是中国环境生态问题前所未有的严重与集中爆发的时期,也是中国环境治理法律全面发展、传统环境污染治理模式逐渐成熟的时期。

1978—1988年我国迎来环境立法的第一个高峰期。《宪法》(1978年)第11条第3款[2]是我国第一次将环境保护纳入国家根本法之中。[3] 1979年9月,五届全国人大常委会十一次会议通过了《环境保护法(试行)》(已失效),这是我国成立以来第一部环境保护基本法。该法确定了"谁污染,谁治理"等基本原则,规定了"三同时"、环境影响评价等一系列基本制度。[4] 之后,我国又先后制定了《水污染防治法》(1984年)、《大气污染防治法》(1987

---

〔1〕《关于保护和改善环境的若干规定(试行草案)》规定了发展生产和环境保护"统筹兼顾、全面安排"的原则,"三同时"制度和奖励综合利用的政策;规定了防治废水、废气、废渣、噪声、农药、放射性物质、有毒物质、食品污染以及保护和改善城市、工矿区、居住区、水、土、野生动植物、森林、草原等环境因素的措施,并且对环境监测、科研、宣传、教育以及环境保护所必需的投资、设备、材料等事项均提出了要求。参见孙佑海:《我国70年环境立法:回顾、反思与展望》,载《中国环境管理》2019年第6期。

〔2〕《宪法》(1978年)第11条第3款规定:"国家保护环境和自然资源,防治污染和其他公害。"

〔3〕参见蔡守秋、王欢欢:《改革开放30年:中国环境资源法、环境资源法学与环境资源法学教育的发展》,载《甘肃政法学院学报》2009年第3期。

〔4〕《环境保护法(试行)》(已失效)确定了"谁污染,谁治理"等原则,规定了环境影响评价、"三同时"、排污收费、限期治理、环境标准、环境监测等制度,规定了环境保护机构及其职责。参见蔡守秋、王欢欢:《改革开放30年:中国环境资源法、环境资源法学与环境资源法学教育的发展》,载《甘肃政法学院学报》2009年第3期。

年)等多部法律法规。从此,政府对污染治理和生态修复承担主要监督和管理职责的主体地位被确立下来,“命令—控制”一元环境管制模式以及“谁污染谁治理”的环境污染责任机制被纳入法制化轨道,构成了传统环境污染治理模式的整体框架并逐步发展。

1989—1999 年是我国的第二个环境立法高峰期。1992 年 6 月在巴西里约热内卢召开了有 183 个国家和地区的代表团与联合国及其下属机构等 70 个国际组织代表出席的联合国环境与发展会议,会上通过了《里约宣言》《气候变化框架公约》《21 世纪议程》等文件,给我国带来了可持续发展等新的环境理念。1994 年 3 月我国国务院常务会议通过了《中国 21 世纪议程——中国 21 世纪人口、环境与发展白皮书》,要求建立体现可持续发展理念的环境法体系。基于此,我国先后制定、修改了一批污染防治法律法规和行政规章。[1] 1989 年 12 月我国正式通过了《环境保护法》,该法第 24 条进一步要求排污单位要建立环境保护制度,对生产过程及其他活动中产生的各种污染物采取有效措施。[2] 第 28 条规定排污单位超标排放需缴纳一定的排污费,同时应自力治污。[3] 至此,“谁污染谁治理”原则发展为“污染者治理”原则。1996 年国务院发布《关于环境保护若干问题的决定》进一步提出,有关部门要按照“污染者付费、利用者补偿、开发者保护、破坏者恢复”的原则,来促进环境保护,防止环境污染和生态破坏。

---

〔1〕 其中较为典型的有《固体废物污染环境防治法》(1995 年)、《水污染防治法》(1996 年修正)、《环境噪声污染防治法》(1996 年,已失效)等。

〔2〕《环境保护法》(1989 年)第 24 条规定:“产生环境污染和其他公害的单位,必须把环境保护工作纳入计划,建立环境保护责任制度;采取有效措施,防治在生产建设或者其他活动中产生的废气、废水、废渣、粉尘、恶臭气体、放射性物质以及噪声、振动、电磁波辐射等对环境的污染和危害。”

〔3〕《环境保护法》(1989 年)第 28 条规定:“排放污染物超过国家或者地方规定的污染物排放标准的企业事业单位,依照国家规定缴纳超标准排污费,并负责治理。水污染防治法另有规定的,依照水污染防治法的规定执行。征收的超标准排污费必须用于污染的防治,不得挪作他用,具体使用办法由国务院规定。”

3. 传统环境污染治理模式的转型期

进入21世纪后，我国全面建设小康社会、加快推进社会主义现代化，这一阶段，人民生活和国家经济都有了长足进步，但生态环境问题十分严峻。《中国的环境保护（1996—2005）》[1]《2008中国环境状况公报》[2]等官方统计数据显示：我国污水排放量，还有二氧化碳、二氧化硫和氟氯烃的排放总量均居世界第一，酸雨面积占全国面积的1/3，水污染、土地污染、海洋污染、固体废物污染、噪声污染、放射性污染、化学品污染等均居全球前列。我国是世界上大气污染最为严重的国家之一，其中以雾霾污染最为恶劣。环境污染与生态破坏所带来的"公地悲剧"已经成为影响公众健康与制约我国经济进一步发展的重要因素。虽然前一个阶段环境保护法律规范数量大幅提高，但实际的环境治理效果并不尽如人意，我国整体的环境质量并未得到改善，环境污染与生态破坏的恶化趋势仍在持续，人民日益增长的对健康环境、美丽中国的要求与经济和环境不平衡不充分的发展之间的矛盾十分突出。

随着整个社会环境意识、民主意识、法治意识的增强，新的环境保护思想开始冲击着传统的环境污染治理模式，生态文明观和生态文明建设应运而生。在国家政治层面，我国制定系统性的方针政策，推动生态文明建设。2007年10月党的十七大报告提出"建设生态文明"和"生态文明观念在全社会牢固树立"的目标；2017年10月党的十九大对"加快生态文明体制改革，建设美丽中国"进行专门部署；在2018年全国生态环境保护大会上，习近平总书记指出，良好生态环境是最普惠的民生福祉，坚持生态惠民、生态利民、生态为民，要构建以治理体系和治理能力现代化为保障的生态文明制度体系。[3] 在法制层面，我国将生态文明价值观作为环境法的基本理念和基本

[1] 国务院新闻办公室于2006年6月发布。

[2] 原环境保护部于2009年6月4日发布。

[3] 习近平：《坚决打好污染防治攻坚战 推动生态文明建设迈上新台阶》，载人民网 env.people.com.cn/n1/2018/0519/c1010-30000824.html。

原则，相继制定和修改了多部环境法律法规，包括《大气污染防治法》（2015年修订）、《固体废物污染环境防治法》（2015 年修正）、《环境保护税法》（2016 年）、《水污染防治法》（2017 年修正）等。2018 年 3 月，第十三届全国人大第一次会议审议通过了修改后的《宪法》，将“科学发展观”“生态文明”“和谐美丽的社会主义现代化强国”作为国家根本任务纳入序言部分。[1] 2014 年修订后的《环境保护法》被称为史上最严厉的环保法律，将污染者治理原则发展为损害担责原则。

受到前述变化的影响，在这一阶段我国传统环境治理模式也开始转变，从主要依靠行政手段保护环境，逐渐向遵循经济和自然规律，综合运用法律、经济、技术以及必要的行政手段的过渡，逐步构建起党委领导，政府主导，企业主体、社会组织和公众共同参与的现代环境治理体系。

（二）我国传统环境污染治理模式的困境

“命令—控制”单向管制形式、“行政—行政相对人”二元主体结构、污染者负担原则，是传统环境污染治理模式的三个主要特征。从“谁污染谁治理”原则到“污染者治理”原则，再到“污染者负担”原则，三者虽然表述不同，但含义大致相同。基于这一理念，我国将“排放污染物的企业事业单位和其他生产经营者”设定为污染治理义务的主体，并以此为逻辑起点完成了污染治理制度体系的构建。[2] 当前我国环境治理中的很多重要制度，如“三同时”、环境影响评价、排污收费等，都是这一原则下的产物，而这些制度也进一步巩固了传统污染治理模式的基础。“行政—行政相对人”的二元主体结构，是在该种制度体系下形成的环境治理结构，“命令—控制”单向管制形式是该种制度体系所主要运用的管制手段和方法。不可否认，传统环境污

---

〔1〕 参见孙佑海：《我国 70 年环境立法：回顾、反思与展望》，载《中国环境管理》2019 年第 6 期。

〔2〕 参见王社坤：《第三方治理背景下污染治理义务分配模式的变革》，载《吉林大学社会科学学报》2020 年第 2 期。

染治理模式在我国环境治理中曾发挥非常积极而重要的作用,但也必须承认这种模式存在明显的弊端,且随着社会的不断发展,其消极影响越发凸显。

1.污染者负担原则的局限性

第一,该原则过于强调自力治污,治理效率相对较低,不符合市场经济的效率要求。从传统污染治理模式来看,不管是公共污染还是工业污染,都以自力治污为基础。公共环境污染治理以政府为治污主体,政府在完成污染治理公共设施的首次建设之后,必须面对设施逐渐老化、运营管理成本不断增加、污染治理效率逐年降低等问题。工业污染以排污企业为治污主体,要求企业在建设与生产时必须同步自力建造、运营、维护治污设施,以此保证污染物达标排放。作为市场主体,排污企业关注的是自身经济利益的最大化,难以从宏观和长远角度来建立有利于环境保护的自我限制机制。将治污权交给企业,一定程度上反而为部分排污企业知法犯法、偷排超排提供了可能,同时也增加了行政部门监管和执法的工作量与难度。并且,由于不同排污企业之间经济实力、污染治理技术能力参差不齐,相当一部分企业根本无力建设与其污染行为相匹配的治污设施,或者虽已兴建,但无法保证长期正常运转,经常有建而不运、运而不足的情况出现。这种不加区分强制要求排污企业自力治污的做法,不仅难以达成治理目标,而且会增加企业治污成本,甚至造成严重的资源浪费。

第二,该原则侧重于污染的事后防范和末端治理。从国务院《关于环境保护若干问题的决定》中对污染者负担原则的进一步阐释可见,"污染者付费、利用者补偿、开发者保护、破坏者恢复"中的付费、补偿、保护、恢复,都是在环境污染和生态损害产生之后的补救措施。虽然"三同时"、环境影响评价等制度在一定程度上将环境行政管制的重点从污染产生之后的治理转移到污染产生之前的预防,但从监管手段、惩罚措施、责任承担等方面来看,预防与治理之间的管制力度并不平衡。我国环境治理中长期存在"违法成本低、守法成本高"的现实境况,侧重于事后防范、末端治理的治理效果不明显。

2.“命令—控制”单向管制模式的固化性

第一,监管主体单一,监管执行力不稳定。单向管制模式的管制效果严重依赖于行政部门的管制意愿,政府对环境保护越重视,环境管制就越严,反之则越弱。我国的环境污染治理是由中央与地方分别来承担一部分治理责任,中央政府负责作出环境治理的顶层设计和宏观决策,地方政府承担具体的管制工作。由政府主导的单行管制模式依靠政府科层组织体系的运行逻辑,地方政府基于对区域内经济发展、社会稳定等的现实需要,可能对上层决策选择性执行,弱化或悬置环境保护任务,从而导致环境治理制度作用的异化。此外,从我国环境执法部门的机构设置来看,不仅人数较少,而且往往技术能力难以满足现实需要,在很多时候环境行政部门的独立执法能力不足,监管力量薄弱。

第二,监管手段匮乏,监管制度僵化。传统污染治理模式中的监管主要使用行政执法手段,具有单向性。基于此,传统污染治理模式形成了以政府为中心的制度逻辑,对环境治理效果的提高和环境治理手段的完善往往从政府角度出发,采用完善监管机制、多样化环境执法手段、加大环境处罚力度等方式,而很少将市场因素中的个体特殊性和其他监管形式纳入考虑。虽然随着环境治理相关法律的更新与完善,监管手段也在持续发展,不断提高自身规范性等,但始终未跳出以“硬法”为管制标准、以强化行政权力为主要手段的藩篱,使得“命令—控制”的单向管制模式陷入监管手段匮乏、环境治理效果不佳、加强行政权力、监管制度僵化的怪圈。

3.“行政—行政相对人”二元主体结构的封闭性

第一,对管制者监督不足,公众权益相对薄弱。二元主体结构下,行政机关作为管制方,与被管制者之间的监管行为在闭环中完成,主要通过发放排污许可、收取排污税费、排污监测等方式来落实行政执法。为谋求地方经济发展、实现政府政绩目标等,在缺少公众监督时,可能会出现执法者与排污者共谋的情况,从而反向对公众权益造成较大损害。此外,行政机构作为管制者,亦有自身的利益追求,政府及其工作人员被排污企业“虏获”的情况并不罕见,即排污企业通过迎合政府行政部门及人员的利益,以彼此间的利益交换,使其提供有利于自身的规制。这种共谋与虏获是缺少市场与社会因素参与的封闭性二元主体结构所带来的现实问题。

第二,制约环保产业发展,产业结构转型乏力。环保产业的发展以市场需求为导向,必须在环境治理中引入市场因素,充分发挥市场配置资源的决定性作用,才能够激发各类市场主体的积极性,进而推动环保产业的发展升级。传统环境行政部门—排污企业的二元主体治理模式,禁锢了环境服务产业的市场需求,使市场对资源配置的决定性作用难以发挥,不利于环保市场的扩大以及环保新兴产业的发展。从长远角度来看,这种治理主体的封闭性也在一定程度上制约了我国经济和产业结构的转型升级,不利于进一步推进我国的生态文明建设。

二、我国环境污染第三方治理模式的形成与发展

随着社会经济的突飞猛进,环境污染矛盾日益凸显,传统治理范式的适应性逐渐降低,探索新的治理模式成为现实性课题。从宏观来看,20 世纪后半期正是西方发达国家公域之治从“统治”到“治理”的广泛变革期,公共治理理论推动着各国治国理政方略的整体改变。从微观来看,这一股改革的洪流也影响了环境治理领域,从 20 世纪 70 年代开始,以美国、日本、德国等为代表的各国不断颁布各种法律法规及政策文件,大力支持第三方治理的推行。同一时间恰是我国改革开放、从社会主义计划经济向市场经济转变的时期,也是我国从“全能国家”模式向“有限政府”转变的时期。这种国家治理模式的整体转变,逐渐延展到环境治理领域,配合这一阶段环境问题的不断爆发以及社会环保理念的整体进步,加之环境污染第三方治理模式在世界范围内所取得的良好效果,使其成为我国治理体系转型的必然选择之一。我国第三方治理模式的发展,不仅受到国家的大力支持,同时也契合了市场发展与社会需求。

在国家层面,我国中央和地方政府大力推行第三方治理,自上而下颁布了多个规范性文件,多次提出要构建生态环境保护的市场化机制,开展第三方治理(见表3-1)。

表3-1 国家层面环境污染第三方治理主要规范性文件

时间	部门	文件名称	相关内容
2002年12月	原建设部	《关于加快市政公用行业市场化进程的意见》	外资企业和民营企业可以进入污水、垃圾处理等市政公用设施项目
2005年12月	国务院	《关于落实科学发展观加强环境保护的决定》	将市场机制引入污染治理,鼓励排污单位委托专业化公司治理污染
2007年5月	国务院	《关于印发节能减排综合性工作方案的通知》(已失效)	大力发展环保产业,推进污染治理市场化
2007年7月	国家发改委办公厅与原国家环保总局办公厅	《关于开展火电厂烟气脱硫特许经营试点工作的通知》	在火电厂烟气脱硫领域开展第三方治理试点
2013年11月	中共中央	《关于全面深化改革若干重大问题的决定》	发展环保市场,建立吸引社会资本投入生态环境保护的市场化机制,推行环境污染第三方治理
2014年11月	国务院	《关于创新重点领域投融资机制鼓励社会投资的指导意见》	创新生态环保投资运营机制,在电力、钢铁等重点行业及开发区(工业园区)等领域,大力推行环境污染第三方治理,发展委托治理服务、托管运营服务等方式,建立重点行业第三方治污企业推荐制度
2014年12月	国务院办公厅	《关于推行环境污染第三方治理的意见》	坚持排污者付费、市场化运作、政府引导推动为基本原则。推进环境公用设施投资运营市场化:改革投资运营模式、推进审批便利化、合理确定收益。创新企业第三方治理机制:明确相关方责任、规范合作关系、培育企业污染治理新模式、探索实施限期第三方治理

续表

时间	部门	文件名称	相关内容
2015 年 12 月	国家发改委、原环境保护部、国家能源局	《关于在燃煤电厂推行环境污染第三方治理的指导意见》	以坚持企业自愿、依法推行、诚实守信为基本原则；将燃煤电厂第三方治理分为特许经营模式、委托运营模式；对第三方治理企业的选择、责任划分、合同内容等作出规定
2016 年 4 月	原环境保护部	《关于积极发挥环境保护作用促进供给侧结构性改革的指导意见》	积极推进政府和社会资本合作(PPP)模式，鼓励发展环境服务业，推进环境咨询服务业发展，鼓励有条件的工业园区聘请第三方专业环保服务公司作为“环保管家”等
2016 年 12 月	国家发改委办公厅、财政部办公厅等	《关于印发〈环境污染第三方治理合同(示范文本)〉的通知》	编制《环境污染第三方治理合同(示范文本)》(建设运营模式和委托运营模式)，供有关单位和企业在推进环境污染第三方治理相关工作中参考
2017 年 8 月	原环境保护部	《关于推进环境污染第三方治理的实施意见》	明确第三方治理责任，对规范企业排放技术和管理要求、加强环境监管和信息公开、创新第三方治理机制和实施方式等作出规定
2018 年 1 月	全国人大常委会	《水污染防治法》	逾期不采取治理措施的，环境主管部门可以指定有治理能力的单位代为治理，所需费用由违法者承担
2018 年 11 月	生态环境部、农业农村部	《农业农村污染治理攻坚战行动计划》	培育各种形式的农业农村环境治理市场主体，采取城乡统筹、整县打包、建运一体等多种方式，吸引第三方治理企业、农民专业合作社等参与农村生活垃圾、污水治理和农业面源污染治理
2019 年 4 月	财政部、国家税务总局、国家发改委、生态环境部	《关于从事污染防治的第三方企业所得税政策问题的公告》(2023 年已发布同名新文件)	从税收政策方面对环境污染第三方治理予以支持，对符合条件的第三方治理企业减按 15% 的税率征收企业所得税

续表

时间	部门	文件名称	相关内容
2019 年 7 月	国家发改委办公厅、生态环境部办公厅	《关于深入推进园区环境污染第三方治理的通知》	选择一批园区（含经济技术开发区）深入推进环境污染第三方治理，以培育第三方治理新模式、规范合作关系、推动第三方治理信息公开、探索实施限期第三方治理
2020 年 3 月	中共中央办公厅、国务院办公厅	《关于构建现代环境治理体系的指导意见》	创新环境治理模式，积极推行环境污染第三方治理，开展园区污染防治第三方治理示范，建立健全“污染者付费＋第三方治理”等机制
2020 年 9 月	生态环境部办公厅、国家发改委办公厅、国家开发银行办公厅	《关于推荐生态环境导向的开发模式试点项目的通知》	推动生态环境治理市场化与产业化；积极引入综合实例强、专业化水平高的市场主体参与试点工作；推动建立多元化生态环境治理投融资机制
2021 年 1 月	科学技术部	《国家高新区绿色发展专项行动实施方案》	支持国家高新区强化绿色技术创新服务体系建设，加快专利转化和技术交易，提供第三方合同能源管理、“环保管家”服务、企业需求发布对接等服务

20 世纪 90 年代至 21 世纪初期是我国环境污染第三方治理的奠基期。1993 年 10 月，我国召开第二次全国工业污染防治工作会议，会上总结了工业污染防治工作的经验教训，提出了工业污染防治的“三个转变”[1]。这显示我国环境污染治理规划正逐步转变，治理手段从单一走向综合，使环境污染第三方治理的推行具有了现实可能性。

2002 年 12 月原建设部发布《关于加快市政公用行业市场化进程的意见》（建城〔2002〕272 号），允许外资企业和民营企业进入污水与垃圾处理等

〔1〕 三个转变，即由末端治理向生产全过程控制转变，由浓度控制向浓度与总量控制相结合转变，由分散治理向分散与集中控制相结合转变。

市政公用设施项目,PPP 模式被引入公共环境治理,自此第三方治理首先进入我国污水与垃圾处理等市政公用领域。

2005 年 12 月,国务院发布《关于落实科学发展观加强环境保护的决定》(国发〔2005〕39 号),提出将市场机制引入污染治理。[1] 2007 年 5 月,国务院发布《关于印发节能减排综合性工作方案的通知》(国发〔2007〕15 号,已失效),提出持续健康发展环保产业,要求制定出台《加快环保产业发展的意见》,以多种政策措施推进污染治理的市场化,鼓励排污单位委托专业机构治污,明确要求"组织开展烟气脱硫特许经营试点"。2007 年 7 月,国家发改委办公厅与原国家环保总局办公厅联合印发了《关于开展火电厂烟气脱硫特许经营试点工作的通知》(发改办环资〔2007〕1570 号),要求五大发电集团公司进行试点项目,将电厂脱硫设施交给专业化脱硫公司,用脱硫电价款对达标的治理服务进行支付。这显示第三方治理进入工业污染领域,并在重点行业开始了试点工作。至此,第三方治理已进入我国公共及工业环境污染治理两大领域,国家推广环境污染第三方治理的思路逐渐清晰。

从 21 世纪 10 年代到 20 年代,是我国环境污染第三方治理的发展期。2012 年 11 月,党的十八大召开,提出全面推进经济建设、政治建设、文化建设、社会建设、生态文明建设"五位一体"的中国特色社会主义事业,生态文明建设上升为国家战略,形成现代环境治理体系的新布局。2013 年 11 月,党的十八届三中全会通过了《关于全面深化改革若干重大问题的决定》,明确要求推行环境污染第三方治理。[2] 由此,建设生态环境保护的市场化机制,推行环境污染第三方治理,成为党与国家全面深化改革的重要部署之一,被纳入国家的大政方针。

---

〔1〕《关于落实科学发展观加强环境保护的决定》(国发〔2005〕39 号)提出:"推行污染治理工程的设计、施工和运营一体化模式,鼓励排污单位委托专业化公司承担污染治理或设施运营。"

〔2〕《关于全面深化改革若干重大问题的决定》提出:"发展环保市场,推行节能量、碳排放权、排污权、水权交易制度,建立吸引社会资本投入生态环境保护的市场化机制,推行环境污染第三方治理。"

2014 年 10 月，国务院常务会议第三十一次会议提出推行环境污染第三方治理，推进政府向社会购买环境监测服务。同年 11 月，国务院印发《关于创新重点领域投融资机制鼓励社会投资的指导意见》（国发〔2014〕60 号），提出建立健全政府和社会资本合作机制，引入社会资本，增强公共产品供给能力，并将环境污染第三方治理的推行作为十项配套重点措施之一。[1] 由此，第三方治理在公共污染和工业污染治理两大领域得到进一步推广应用。

2014 年 12 月 27 日，国务院办公厅发布《关于推行环境污染第三方治理的意见》（国办发〔2014〕69 号），这是我国第一份国家层面有关第三方治理的专门性文件。文件明确了第三方治理是“排污者通过缴纳或按合同约定支付费用，委托环境服务公司进行污染治理的新模式”，要求以工业园区、环境公用设施等领域为重点，以市场化、专业化、产业化为导向，坚持排污者付费、市场化运作、政府引导推动的基本原则，推进环境公用设施投资运营市场化，创新企业第三方治理机制，健全第三方治理市场，强化政策引导和支持，加强组织实施。该意见颁布后，北京、上海、安徽、河北等多省市相继发布了规范性文件。至此，我国环境污染第三方治理模式的基本框架正式形成，并在中央政府的推动下在全国范围内推广应用。

2017 年 8 月，原环境保护部发布《关于推进环境污染第三方治理的实施意见》（环规财函〔2017〕172 号），对环境污染第三方治理实践中出现的问题作出了回应，并进一步细化了第三方治理的相关规定。文件提出了第三方治理的总体要求和基本原则，即坚持排污者担负污染治理主体责任，坚持监管执法和信息公开相结合，坚持政策引导与先行先试。具体内容有以下几个方面：首先，规定了第三方治理中的责任界定，即排污单位承担污染治理

〔1〕《关于创新重点领域投融资机制鼓励社会投资的指导意见》（国发〔2014〕60 号）提出：“在电力、钢铁等重点行业以及开发区（工业园区）污染治理等领域，大力推行环境污染第三方治理，通过委托治理服务、托管运营服务等方式，由排污企业付费购买专业环境服务公司的治污减排服务，提高污染治理的产业化、专业化程度。稳妥推进政府向社会购买环境监测服务建立重点行业第三方治污企业推荐制度。”

的主体责任，第三方企业承担相应的法律责任和合同约定的责任；政府或排污单位与治污单位通过第三方治理合同来明确各方权责，合作治理。其次，细化第三方治理的运行机制，包括规范企业排放技术和管理要求，加强排污单位与第三方治理单位的互相监督，鼓励第三方治理信息公开，加强环境监管执法力度等。再次，创新第三方治理的实施方式，包括培育企业污染治理新模式，探索实施限期第三方治理，支持第三方治理单位参与排污权交易等。最后，加强政策性支持引导与组织实施，包括鼓励绿色金融、开展试点示范、编制典型案例、总结推广经验等内容。该实施意见的颁布，意味着环境污染第三方治理模式的进一步成熟与完善。

从20世纪20年代开始，我国环境污染第三方治理进入成熟期。2020年3月，中共中央办公厅、国务院办公厅发布《关于构建现代环境治理体系的指导意见》，提出要构建现代环境治理体系。在坚持党的领导、多方共治、市场导向、依法治理四大基本原则基础上，创新环境治理模式，开展园区污染防治第三方治理示范，建立健全"污染者付费+第三方治理"等机制。由此，环境污染第三方治理成为我国现代环境治理体系的重要组成部分。

在市场层面，我国对在环境污染处置工作中引入市场机制已有多年尝试，经历了从重点领域到全面发展的过程，为环境污染第三方治理的推行提供了经验和环境支撑。早在21世纪初，我国已尝试在污水与垃圾处理等市政公用领域引入第三方治理。2007年在国家发改委办公厅和原国家环保总局的组织协调下，在火电行业展开烟气脱硫特许经营试点。这一行业污染严重且污染物相对集中，具备规模效应，适合展开第三方治理试点工作。具体措施是由火电厂将国家政策引导下产生的脱硫相关收益权，通过合同转移给委托治理企业，由其承担脱硫设施的投建、运维、日常管理，完成合同约定的脱硫目标。[1]除了大型工业企业，环境污染第三方治理另一个重要发展领域是工业集中

〔1〕参见骆建华：《环境污染第三方治理的发展及完善建议》，载《环境保护》2014年第20期。

区,如工业园区、工业开发区的废水及废弃物处理。工业园区一般集中了多家企业,污染物量大且集中,适于由第三方进行专业治污。这些试点的环境污染治理效果明显,以此为依托,相当数量的环境污染治理企业发展起来,其业务范围逐渐扩展至工业废水处置、废气处置、烟气脱硫、脱硝建设和作业、固废处置等多个领域。一些国内企业还由此与国外环境服务企业合作成立了合资公司,提供专门的环境治理服务。市政公用治污市场化的推行以及工业第三方治污的发展,使国内环境污染第三方治理的市场更为成熟、经验更为丰富、技术支持更为完备。与此同时,随着生态文明建设的进一步深入,国家通过一系列措施增强环境治理力度,节能减排成为约束性指标,也推进了环境服务产业的快速繁荣,培育了众多规模化的专业环境服务企业。据统计,2011 年我国环境保护相关产业从业人员达到 319.5 万人,较 2004 年增加了 100.3%,营收超过 3 万亿元,较 2004 年增加了 572.6%,年营业收入占同期 GDP 的比重由 2004 年的 2.8% 上升至 2011 年的 6.5%。[1] 到 2020 年,仅环境服务营业收入已达约 1.2 万亿元。[2] 环境服务市场的发展繁荣,为环境污染第三方治理的实际推行提供了现实基础。

第二节　环境污染第三方治理的类型与运作模式

一、环境污染第三方治理的主要类型

环境污染第三方治理近年来在我国发展如火如荼,在公共环境污染治理和工业环境污染治理两大领域下沉到更多细分类别中,例如,当前环境污染第三方治理模式已经扩展运用于工业园区污染综合防治、小城镇环境综

〔1〕 参见吴舜泽、逯元堂等:《第四次全国环境保护相关产业综合分析报告》,载《中国环保产业》2014 年第 8 期。

〔2〕 参见生态环境部科技与财务司、中国环境保护产业协会编制的《中国环保产业发展状况报告 2021》。

合治理托管服务、工业污染地块环境修复与开发建设等领域。根据不同标准可对环境污染第三方治理的类型作出多种划分。其中最为典型也最具法律价值的分类是根据委托主体不同,将环境污染第三方治理分为政府委托第三方治理和排污企业委托第三方治理(见表3-2)。政府委托第三方治理是以政府为责任主体的环境保护领域中的公私合作治理。企业委托第三方治理是以排污企业为责任主体的污染防治和生态修复领域中的私私合作治理。

表3-2 环境污染第三方治理主要类型与比较

委托主体	方式	责任基础	合作依据	合同类型	适用领域
政府	行政委托 特许经营 政府采购	污染治理 公共职能	环境服务 政府合同 (PPP协议)	兼具公法和私法性质的混合合同	市政污水、垃圾治理;生态环境修复;工业园区治理等
排污企业	委托运营 建设运营	损害担责原则	环境服务 民事合同	民事合同	工业污染治理;生态修复等

二、政府委托第三方治理的形式与运作模式

政府对公共环境承担着治理的法定职责,政府委托第三方治理是在由其负责的公共领域向社会购买环境公共服务,与第三方治理企业签订环境服务政府合同,在市政污水、垃圾治理,工业园区治理等方面展开合作,以提升环境质量、治理环境污染、修复生态损害。政府委托第三方治理主要包括行政委托、特许经营、政府采购等合作形式,属于典型的PPP,即政府公共部门与私人部门合作,通过将社会资源引入公共产品和服务的提供,实现公共治理目标达成与私主体盈利的双赢。[1]

作为一种新型的资源配置与管理模式,PPP能够联结政府、市场、社会等

[1] 参见贾康、孙洁:《公私伙伴关系(PPP)的概念、起源、特征与功能》,载《财政研究》2009年第10期。

多方主体，共同建立平等合作、利益共享、风险共担的伙伴关系，进而拓宽融资途径、推动新技术的利用和机制创新。实质上，PPP 是对任何一种公共部门和私人部门之间达成的协议的通称，可视其为公共部门把服务外包给私人部门的一种模式。[1] 各国往往根据自身制度特征和改革动因设计适合本国发展需要的公私合作制度。[2]

PPP 在我国尚未有专门法律，相关规范多以中央文件、部门规章和部门规范性文件等形式呈现，而国务院各部委对 PPP 概念的理解也多有不同。总体来看，特许经营是我国大部分 PPP 项目所采用的形式。对于特许经营和 PPP 的关系，当前 PPP 领域位阶最高的规范文件，即国家发改委等六部委联合颁发的《基础设施和公用事业特许经营管理办法》明确了特许经营的概念。[3] 在国家发改委就该管理办法答记者问题时，明确说明特许经营只是 PPP 的一种形式。由此可见，虽然特许经营是我国实践中 PPP 最主要的形式，而且在实践与理论中有将特许经营等同于 PPP 的理解和表达，但实际上特许经营只是我国 PPP 中较为常见的一种形式。

由于尚未有专门 PPP 法律，有关 PPP 的诸多法律问题在我国仍处于持续讨论之中，关于 PPP 协议的法律性质始终存在较大争议。PPP 协议是 PPP 模式的基础，在政府委托第三方治理中表现为环境服务政府合同。对于这种合同是属于公法性质还是私法性质，是行政合同还是普通民事合同，众说

---

[1] 参见余晖、秦虹主编：《公私合作制的中国试验》，上海人民出版社 2005 年版，第 36～37 页。

[2] 例如，在我国根据政府与私人部门合作程度的不同，PPP 中有 BOT、BOO、BOOT（built-own-operate-transfer）、TOT、ROT（retrofit-operate-transfer）等形式。英国政府将 PPP 主要概括为资产出售、更广泛的市场（引进私人部门的管理和技术）、股份出售、伙伴关系公司、PFI、合资、合作投资、政策伙伴等。美国与建筑和设施有关的 PPP 类型主要包括建设—拥有—运营、建设—转让—运营、购买—建设—运营、服务合同、设计—建设—运营等。参见余晖、秦虹主编：《公私合作制的中国试验》，上海人民出版社 2005 年版，第 52～57 页。

[3] 《基础设施和公用事业特许经营管理办法》第 3 条第 1 款规定："本办法所称基础设施和公用事业特许经营，是指政府采用公开竞争方式依法选择中华人民共和国境内外的法人或者其他组织作为特许经营者，通过协议明确权利义务和风险分担，约定其在一定期限和范围内投资建设运营基础设施和公用事业并获得利益，提供公共产品或者公共服务。"

纷纭。而 PPP 协议法律性质的界定实质上决定了后续的制度设计、政府监管、私人部门权益、救济途径选择等诸多问题，所以成为各方关注的焦点且难以达成共识。

根据《基础设施和公用事业特许经营管理办法》第 54 条的规定，PPP 协议纠纷的法律救济路径是行政复议和行政诉讼，那么 PPP 协议应为行政合同。除此之外，2019 年最高人民法院《关于审理行政协议案件若干问题的规定》第 1 条也将 PPP 协议明确为行政协议。但 2016 年开始公开征求意见的《政府和社会资本合作法(征求意见稿)》第 49 条规定，政府与社会资本合作产生纠纷，可依法提起民事诉讼或仲裁，由此来看 PPP 协议应属于民事合同的范畴。2017 年 7 月，由国家发改委和财政部合作制定的《基础设施和公共服务领域政府和社会资本合作条例(征求意见稿)》第 40 条、第 41 条又规定，协议履行中的争议和实施、监管中具体行政行为的争议，二者分别适用仲裁或者民事诉讼、行政复议或者行政诉讼，由此来看 PPP 协议的性质似乎具有混合属性。虽然后两部法律尚处于征求意见阶段，但如若获得通过，将形成立法层面 PPP 协议性质的冲突，而这些不同规定也显示出我国目前对 PPP 协议属性的举棋不定。

除了法律规定中的混乱，对 PPP 协议的法律性质学界有行政合同说、民事合同说、混合合同说等不同观点，尚未形成共识。行政合同说关照了 PPP 协议中政府所拥有的行政优益权，以及政府的合同当事人与管制者双重角色使其与合同相对方地位难以完全平等的特点，然而未能对环境污染第三方治理本身作为一种市场合作行为而非政府强制的情况有足够描述。民事合同说强调 PPP 协议中当事各方地位平等，根据自愿与合意订立和履行约定的特点，但忽视了政府在合同从签订到履行中所拥有的行政优益权。混合合同说能够充分体现 PPP 协议兼具民事合同与行政合同双重属性的特点，在一定程度上能以折中的方式解决前述两种说法的不足，更为符合实际。环境服务政府合同作为 PPP 协议在环境污染第三方治理领域的具体体现，应是兼具私法与公法属性的混合合同。

虽然 PPP 相关法律问题尚有诸多未明确之处，但实践中政府与私人部门合作已取得了良好效果。2017 年国家发改委办公厅印发了《环境污染第三方治理典型案例（第一批）》，共 6 例。其中“衡水工业新区环境污染第三方治理案例”属于政府委托第三方治理类型。在该案例中，原先工业新区内的污染治理由各企业自力运维，因部分企业技术力量不足，超标排污的情况多有发生。2015 年衡水工业新区决定引入环境污染第三方治理模式，通过招标形式选定第三方治理企业，以整体打包形式将新区内的生活污水、工业废水、中水回用、污泥处理、废气治理、监控平台建设等工程全部交给专门的环境治理服务商综合整治。工业新区管理委员会（以下简称管委会）的投资公司与招标选定的服务商共同投资成立一家新的公司，来专门推进污染治理，并由工业新区管委会以差异化收费方式向排污企业收取污染物处理费，并按照绩效考核情况向治理公司支付污染治理费用。还有“大连市毛茔子垃圾填埋场渗滤液处理案例”，大连毛茔子垃圾填埋场建立时间较早，渗滤液处理长期无法达到理想效果，2016 年经市政府批准引入第三方治理，经过招标选定一家环境服务企业作为社会投资人，负责项目设施的改扩建及运维。工程建设完成后，经监测渗滤液处理已达到规定标准，项目进入长期实质运维阶段。在该案例中，使用了由政府主导、企业建设、银行支持的三方合作模式，以政府购买服务的 BOO 方式，引入社会私人部门自主出资建设和运营项目，并由银行在对项目评估后对企业提供一定支持，最终实现政府、银行、环境服务企业三方共赢。

在 2018 年生态环境部对外交流与合作中心发布的《工业园区环境污染第三方治理典型案例（第一批）》中，“新沂市经济开发区化工废水第三方治理 PPP 项目”，由新沂市人民政府通过公开招投标与第三方治理企业签署污水处理厂改建扩建及运维 PPP 项目特许经营、污水处理服务、资产转让等协议。该项目于 2016 年 7 月开始进入特许经营，经营期 25 年。该项目建设运营模式和污水处理收费机制独具特色，有较好的典型性和示范意义。在生态环境部对外交流与合作中心 2019 年发布的第二批典型案例中，“邢台清河经济开发区水环境污染综合治理”是 ROT 形式的典型代表。在该案例中,邢台清河经济开发区管委会和第三方治理企业签订了特许经营协议,由该企业投资 1500 万元,对开发区污水处理厂进行技术改造和专业化运营,服务期限 20 年。

以上案例较具代表性,能够显示政府委托第三方治理在实践中的具体运作模式,除此之外全国各地还有多个类似项目已完成或正在进行中。实践中,政府委托第三方治理的运作模式并无一定之规,在选取特许经营或政府采购等合作形式后,可根据现实需要和项目特点对具体实施模式有自己的创设。很多项目在打包模式、融资机制、收费机制、监管体系等方面有着不同的设计,极具推广价值与借鉴意义。

三、企业委托第三方治理的形式与运作模式

企业委托第三方治理源于由宪法和环保系列法律法规所设立的排污企业法定义务和责任。当前法律放松了对污染者自力治污的要求,第三方治理的推行使排污企业有可能以成本负担代替治理行为,即通过支付治污费用将治理责任转移给专门的环境服务企业。经由这一转变,责任承担方式由过去的封闭式演变为当前的开放式,不管是自力治污还是通过市场和契约委托专业治理机构都成为可资排污者选择的有效路径。排污企业作为合同相对方属于环境治理服务的购买一方,而第三方治理企业属于服务提供者,两者之间的环境服务合同是典型的民事合同。企业委托治理根据治污设施的产权归属可以分为委托运营形式与建设运营形式两种类型(见表 3-3)。[1]

---

〔1〕 对于企业委托第三方治理的分类有多种表述,此表述参考国家发改委、原环境保护部等 2016 年发布的《环境污染第三方治理合同(示范文本)》,文本根据治污设施的产权归属分为建设运营形式与委托运营形式两种类型。

表3-3　企业委托第三方治理的主要形式

<table>
<tr><th>主要形式</th><th>主体</th><th>样态</th></tr>
<tr><td rowspan="2">委托运营形式</td><td>一对一</td><td rowspan="3">嵌入型</td></tr>
<tr><td>一对多</td></tr>
<tr><td rowspan="2">建设运营形式</td><td>一对一</td></tr>
<tr><td>一对多</td><td>独立型</td></tr>
</table>

(一)委托运营形式

委托运营形式是由排污企业提供污染治理设施,专业化的环境服务企业承担设施的运行、维护及日常管理,并从排污企业获取报酬。与政府委托第三方治理中的委托运营以及企业委托第三方治理中的其他形式相比,企业委托第三方治理中的委托运营具有以下特点:第一,排污企业拥有治污设施的产权,治污设施由排污企业投资建设。第二,委托运营以环境治理委托运营合同为基础,排污企业是委托方,第三方治理企业是受托方。第三,委托运营的内容是由专门的第三方治理企业对排污企业提供的污染治理设施进行运营、维护和日常管理,以自身的技术和人员提供治污服务,并收取服务费用。

企业委托运营形式通常属于嵌入型治理,既可以适用于已建项目,也适用于新建项目。嵌入型是环保设施在排污企业的厂界范围内,与企业生产的主体设施为一整体。根据我国传统污染治理模式的要求,我国环境立法中规定了"三同时"制度,要求工厂建设和环保设施建设要同时设计、同时施工、同时投产。因此,我国排污企业的已建成项目中大部分都配有专门的污染治理设施。为提高治污设施的利用效率,避免排污企业重验收轻运营、大量治污设施空置现象的发生,排污企业可以委托专业第三方,将治污设施的运维抽离自身经营范畴,推动污染治理的专业化。借助受委托的第三方治理企业的参与,排污企业与第三方治理企业能够形成互相监督、互相制约的关系,进而保证治污效果。

对于新建项目,排污企业既可以委托单一第三方治理企业,在其项目建设完成后负责治污设施的运行管理,也可以委托单一第三方治理企业,负责其治污设施从工程建设到运营管理的全过程,还可以将治污设施设计、采购、施工等阶段的全部或某一部分委托给其他企业完成后,再委托给第三方治理企业来运营管理。在环境污染第三方治理中,第三方可能是单一企业主体,也可能是多家企业主体的联合体或多家企业在不同阶段的接力,例如分为资金方、建设方、运营方等在不同阶段参与环境污染治理。相较而言,第三方治理企业自己设计、建设、完成治污设施的,其对治污设施的技术、数据等信息更为熟悉,后期运营维护更为得心应手,委托治理效果更好,项目运营时间相对更长,一般在15—20年。

此外,对于第三方治理企业而言,与建设运营形式相比,委托运营无须大量的前期资金投入,更多的是提供技术和服务,所以委托运营形式中第三方治理企业往往可以为多家排污企业提供污染治理服务,第三方治理企业与排污企业一对多的情况较为常见。

企业委托第三方治理的委托运营形式在我国环境污染第三方治理模式正式推出之前已有相关实践。早在20世纪80年代末江苏省靖江市即筹建了环境工程公司,并开始施行治污设施委托运营机制,在实施过程中对运营费的确定与支付、运营费与排污费的关系、日常监管和设施维护的责任承担等问题进行了有益的探索。[1] 在国家大力推行环境污染第三方治理模式后,委托运营形式获得了较大发展,尤其是对于大量的排污企业已建项目而言,委托运营模式是较为适宜的第三方治理形式。

在实践中,国家发改委办公厅公布的"中煤旭阳焦化污水第三方治理项目案例"是企业委托第三方治理委托运营形式的典型代表。河北中煤旭阳焦化有限公司本有已建成的污水处理系统,但处理结果始终无法满足排放标准。其后,该公司与专门的第三方治理企业签订合同,由其负责公司焦化废水处理设施的实际运营。第三方治理企业对位于中煤旭阳焦化有限公司厂区内的污水处理站进行了扩建和改造,改进了技术工艺,提高了污水处理

[1] 参见陈明建、周山:《污染防治设施委托运营问题的思考》,载《江苏环境科技》1999年第1期。

能力。这种委托运营形式属于嵌入式治理。对排污企业而言,治污设施在其厂区内,在拥有治污设施所有权的前提下,将治污设施交予第三方治理企业改造升级、运营维护,能够以小于自运营的费用支出达成污染物达标排放的目标。对第三方治理企业而言,根据治理情况和排污企业提前约定好收费标准与方式,例如根据进出水指标实现差异化收费、按照污染物浓度实行阶梯式价格等,既能够为排污企业降低治理支出,也有助于保障治污企业的合法利益,同时还可以推动委托方和受托方的互相监督。

生态环境部对外交流与合作中心2019年发布的《工业园区环境污染第三方治理典型案例(第二批)》中,“浙江横店电镀园废水集中式处理第三方运营管理”项目是企业委托第三方治理委托运营形式的新形态。在该案例中,园区企业发起组建的水处理有限公司投资建设了电镀废水集中处理设施,并和治污企业签订了第三方托管运营协议,由第三方治理企业负责园区污水处理的标准化运营,园区企业为其运营服务付费。该案例的独特之处在于,排污企业按股权成立的水处理有限公司,不仅拥有治污设施的产权,而且能够作为排治污双方间协调与担保的桥梁,对污染治理效果和费用支付进行监督与保障。这种类型与典型的委托运营形式有所不同,虽然仍然是由排污企业提供治污设施,委托第三方治理企业运营维护,但治污设施的产权是由多个排污企业共同组建的新公司所有。这种表面一对一的形式下,实质上是排污企业与第三方治理企业多对一。

由前述案例可见,企业委托第三方治理委托运营形式在实践中发展迅速、形式多样,在具备委托运营模式基本特点的基础上,其运作模式并不拘于某一种样态。在这种情况下,产权明晰、权责清楚是该种形式能长期健康发展的前提,由此对环境服务民事合同的内容与法律规制,以及参与主体间法律责任的界分,提出了更高的要求。

(二)建设运营形式

建设运营形式是排污企业委托第三方治理企业对治污设施进行融资建

设、运营管理和维护，第三方治理企业拥有治污设备所有权并收取服务费用。与委托运营形式相比，建设运营形式具有以下特点：第一，治污设施由第三方治理企业投资建设，产权归其所有，因此第三方治理企业前期投资较大。第二，建设运营以环境治理建设运营合同为基础，排污企业是委托方，第三方治理企业是受托方。第三，建设运营的内容分为投资建设和运维管理两部分，运营期间排污企业需向第三方治理企业支付服务费，运营期满后，排治污双方可对治污设施归属作出约定。

根据排污企业是否为污染物的独立排放者，建设运营形式可以分为独立型和嵌入型两种（见图3－1）。独立型是排污企业与治污企业厂界范围无交界，环保设施建设在排污企业的厂界范围外，污染物最终从第三方企业排出。嵌入型是第三方将环保设施建设在排污企业的厂界范围内，治污设施建设用地的土地所有权归排污企业所有，第三方治理企业可以有偿或无偿使用，污染物最终仍从排污企业厂区排出。在建设运营独立型中存在排治污企业一对一，即治污企业对排污企业的污染物进行单独处理，以及一对多，即治污企业混合处理多个排污企业的污染物，后者多见于工业园区的污染综合治理。无论采用何种形式，第三方治理企业必须保证治污设施建设满足环境影响评价及安全性评价。

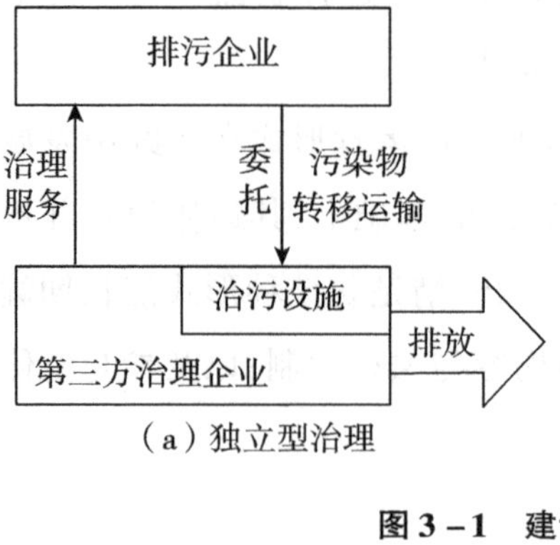

（a）独立型治理

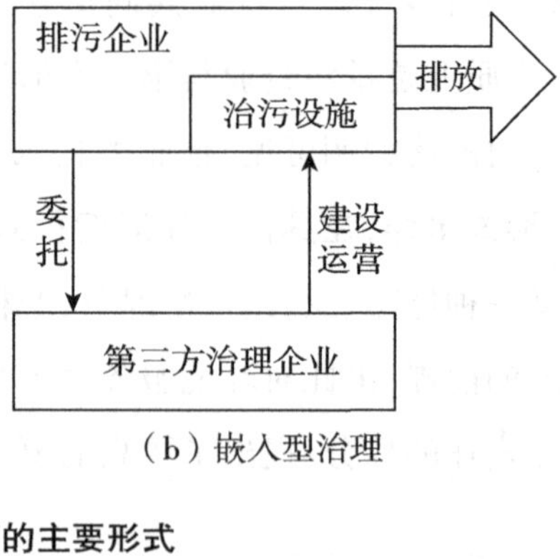

（b）嵌入型治理

图3－1　建设运营的主要形式

生态环境部对外合作与交流中心2018年发布的《工业园区环境污染第

三方治理典型案例(第一批)》中,“上海化学工业区联合异氰酸酯项目的危险废物管理服务”项目属于建设运营独立型。在该案例中,由德国巴斯夫公司、美国亨斯迈公司和上海高桥石油化工公司等合资建设的上海化学工业区联合异氰酸酯项目2006年8月投入商业运营,该项目每年产生超过10000吨的危险废弃物。为合理处置废弃物,该项目与专门的第三方治理企业在2004年签订了照付不议模式的长期合同,合同为期15年。该第三方治理企业作为工业园区公共设施配套企业,拥有治污设施所有权,其通过车辆收集、管道收集等多种方式,将危险废弃物运输至固定地点处置,可24小时不间断向德国巴斯夫公司及园区其他客户提供安全可靠的综合性运营服务。德国巴斯夫公司因其良好的服务,已将该公司在上海的10多家关联公司的危废交由该第三方治理企业处置,并签署了为期5年的危废处置合同。

从实践发展来看,第三方治理建设运营形式的运作模式在不断演进,形式不断变化,由于治污设施产权归属不同,其与委托运营形式有较大区别,与此相应,其合同内容与法律规制、不同参与主体间的权责归属亦应与委托运营形式有所区别。

四、环境污染第三方治理主要类型的现实发展

环境污染第三方治理主要应用于公共环境污染与工业环境污染两大领域,一般而言,市政污水、垃圾治理,生态环境修复等公共环境污染由政府委托第三方治理,排污企业所造成的工业环境污染由企业委托第三方治理。政府及企业委托第三方治理的责任基础不同,因此不同类型间区别明显,界分标准清晰。然而随着环境污染第三方治理的进一步推进以及应用领域的拓展,在某些情况下政府委托或企业委托并非确定性的唯一选择,在一些具体项目中既可选择政府委托形式,也可选择企业委托形式,工业园区污染综合治理即为其中代表。

近年来工业园区第三方治理发展迅猛,成为我国大力推行治理新模式

的主要领域。园区内的污染,主要是园区内企业的工业污染,也有市政生活污染,所以从理论上来看,政府委托治理与企业委托治理皆有可能。从实践来看,根据生态环境部对外合作与交流中心评选发布的工业园区环境污染第三方治理典型案例2018年和2019年两批次入围答辩的情况,参评的55个案例中,第三方治理企业服务对象为园区管委会的情况占到80%,园区大型企业占11%,地方政府占9%。园区管委会本质上也是政府机关,故以政府为委托方的项目占案例总数的89%。[1]

工业园区采用政府委托治理形式的典型案例,如"青海省西宁经济技术开发区有毒有害气体预警体系建设项目"。该项目由当地政府委托第三方治理企业为工业园区提供大气监测预警体系建设与运维管理服务,服务对象包括青海省原环保厅、西宁市原环保局、湟中县原环保局等各级政府部门,还有甘河工业园区、北川工业园区和东川工业园区的管委会、所辖企业及周边居民。第三方治理企业为服务对象提供包括环境咨询、环境管理、环境监测、平台建设、培训演练等全过程"园区环保管家"综合服务。还有"镇江新区大气污染综合防治PPP项目",是由社会资本和园区管委会共同出资成立SPV项目公司(特殊目的载体公司),来实施项目建设运营一体化的化工园区大气污染综合防治项目。"如东沿海经济开发区环保顾问式服务平台项目"和"苏州工业园区融合式环保综合创新服务平台项目"是由园区管委会邀请具有专门技术的高校技术团队组建本地化第三方治理企业,为园区提供知识培训、技术指导、方案设计、审批咨询、环境检测、专家诊断等多方面的环保顾问式技术服务。"环保管家""环境医院""智慧园区"模式是当下国家大力提倡、实践发展亦如火如荼的工业园区环境污染第三方治理的典型模式。

工业园区采用企业委托治理的案例,如"上海化学工业区污水厂污水处

---

〔1〕 参见吕一铮、万梅等:《工业园区环境污染第三方治理发展实践新趋势》,载《中国环境管理》2021年第6期。

理项目”。在该项目中，第三方治理企业拥有5条污水生化处理线和2条活性炭吸附处理线，其以契约化的污水处理服务模式和合理的收费机制为上海化学工业区内的70余家企业和机构提供污水处理服务，并签订了10—15年的长期服务协议。第三方治理企业将园区内的污水分为生活污水、工业污水，使用各类先进在线监测系统和实验室分析对污水厂的进水、工艺段水样和污水厂出水进行24小时全过程实时监控，并对每个客户的污水进行专管专送。

不管是由政府委托第三方治理还是企业委托第三方治理，目的都是引入市场和社会因素，运用专业化服务和产业化形式来治理污染、保护环境，也都须遵守相关规范，达标排放。但是需要注意，选择不同的第三方治理类型，后续法律关系将有不同的走向，政府、排污企业、第三方治理企业在两种类型中的角色并不相同。单以所达成的环境服务合同而言，即存在环境服务政府合同与环境服务民事合同的区分，不仅法律性质不同，纠纷解决方式、救济手段等都存在极大区别。因此，工业园区环境治理在实践中应注意选择最适宜的类型与路径。而以工业园区环境治理为例，可见环境污染第三方治理中渐趋复杂的公私合作关系，正在突破单纯的政府委托或企业委托的契约类型，逐渐发展为包含多种契约范式的环境综合治理形式。

第三节 环境污染第三方治理发展的代表性区域与样态

自环境污染第三方治理相关政策出台以来，全国范围内试点工作陆续展开，各省、自治区、直辖市参照《关于推行环境污染第三方治理的意见》，结合当地实际工作，发布了多个地方性规范文件。从宏观来看，国家发改委办公厅和生态环境部对外合作与交流中心从国家层面评选了四批环境污染第三方治理典型案件，通过总结这些典型案例的发展特点，可以管窥环境污染第三方治理在我国的总体发展样态。中观上，不同地区受多种因素影响，对第三方治理工作的推进进度及推行效果差别较大，部分省份环境污染第三方治理发展良好，具有一定的代表意义和借鉴价值。微观上，各地区出现了一些第三方治理代表性项目，收到了较好的治理效果，从其实施方案与实际运作，能够看出我国环境污染第三方治理实践的具体样态，具有很高的研究价值。以下将在国家、地区、具体项目三个层面各选取典型案例展开介绍与分析。

一、全国环境污染第三方治理典型案例分析

2017年国家发改委办公厅公布了第一批环境污染第三方治理典型案例，一共有6个案例入选。生态环境部对外合作与交流中心联合多家单位推荐了三批工业园区环境污染第三方治理典型案例，共16个典型案例。此外，还有各省市公布的环境污染第三方治理典型案例，例如北京发改委2018年公布了北京市环境污染第三方治理典型案例（第一批），包括2个案例。下面将就国家发改委办公厅和生态环境部对外合作与交流中心发布的四批共21个（其中1个重复）项目展开分析（见表3－4）。

表3－4 全国环境污染第三方治理典型案例分析

编号	项目名称	类型	运作模式	服务内容	案例价值
1	中煤旭阳焦化污水第三方治理项目	企业委托	委托运营嵌入型治理模式	污水处理	差异化收费机制
2	衡水工业新区环境污染第三方治理项目	政府委托	政府购买服务整体打包模式	环境综合治理	管委会建立收支平台，差异化收费；综合化环境监控
3	苏州工业园区污泥处置及资源化利用项目	政府委托	政府购买服务整体打包模式	污泥处置	“产业协同、循环利用”，项目规划设计体现循环经济
4	无锡市芦村污水处理厂污泥处理工艺改造项目	政府委托	特许经营嵌入型治理模式	污泥处置	“自由资金＋项目融资”，项目融资采用租赁融资方式

续表

编号	项目名称	类型	运作模式	服务内容	案例价值
5	安徽宜源环保科技股份有限公司华茂国际纺织工业城污水处理项目	政府委托	政府购买服务整体打包模式	污水处理	第三方治理项目与园区项目同步规划、设计、建设运营；第三方监测与环保部门监测相结合
6	大连市毛茔子垃圾填埋场渗滤液处理项目	政府委托	政府购买服务嵌入型治理模式	渗滤液处理	BOO方式；政府主导、企业建设、银行支持三方合作
7	如东沿海经济开发区环保顾问式服务平台项目	政府委托	政府购买服务整体打包模式	环保综合服务平台	市场化契约关系；顾问式环保服务；常态化环保巡查；集约化监测采购
8	青海省西宁经济技术开发区有毒有害气体预警体系建设项目	政府委托	政府购买服务整体打包模式	有毒有害气体治理	服务对象包括政府与企业；对环境风险进行全过程管理
9	上海化学工业区联合异氰酸酯项目的危险废物管理服务项目	企业委托	建设运营独立型治理模式	危废治理	照付不议商务模式；长期运营管理服务
10	上海化学工业区污水厂处理项目	企业委托	建设运营独立型治理模式	污水处理	多家企业集体委托运营；分类收集、分质处理、专管专送、分线处理等治理机制
11	新沂市经济开发区化工废水第三方治理PPP项目	政府委托	特许经营整体打包模式	污水处理	“一企一评”“一企一价“一企一管”；PPP建设运营模式；污水处理计价收费
12	苏州工业园区融合式环保综合创新服务平台项目	政府委托	政府购买服务整体打包模式	环保综合服务平台	基于智库支撑的融合式服务；全流程、多维度的精细化管理辅助；多元化参与共治
13	镇江新区大气污染综合防治PPP项目	政府委托	政府购买服务整体打包模式	大气污染综合防治	社会资本和园区管委会共同出资；运维绩效付费模式
14	广州南沙小虎化工园区有毒有害气体预警体系建设项目	政府委托	政府购买服务整体打包模式	有毒有害气体预警体系	“监”“测”分离、“管”“运”分离；全天候环境风险预警；有毒有害气体溯源

续表

编号	项目名称	类型	运作模式	服务内容	案例价值
15	重庆巨科环保电镀工业园绿色循环综合服务	政府委托	政府购买服务整体打包模式	环境综合治理	工业园区一体化投资建设和运营管理;全产业链循环经济治污
16	浙江横店电镀园区废水集中式处理第三方运营管理	企业委托	委托运营独立型治理模式	污水处理	排污企业按股权成立公司委托治理;三方协商;全过程标准化精细管理
17	邢台清河经济开发区水环境污染综合治理	政府委托	特许经营整体打包模式	污水处理	ROT 方式;有效监管与收费权益保障双管齐下
18	广东省东莞市虎门镇电镀、印染专业基地路东污水处理厂废水治理项目	政府委托	特许经营独立型治理模式	污水处理	BOT 模式投资、建设、运营;上下游拓展保姆式企业服务;全过程智能化管理
19	河北省宁晋经济开发区(西城工业园)污水处理"厂+网+站+户"系统治理与长效服务应用实践项目	政府委托	特许经营独立型治理模式	污水处理	PPP 合同确保权、责、利量化清晰;政府、上游涉水企业、第三方服务机构规范协同管理
20	江苏省扬州化工园区集中式污水处理创新服务项目	政府委托	合作组建第三方治理企业模式	污水处理	优化"开发+建设+运营"发展模式;"一企一策"差异化管理;上下游一体化服务管理
21	深圳市江碧工业区水污染预警溯源精细化监管系统项目	政府委托	政府购买服务整体打包模式	环境综合治理	"固定监测+移动监测"、"线上预警+线下排查"以及水质全特征溯源比对算法模型;"监测—预警—溯源—执法"联动机制

分析21个典型案例的类型和服务内容的特点(见图3-2)。第一,企业委托占19%,政府委托占81%。企业一般为大型企业,如能源化工企业等,政府包括地方政府和工业园区管委会。以政府为委托方的项目占到整体比例的八成,可见现阶段政府仍然是环境污染第三方治理的主要推动力。第

二,政府购买服务和特许经营是政府委托第三方治理的主要形式,一般由政府招标引入社会资本,或者由政府与社会资本共同投资组建公司,再签署合同。具体运作中,由政府向排污企业收取处理费,再向第三方治理企业支付运营服务费。企业委托第三方治理则是由排污企业与第三方治理企业签订合同直接交易,委托运营或建设运营,同时第三方治理企业有社会资本独立运营或与政府合资组建两种形式。第三,服务内容中,42.86%是污水处理项目,主要是针对污水处理系统的改扩建,其次是大气治理和环境综合治理,各占14.29%,再次是污泥处置和环保综合服务平台,各占9.52%,最后是渗滤液处理和危险废物处理,各占4.76%。可见,我国环境污染第三方治理现阶段总体上仍是针对污水、废气、污泥、危险废物等污染的环境基础设施建设与运维,尤其水污染防治是第三方治理展开的重点领域。同时,环境综合治理和环保综合服务平台开始出现,提供综合性服务的"环保管家"和"智慧园区"等类型近年来发展迅猛,智慧化的综合服务是第三方治理未来发展的重要趋势。第四,各典型案例在实践中多有创新,实际运作不拘一格,在确定基本法律关系的基础上,于融资、监管、收费、合作形式等多方面有着多样的创造,百花齐放,各具特色,体现出环境污染第三方治理的灵活性与开放性。

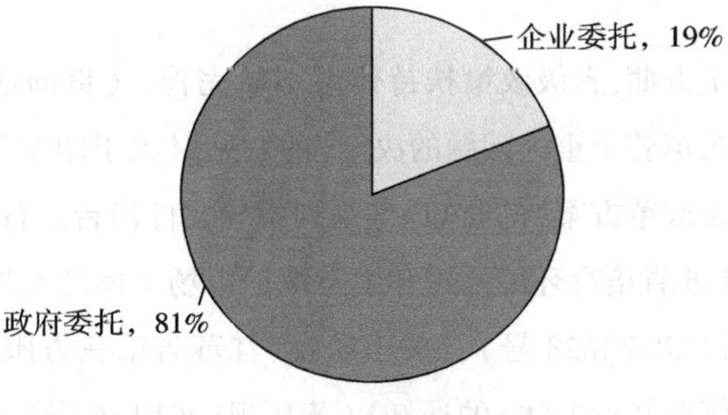

(a)第三方治理主要类型

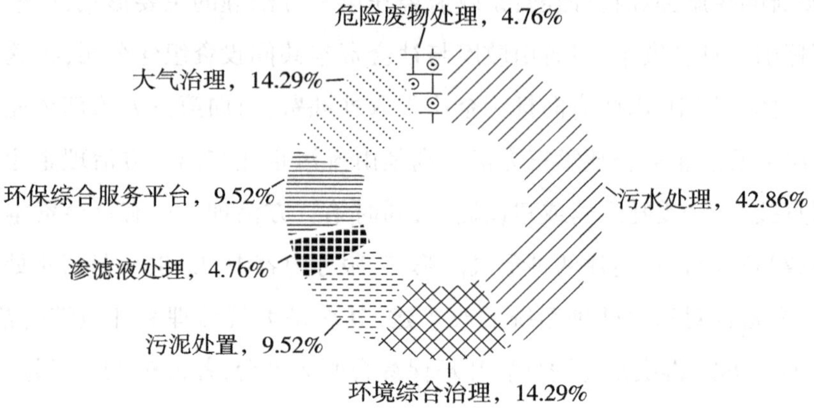

（b）第三方治理主要服务内容

图 3－2 典型案例第三方治理类型及主要服务内容

二、第三方治理在代表性省份的发展状态

江苏省作为东部省份，市场经济起步较早，民营经济发展良好，一直是我国环境污染第三方治理实践推广的前沿阵地。

（一）政策制定

在政策制定方面，省级政策扶持体系不断完善。《贯彻落实〈中共中央关于全面深化改革若干重大问题的决定〉的意见》《关于印发〈江苏省生态环境保护制度综合改革方案〉的通知》等系列指导文件出台。各部门先后制定了《关于印发江苏省培育环境治理和生态保护市场主体的实施意见的通知》（苏发改资环发〔2017〕628 号）、《关于印发〈江苏省第三方服务机构及从业人员信用监督管理暂行办法〉的通知》（苏环规〔2019〕6 号）等操作性办法，推进第三方治理机制的建立发展和培育完善（见表 3－5）。

表3-5 江苏省环境污染第三方治理主要政策文件及其相关内容

时间	部门	文件名称	相关内容
2013年11月25日	中共江苏省委	《贯彻落实〈中共中央关于全面深化改革若干重大问题的决定〉的意见》	实行资源有偿使用制度和生态补偿制度。发展环保市场,推行节能量、碳排放权、排污权、水权交易制度,完善排放指标有偿使用初始价格形成机制,建立吸引社会资本投入生态环境保护的市场化机制,推行环境污染第三方治理
2015年7月19日	江苏省政府	《关于创新重点领域投融资机制鼓励社会投资的实施意见》(苏政发〔2015〕86号)	推动环境污染治理市场化,贯彻落实国务院办公厅《关于推行环境污染第三方治理的意见》,健全统一规范、竞争有序、监管有力的第三方治理市场
2016年7月22日	江苏省委办公厅、江苏省政府办公厅	《关于印发〈江苏省生态环境保护制度综合改革方案〉的通知》	推动环保服务社会化。改革省控自动站运营方式,全面推行第三方运维、第三方质控。探索建立有效的环境污染第三方治理监管机制
2016年7月22日	江苏省政府	《关于加强长江流域生态环境保护工作的通知》(苏政发〔2016〕96号)	将长江生态环境保护相关内容和重大项目纳入经济和社会发展总体规划及相关专项规划,加快发展环保产业,开展环境污染第三方治理试点示范
2017年7月20日	江苏省发改委、江苏省环境保护厅等	《关于印发江苏省培育环境治理和生态保护市场主体的实施意见的通知》(苏发改资环发〔2017〕628号)	加快培育生态保护和环境污染第三方治理市场主体,形成统一、公开、透明、规范的市场环境
2019年1月4日	江苏省生态环境厅	《关于印发〈江苏省生态环境社会化第三方服务机构监督管理暂行办法〉的通知》(苏环规〔2019〕1号)	环境污染第三方治理机构依法与委托方签订服务合同,第三方机构应接受政府监督,承担相应法律责任和合同约定的责任
2019年9月30日	江苏省生态环境厅、江苏省发改委、江苏省市场监督管理局	《关于印发〈江苏省第三方服务机构及从业人员信用监督管理暂行办法〉的通知》(苏环规〔2019〕6号)	环境污染第三方治理委托单位委托治理的环境污染问题出现反复的,生态环境主管部门应当将此第三方治理机构列为重点监管对象

续表

时间	部门	文件名称	相关内容
2020 年 7 月 28 日	中共江苏省委办公厅、江苏省人民政府办公厅	《关于推进生态环境治理体系和治理能力现代化的实施意见》	创新环境治理模式，大力推行环境污染第三方治理，探索统一治理的一体化服务模式
2022 年 1 月 24 日	江苏省政府	《关于加快建立健全绿色低碳循环发展经济体系的实施意见》（苏政发〔2022〕8 号）	培育壮大绿色低碳产业，推广环境污染第三方治理和生态环境导向的开发模式，促进节能节水服务向咨询、管理、投融资等多领域、全周期的综合服务延伸拓展
2017 年	国家发改委办公厅	《环境污染第三方治理典型案例（第一批）》	苏州工业园区污泥处置及资源化利用项目
2017 年	国家发改委办公厅	《环境污染第三方治理典型案例（第一批）》	无锡市芦村污水处理厂污泥处理工艺改造项目
2018 年	生态环境部对外合作与交流中心	《工业园区环境污染第三方治理典型案例（第一批）》	如东沿海经济开发区环保顾问式服务平台项目
2019 年	生态环境部对外合作与交流中心	《工业园区环境污染第三方治理典型案例（第二批）》	苏州工业园区融合式环保综合创新服务平台项目
2019 年	生态环境部对外合作与交流中心	《工业园区环境污染第三方治理典型案例（第二批）》	镇江新区大气污染综合防治 PPP 项目
2020 年	生态环境部对外合作与交流中心	《工业园区环境污染第三方治理典型案例（第三批）》	江苏省扬州化工园区集中式污水处理创新服务项目

以江苏省生态环境厅等部门发布的《江苏省第三方服务机构及从业人员信用监督管理暂行办法》为例。该办法明确了第三方机构的概念，规定了第三方机构、政府管理部门、排污企业、社会的责任、义务以及监管内容、方式等，建立起完善的政府、排污企业、第三方机构之间的权责关系。还有江苏省生态环境厅会同省发改委、省市场监督管理局发布的《江苏省第三方服务机构及从业人员信用监督管理暂行办法》，明确界定了第三方服务机构的

责任和义务，规定了生态环境部门的监管措施及适用对象，要求建立守信激励、失信惩戒的信用信息共享机制，并将该机制纳入省级诚信监管平台，以此加强省内对第三方服务机构及从业人员的监管力度，丰富监管手段，为环境服务市场的健康发展创造良好环境。

（二）具体举措

在具体实践方面，第一，加快发展重点领域的第三方治理。江苏省在全省范围内大力推进危险废物治理制度创新，解决中小型企业和社会源危险废物收集、贮存、处置难的问题，致力于在危险废物第三方治理领域形成突破。具体措施包括，重点发展垃圾焚烧飞灰、废盐等突出类别危险废物，以及废铅酸蓄电池、燃煤电厂废烟气脱硝催化剂（钒钛系）的综合利用和处理处置产业。在石化产业基地及化工产业集中区配套建设危险废物集中处置设施，推进水泥窑协同处理，提升集中处置能力。

第二，大力发展工业园区综合治理。经过江苏省的积极打造与扶持，连云港徐圩新区、泰兴经济技术开发区、南京市江北新材料科技园、无锡国家高新技术产业开发区、常州滨江经济开发区、镇江新区新材料产业园、如东洋口港经济开发区 7 家园区按照 2020 年国家发改委、生态环境部推行环境污染第三方治理的工作部署，被纳入国家环境污染第三方治理示范园区名单。被列入该园区“环境污染第三方治理实施方案”的从事污染治理的环境服务企业，减按 15% 的税率征收企业所得税。同时，园区内的环保项目能够优先获得国家专项资金支持，当前江苏省首批两个项目已经获得国家 4000 万元资金支持。

第三，创新绿色金融支持服务机制。2018 年 10 月，江苏省生态环境厅等 9 部门联合推出《关于深入推进绿色金融服务生态环境高质量发展的实施意见》（苏环办〔2018〕413 号），通过信贷、证券、担保、发展基金等十大项 33 条具体措施，整体化、系统性地构建了江苏的绿色金融体系，省财政和生态环境部门联合商业银行推出绿色金融产品“环保贷”，为金融机构向环保项目发放贷款提供风险补偿，并明确规定贷款利率应低于同类商业贷款，截至2020年6月，江苏全省已有78个节能环保服务项目获得“环保贷”专项支持，总贷款额22.5亿元，节约融资成本近2000万元。此外，积极争取中央生态文明建设专项资金，支持生态环境治理。据统计，截至2021年6月江苏省获得国家资金支持的医废、危废、环境基础设施、综合利用等项目24个，支持资金4.3亿元，带动社会资本投入42亿元。

第四，积极建立支持项目清单和产业创新平台。将符合条件的环保项目纳入江苏省重点建设项目，如海安鹏飞资源综合利用装备、三峡集团央地合作水污染治理工程等多个项目被列入省重大项目清单予以重点支持。2016年，江苏省大气污染防治设备产业区域集聚发展试点（盐城）被纳入15个省级战略性新兴产业区域集聚发展试点。2020年年底，江苏省环境综合治理产业创新中心（盐城）被纳入全省首批20家省级创新中心，推动环保领域一体化发展。

除了前述推动环境污染第三方治理进一步发展的直接关联性举措，江苏省还有积极推进区域治理〔1〕、返还受疫情影响严重的第三方治理企业所得税〔2〕等支持性政策与措施。整体来看，江苏省在推进环境污染第三方治理方面起步早、步伐快，是得益于市场化改革领先、体制机制灵活等优势，能够在短时间内多地多领域全面布点，批量聚拢优质重点项目与治理企业作为支撑，在水污染防治、大气污染防治、土壤污染防治、固废危废处理和环保监测5个方面实现全覆盖。同时，江苏省在环境污染第三方治理工作快速推进的过程中，主要是从配套法规保障机制建设、支持性政策与措施完善、第

〔1〕 2007年江苏省制定了《江苏省太湖流域主要水污染物排污权有偿使用和交易试点方案细则》，在太湖流域开展主要水污染物排放指标初始有偿使用和交易工作，目前太湖流域已经完成了主要水污染物排放权有偿使用，并建立了排污权交易体系，已开展多笔排污权交易。

〔2〕 为协助全省企业做好疫情防控工作中的复工复产，江苏省生态环境厅印发《关于应对疫情影响支持企业复工复产若干措施的通知》，对受疫情影响严重、生产经营困难且符合条件的复工复产企业，优先核准延期缴纳环境税，推动落实环境保护专用设备企业所得税、第三方治理企业所得税、污水垃圾与污泥处理及再生水产品增值税返还等优惠政策。

三方治理市场机制打造、第三方治理金融环境优化等方面多管齐下，而这几方面也恰恰是环境污染第三方治理实践发展的关键点，也是第三方治理现实问题的高发区，同时也是当前第三方治理进一步发展瓶颈的突破点。因此，在对环境污染第三方治理的问题考察与解决路径的研究中，也将重点关注以上几个方面。

三、第三方治理在代表性城市中的发展状态

无锡市在应用第三方治理模式的实践中走在全国前列，2017 年国家发改委办公厅发布《环境污染第三方治理典型案例（第一批）》名单，无锡市芦村污水处理厂污泥处理工艺改造项目案例即入选，2020 年国家发改委办公厅、生态环境部办公厅联合发布《关于同意天津经济技术开发区等 46 家园区环境污染第三方治理实施方案的复函》，无锡国家高新技术产业开发区（以下简称无锡高新区）成功入围。近年来，无锡市大力推进环境污染第三方治理，在城镇污水处理、生活垃圾处置，还有农村生活污水治理、污染源自动在线监测等多个领域均有瞩目成果。近期在工业园区环境污染第三方治理方面取得了重大进步。

在生活垃圾、城镇污水等环境公共治理方面，无锡市主要采用特许经营（BOT、TOT、BT）、政府购买服务等形式，推进市场化建设和运营。城市生活垃圾以焚烧或填埋为主要处置方式，处置设施由第三方治理企业特许经营，例如，桃花山生活垃圾填埋场等。[1] 无锡市区 20 家污水厂均由政府招投标组织开展第三方治理，[2] 宜兴市 13 家污水处理厂、江阴市 38 家污水处理厂

---

〔1〕 无锡城市生活垃圾焚烧填埋分别由市政公用产业集团下属的无锡锡东能源有限公司、无锡国联集团下属的无锡惠联垃圾热电有限公司等特许经营。

〔2〕 市区主城区三家污水处理厂由无锡市排水有限公司受托运营，锡山区城镇污水处理厂主要由无锡中发水务投资有限公司特许经营，惠山区主要城镇污水处理厂由无锡惠山环保水务有限公司等特许经营，新吴区污水处理厂主要由无锡市高新水务有限公司特许经营。

试点开展BOT等模式的特许经营。[1] 在工业固废处置领域主要采用委托治理形式推行第三方治理,其中已实现对危险废物处理的全覆盖。在城镇污染场地治理和环保监测、农村环境治理等领域,政府购买服务等第三方治理试点工作正逐步开展。[2] 在此,主要对无锡市工业园区环境污染第三方治理发展样态进行调查分析。

(一)无锡高新区示范项目发展情况

无锡市对环境污染第三方治理推进最为瞩目的是无锡高新区被纳入国家推行环境污染第三方治理示范园区。无锡高新区在2019年发布的中国工业百强区排名中位列全国第九、江苏第二,建立了由高端装备制造业、微电子、物联网、新能源、生物医药等组成的现代化产业体系,其中物联网产业企业171家、集成电路产业企业69家、高端装备产业企业99家、电子元器件产业企业41家、汽车及零部件(含新能源汽车)产业企业86家、新材料产业企业69家、高端软件产业企业558家、生物医药及医疗器械产业企业14家,另有节能环保产业企业81家、新能源产业企业24家。[3]

无锡高新区主要污染物包括废水、废气和固体废弃物(包括危险废弃物)。"十三五"以来全区引进SK海力士二工厂、华虹、SK海力士M8、乐友新能源等一大批重特大产业项目,随着项目的陆续建成运营,全区污染物排放总量有明显增长,全区污染物处置能力处于紧平衡状态。因此,无锡高新区又陆续建设一批第三方污染排放集中处置项目,用于满足排放处理需求。在2020—2022年3年内,全区实施环境污染第三方治理重点项目17个,涵盖污泥处置、污水处理、危废处置、固废及重金属污染防治、水环境治理修

---

[1] 江阴市部分污水处理厂由广大水务(江阴)有限公司提供第三方服务,宜兴市主要由建邦环境投资有限责任公司开展特许经营。

[2] 参见顾丽君、陆雯雯:《无锡市环境污染第三方治理模式研究》,载《广东化工》2022年第4期。

[3] 本部分数据均来源于笔者对无锡高新区的实地调研。

复、大气污染防治、土壤污染防治、污染源综合检测服务 8 大领域。目前,通过政府主导、企业负责、第三方治理企业参与的第三方治理运作模式,全区主要污染物均得到有效综合处置和回收利用。

在水污染方面,无锡高新区废水排放量约 8182 万吨,主要在新城、梅村污水厂集中处理。针对污水厂污泥,无锡国联环保能源集团分别在新城、梅村污水厂厂区内建设了污泥干化示范项目。污泥经处理后,含水量降至 60% 以下,实现了污泥的稳定化和减量化。干化泥饼运送至无锡惠联热电集中焚烧处置。同时,在污泥处置方面无锡苏阳新型环保建材有限公司年产 50 万立方米新型环保材料建设项目,污水处理方面新城水处理二厂 10 万吨/日扩建工程、梅村厂五期扩建工程等第三方治理项目正在建设之中。

在大气污染方面,无锡高新区废气中常规污染物 SO_2 排放量约为 314 吨/年,氮氧化物排放量约为 1365 吨/年,烟(粉)尘排放量约为 204. 94 吨/年。此外还有废气特征污染物企业 145 家,污染因子主要包含重金属、挥发性有机物、酸雾、恶臭气体、氟化物、氯气、氰化氢等。对此,无锡高新区内企业积极开展(Volatile Organic Compounds,挥发性有机物)整治项目并均已完成 VOC 整治项目建设,VOC_S 污染源整治成效显著。例如,敦南科技(无锡)有限公司投资 350 万元,积极建设有机废气治理提升项目,与无锡市林信环保工程有限公司签订工程合同,开展有机废气提升工程。“十三五”期间,无锡高新区累计完成大气污染治理重点工程 152 个,环境空气质量优良天数由 2015 年的 62. 1% 上升到 2019 年的 71. 4% 。此外,绿点科技(无锡)有限公司废气提标改造项目、无锡华润上华科技有限公司有机废气治理设施提标改造项目等正在建设中。

在固体废弃物方面,无锡高新区现有一般固废 35. 18 万吨/年,危废固废 20. 65 万吨/年。一般固废全部实现综合利用与环保处置。产生危废的企业 186 家,均由第三方治理企业处理。此外,危废处置方面新能源新材料产业园生态保障中心一期工程固废综合处置示范项目、江苏电科环保有限公司年处理 12 万吨工业危险废物项目,还有固废及重金属污染防治方面银顺公司一般工业固体废物建设项目等作为重点项目正在建设中。

在环境污染在线监测平台方面，无锡高新区建立起“工况监测”“扬尘监测”“餐饮油烟监测”“在线因子监测”四位一体的综合管理平台。平台自动在线监控企业数量97家，自动监控废水设备167台、废气设备26台、工况设备53台、扬尘设备1台、油烟设备40台、在线监控设备8台。综合管理平台全部实现区级联网，其中47家企业与市、区监控平台联网，7家企业自动监控设备联网国家平台。此外，还有社会实验室服务项目等。

（二）无锡高新区示范项目经验分析

当前无锡高新区已形成了较为成熟的第三方治理运作模式，园区内排污企业与第三方治理企业通过签订废气处理服务合同、废水处理服务合同、危险废物处理处置合同、环保管理咨询合同等建立起稳定的合作关系，在合同基础上，以市场化运作方式进行项目的具体运营。“排污者付费担责、第三方依约治理、政府指导监管 + 规范处置方式、增强处置能力、创新政策引导”的创新治理模式已基本形成。总结无锡高新区环境污染第三方治理实践经验，主要有以下几点：

第一，加强政策保障，完善组织架构。无锡高新区成立了园区环境污染第三方综合治理工作推进组，推进组由市委、发改、工信、住建、规划、环保、财政、税务、招商局、园区管委会等在内的各部门领导以及园区内项目企业领导组成。推进组下设第三方治理项目办公室，抽调各相关部门和企业人员到项目办公室协同办公。推进组负责贯彻落实国家、省和无锡市有关推进园区环境污染第三方治理的方针、政策；研究部署推进园区环境污染第三方治理的重大事项，协调解决相关重大问题。项目办公室负责组织落实园区第三方治理项目的具体工作，组织实施相关重点项目建设和监督管理工作。

第二，探索兼具实践性与指导性的第三方治理模式。其一，探索可复制借鉴的第三方治理机制。采用招标或竞争性谈判等方式，委托第三方治理企业开展治理服务，并签订委托合同或协议备案。健全第三方治理市场、吸引和扩大社会资本投入，推动建立排污者付费、第三方治理与排污许可证制度有机结合的污染治理新机制。围绕废水、废气、工业固废及危废，推广“补贴机制＋变废为宝盈利”价费机制，积极推行“EPC方＋政府方＋专业运营方”三方模式。其二，拓宽第三方治理融资渠道。以无锡高新区新动能产业发展基金为工作基础，园区建立了无锡高新区环保融资平台，积极推动设立环保产业发展专项基金，帮扶参与第三方治理的企业拓宽融资渠道，对第三方治理特定建设项目进行政策扶持，保证专款专用。激励社会资本流入环境治理，实现滚动增值、多方参与、资金放大、持续高效，积极推出优惠奖励政策。大力推进金融机构信贷模式和运作体制创新，增加中小型环保企业的土地使用权、房屋、设备或设施等资产向银行申请抵押贷款的试点规模和比重，构建绿色审批通道，对环保企业的贷款申请给予优先、快速审批。其三，培育多元化的第三方环境综合治理服务。积极培育具备咨询、设计、建设、运营、维护等一条龙服务的专业化环保企业集团，提供包括环境污染问题诊断、系统解决方案、集中处理处置、污染物排放监测等在内的环境综合治理服务。加强第三方咨询评估服务，与中国科学院、中国环境科学研究院等国内顶级智库建立战略合作关系，搭建环境技术服务联盟一体化平台等。其四，加强研究利益共享机制。调节第三方治理企业营收结构，增加第三方治理企业在环境治理等方面的收益，帮助排污企业发展股权平衡机制等。

第三，规范政府、第三方治理企业、排污企业合作关系。其一，建立稳定有效的价费机制，保障排治污双方的合理利益。按照“按效付费”的原则，由排污企业和治污企业按照科学、合理的标准，根据不同的治理效果约定相应的污染物处理费，并明确不同情况下的责任界分。具体而言，在治理过程中如因治污企业失职引发问题，则按约定扣减一定的污染物处理费；如因排污企业违规产生问题，则按约定增加相应的污染物处理费；当污染物处理量未达到约定的基本量时，由无锡高新区政府按处理费的平均标准，向治污企业支付缺口部分的处理费。其二，强化合同监管与纠纷解决机制。由政府规范园区引入第三方治理企业机制，保证第三方治理企业环保服务质量。完善司法机构和环保部门的联动机制，增设能够对治理效果进行专业鉴定与比对的环境司法鉴定机构。

第四，推动第三方治理信息公开。其一，搭建公共服务与监管信息平台。建立了全面、统一的开放式环保数据平台，为园区提供环境污染问题诊断、污染物排放监测等综合服务。同时，构建了环境污染第三方治理信息平台，公开第三方治理企业的基本信息、污染治理成效，并且完善了有奖举报和投诉受理机制。其二，建立第三方治理企业评价和诚信机制。建立企业黑红名单制度、第三方治理企业评级制度，还有治理企业环境信用评价体系等，相应结果同步向公众公开。其三，提高群众参与奖惩力度。重视群众举报，对曝光者进行嘉奖，尤其对经初步核实属于实名举报的信访件加盖“实名举报”印章予以标注并优先处置。

第四章

我国环境污染第三方治理的现实问题

通过对环境污染第三方治理在我国实践样态的分析可见，其本质上是政府、市场主体、社会力量、公民个体间的权责关系，是地方政府基于国家管理职能形成的环境治理权、市场主体基于生态环境产品或服务的所有权与交易权、社会主体基于公益目标形成的参与权与监督权、公民个体基于个人保障的公民环境权与诉权之间的相互关照与衡平。环境污染第三方治理作用的发挥源于契约性管制工具作为具有一定强制性的沟通平台，创造了一种公私交融的秩序，为复杂的环境污染治理同时提供了公法的强制功能以及私法的自治功能。在环境污染第三方治理中，对于原本属于政府或排污企业的公法治污义务，在一定程度上放松或改变了管制要求，可以引入市场因素，以私法手段作为履行义务的工具；而原本属于私法自治范畴的事项，如环境服务契约自由，则需附加一定的公法要求，或者以公法管制的规则作为生效或变更的条件。由此，环境污染第三方治理中的契约范式呈现出一种典型的公私法彼此借力、互为工具的交错形态，进而形成了环境污染第三方治理中独特的权利构造。公权与私权之间的借力合作与相互制约，有助于推进协商化的民主治理，促进市场机制适当发挥作用，提升政府的环境治理能力。这种创新式的治理形式能够形成公法和私法的优势互补，推动环境治理任务的顺利完成,但也有潜在的成本,[1]同样由其运行逻辑衍化而来的制度困境与其正向价值在运行过程中如影随形,并表现为多种现实性问题。

第一节 环境污染第三方治理中的运行悖论:政府层面

一、问题根源:共治格局下政府治理权责的不确定性

(一)公法私法化中行政权边界的模糊性

环境污染第三方治理改变了政府在传统治理模式中大家长式大包大揽来对全部治理事项与治理责任负责的行政管制者角色。在权力与私权利的构造中,政府是规则的制定者与执行者、公共服务的采购者和提供者、环境治理的监管者;在权力与公权利的构造中,政府代表环境公益行使管理权,发挥关系协调、政策引导、项目推动等作用。

长期以来,对政府职能的关注主要聚焦于其作为公权力主体在公私法融合的情况下行为是否规范的担忧,最典型的即在环境污染第三方治理行政契约范式中行政优益权对契约平等性的限制。对此种契约范式的法律属性存在不同观点,如认为是民事合同、行政合同、政府合同、混合合同等,[2]各种讨论莫衷一是,亦有人认为应作出更细致类型划分的观点,如分为私法性环境公私协作契约与公法性环境公私协作契约。[3] 从第三方治理的出现与发展来看,它虽然是公共治理的一种形式,但并非基于政府的强制,而是以市场运作形式引入多元主体参与治理,本质上是一种市场行为。第三方

[1] See David A. Dana, *The New "Contractarian" Paradigm in Environmental Regulation*, University of Illinois Law Review, Vol. 2000:1, p. 35(2000).

[2] 参见张宇庆:《环境服务合同的概念演进与类型分化》,载《河北法学》2013 年第 10 期。

[3] 参见柯坚、吴隽雅:《环境公私协作:契约行政理路与司法救济进路》,载《重庆大学学报(社会科学版)》2017 年第 2 期。

企业参与环境治理根源于自身的市场逐利性，与政府部门合作各得其所。因此，现实中尽管也有将行政契约范式按照行政合同来对待的情况，但对行政机关优益权的行使始终存在争议，故而所谓行政优益权的实际应用也较为受限。然而2020年开始施行的最高人民法院《关于审理行政协议案件若干问题的规定》第1条[1]将环境服务政府合同确定为行政协议，同时其中的部分条款，像第16条[2]和第24条[3]进一步确认和强调了政府在此类合同中的行政优益权。行政优益权是在符合比例原则的前提下，因公共利益的需要而承认行政主体与相对人之间法律地位不平等的特殊权力。虽然是为了保护公共利益，但缺少限制的行政优益权或对行政优益权的过分强化将会模糊行政权的界限，给行政机关滥用权力提供可乘之机，进而动摇公私合作的基础，增加行政相对人可能承担的风险，不利于第三方治理的进一步推进。

除此之外，在权力与权利的构造中，从“限权”到“赋权”的转变，意味着

---

[1] 《关于审理行政协议案件若干问题的规定》第1条规定：“行政机关为了实现行政管理或者公共服务目标，与公民、法人或者其他组织协商订立的具有行政法上权利义务内容的协议，属于行政诉讼法第十二条第一款第十一项规定的行政协议。”

[2] 《关于审理行政协议案件若干问题的规定》第16条规定：“在履行行政协议过程中，可能出现严重损害国家利益、社会公共利益的情形，被告作出变更、解除协议的行政行为后，原告请求撤销该行为，人民法院经审理认为该行为合法的，判决驳回原告诉讼请求；给原告造成损失的，判决被告予以补偿。被告变更、解除行政协议的行政行为存在行政诉讼法第七十条规定情形的，人民法院判决撤销或者部分撤销，并可以责令被告重新作出行政行为。被告变更、解除行政协议的行政行为违法，人民法院可以依据行政诉讼法第七十八条的规定判决被告继续履行协议、采取补救措施；给原告造成损失的，判决被告予以赔偿。”

[3] 《关于审理行政协议案件若干问题的规定》第24条规定：“公民、法人或者其他组织未按照行政协议约定履行义务，经催告后不履行，行政机关可以作出要求其履行协议的书面决定。公民、法人或者其他组织收到书面决定后在法定期限内未申请行政复议或者提起行政诉讼，且仍不履行，协议内容具有可执行性的，行政机关可以向人民法院申请强制执行。法律、行政法规规定行政机关对行政协议享有监督协议履行的职权，公民、法人或者其他组织未按照约定履行义务，经催告后不履行，行政机关可以依法作出处理决定。公民、法人或者其他组织在收到该处理决定后在法定期限内未申请行政复议或者提起行政诉讼，且仍不履行，协议内容具有可执行性的，行政机关可以向人民法院申请强制执行。”

政府不仅应在规范上承认公众与环境相关的基本人权及其从权利，而且必须积极构建将权利实质化的服务性与管理性机制。以公众参与权为例，现有体制是否能够实质化公共参与范畴，从主体到权责再到具体形式是否有相关规定，对于参与主体如何遴选，利害关系人如何定性、范围多大，决策者有着广泛的自由裁量空间，可以刻意选择符合自身利益的公众来操纵参与结果。[1]

（二）共治格局下政府治理权责的自我消解

从传统管制模式向现代治理模式政府角色转变的滞后性，固然应予特别关注，但同时有另一种倾向需要警惕，即在公私融合以及多元共治过程中对于政府权责公法特殊性的消解，以及由其所延伸的第三方治理万能论等论调。

在传统的管制模式中，环境公益保护的责任完全为政府所承担，与此相应政府对环境治理拥有独占性的裁量权，为保证行政目的的实现，能以自身管制行为限制甚至剥夺私益。契约性工具的运用和第三方治理机制的引入，使原本属于政府的环境治理义务通过契约重新配置成为私主体参与者的义务，环境公益与私益之间的零和关系已变为多元利益之间的互相关照，这要求政府责任性和裁量权实现形式的同步转变。在不同角色的衔接过程中，政府可能将契约性管制工具仅仅视作行政机关裁量权的实现方式，即为实现政府行政目标的任意性工具，而不重视契约的平等性，比如因政策改变等原因而任意撕毁协议或者通过职能外包来推卸责任，无论是对裁量权的过度使用还是对传统责任边界的随意模糊，都与契约管制工具的引入以及第三方治理的基础与目标背道而驰。[2]

---

〔1〕 参见张晏：《“公众”的界定、识别和选择——以美国环境影响评价中公众参与的经验与问题为镜鉴》，载《华中科技大学学报（社会科学版）》2020 年第 5 期。

〔2〕 See J. Freeman, *The Contracting State*, Florida State University Law Review, Vol. 28：1, p. 156 – 160（2000）.

具体而言,在环境污染第三方治理中,原本属于政府的环境治理责任通过环境服务合同而成为私主体的义务,但这只是改变了政府裁量权与责任性的实现形式,并没有使政府的环境治理社会责任彻底消失。无论是政府委托治理还是企业委托治理,政府都需在合同义务之外承担市场主体与社会力量无法负载的公权责任。环境污染第三方治理是政府完成环境治理权责的工具,而非责任本身。可见,环境治理责任的转移会模糊责任性的传统界限,使政府将委托第三方治理作为完成自身职责的替代性工具,进而将治理效果不佳的责任归咎于接受委托的私主体。[1] 在这种情况下,忽视物有所值的评估要求,对环境污染第三方治理过度美化、神化,或者过度简化和同一化的情况将不可避免。与此同时,环境服务合同不可能对所有现实情况预先作出约定,合同的模糊性以及对合同合法性的疑问,也会阻碍政府的有效监管。责任承担确定性与监督力度的下降一定程度上会削弱执行机关的力量,从而引发与其合作的市场主体以及承受环境治理最终效果的社会公众和公民个体对第三方治理本身的诉求,不仅将对司法机关形成较大压力,而且使私主体对自身的诉权提出了更高要求。

现实中,第三方治理下政府权责自我消解的情况并不罕见,由此引发"二次污染"从行政到司法连串反应。例如,2019 年孟州城市污水处理有限公司就行政处罚向河南省生态环境厅提起行政复议案中,由于进水水量超标导致出水超标,该公司发现异常后及时向政府及有关部门汇报,然而政府监管部门却未有相应作为。该公司与上游进水企业签订的《孟州市产业集聚区污水处理项目特许经营协议》中约定对因进水水质不符合标准,尽力采取措施后出水仍不达标的,治理方不承担责任。然而这一约定因《水污染防治法》未将任何一种超标情形列为例外情况和免责事由而被认定无效,最终

[1] See J. Freeman, *The Contracting State*, Florida State University Law Review, Vol. 28:1, p. 155 - 214(2000).

该公司被行政处罚4880万元。[1] 此案并非孤例,2016年武汉沃特科凌投资公司起诉武汉市原环保局亦属类似情况,该公司与原环保局签订了同样的免责协议。[2] 从生态环境部公布的2021年第一季度国家重点监控企业严重超标和处罚情况来看,一共37家中有12家是污水处理厂,第二季度一共16家中有5家是污水处理厂,分别占比30%左右。[3] 其中有相当部分是由于上游偷排,而有关监管部门不处理、不作为。本应是处理污水的环境服务企业,却成了二次污染的污染源,而对政府监管部门权责缺位的处理,最终只能依靠私主体的诉权来实现。

二、问题表征:政府尚未能明确自身定位

基于前述对环境污染第三方治理中政府层面运行悖论的深层次分析,可将政府这一主体所面临的具体问题总结如下。

第一,行政机关职能转变不到位。在环境污染第三方治理中,政府角色从单一转向复杂,如何处理管理者和合同当事方等不同身份之间的关系,形成新的职能规范体系是解决问题的关键。实践中政府公权力对原本应由市场、社会发挥作用的领域过度干预的情况并不罕见,环境污染第三方治理项目一般规模大、周期长,[4] 现实中以下情况多有发生。如滥用行政优益权,政府以公共利益为名无视社会资本的意愿而反复修改环境服务合同,政府

〔1〕 参见张武丁、王平平、李新丽:《污水处理厂能否向肇事者追偿?》,载《中国环境报》2019年10月28日,第8版。

〔2〕 参见湖北省武汉市中级人民法院行政判决书,(2016)鄂01行初94号。

〔3〕 参见《关于通报2021年第一季度主要污染物排放严重超标重点排污单位名单和处理处罚整改情况的函》(环办执法函〔2021〕335号),2021年7月16日发布;《关于2021年第二季度主要污染物排放严重超标重点排污单位名单和处理处罚整改情况的函》(环办执法函〔2021〕483号),2021年10月28日发布。

〔4〕 例如,新沂市经济开发区化工废水第三方治理PPP项目于2016年7月进入特许经营,经营期25年,总投资1.6亿元。邢台清河经济开发区水环境污染综合治理项目,服务期限20年,由第三方服务机构投资1500万元。此类项目繁多,此处不再赘述。

对社会资本方的履约行为进行过度干预,甚至新政府以公共利益为借口不承认前任政府的治理协议;还有政府过度利用第三方治理,为追求政绩而忽视物有所值的评估要求,盲目推行环境污染第三方治理项目等。

第二,政府监管机制存在漏洞。在环境服务市场竞争机制发展成熟以及第三方治理模式普遍运用之前,企业由于自身作为市场主体要求利益最大化的天性,选择第三方治理、切实履行治理合同约定的内生动力不足,政府监管是督促其完成治理任务的重要推动力。新污染治理模式的发展要求政府监管机制的同步转变,对第三方治理中可能出现的排治污企业合谋逃避治污等新情况与新问题及时作出应对。虽然随着《环境保护法》的进一步修正以及环境法规范体系的逐渐完善,过去存在的环境监管手段单一、监管效力不足等问题已大为改善,但目前政府监管机制至少还存在以下问题:一是监管的一致性和有效性不足。缺乏统一的监管标准,不同地区甚至同一地区在不同时期可能根据当地经济发展需要对污染治理作出不同要求,强制性措施时紧时松、存而不用的情况多有发生。二是事后监管为主致使政府负担过重。第三方治理模式的推广,尤其是在工业园区的应用,有助于政府开展集中监管,但同时第三方的加入增加了监管的工作量和复杂性。排治污企业虽然彼此之间可以互相监督,但同为行政相对方可能合谋逃避监管,这也增加了监管的难度。当前政府的环境监管手段以事后的补救和惩罚为主,缺少过程性监管且转型难度较大,这都增加了政府的监管压力。三是个别监管措施不当。第三方治理等环境治理新模式已经在快速发展,而既有的监管措施还未能及时作出改变,第三方治理企业是否应纳入监管范畴,对排治污企业的监管措施应否有所区别等问题,尚未有明确答案。四是缺少对政府监管的监督。目前,政府监管缺位、执法不力问题多发,政府及其工作人员被排治污企业“虏获”的现象并不罕见,在法律制度层面对政府监管尚缺乏必要的监督手段。

第三,政府制度性供给不足。环境污染第三方治理是一个系统性工程,对传统治理模式的突破需要持续性的制度创新与优化,现行不管是管制型制度,例如,信息强制性披露机制、环保公共参与机制、“三同时”制度、环境影响评价机制、限期治理制度、污染集中控制制度,还是经济激励型制度,例如环境税费制度等,尚未能对第三方治理形成完善的制度衔接与支撑。

第二节 环境污染第三方治理中的运行悖论:市场层面

一、问题根源:均衡态势下市场主体规制的边界模糊

(一)私法公法化中契约自由的限制性

环境污染第三方治理使排污企业与治污企业进入公共治理领域,从而有了更为丰富的角色。在私权利与私权利的构造中,治理的公共性决定了排治污企业不能完全以效能、效率和成本为准据,而且市场主体在治理活动中设定标准、提供服务、监控与执行等行为在一定程度上具有类似公权力的强制性,因而必须有对市场主体治理过程的法律化控制。这一情况主要针对环境污染第三方治理中的民事契约范式。这种契约范式属于民事合同的范畴,又不同于一般的民事合同,具有公益与私益的双重目标。一方面,排污者以成本负担的方式来转移污染治理责任,环境服务企业以专业的污染治理服务来收取服务费用,双方皆是为了实现追求利润的私益目的;另一方面,双方获取合法利益必须以承担必要的环境治理责任为前提,污染治理和生态修复是合同的目标并决定企业利益的范围。由此,在这种契约范式中,为防止企业在污染治理的过程中忽视环境公益,甚至俘获、游说管制部门企图以私人利益置换公共利益,必须在一定程度上限制市场主体的契约自由和意思自治。

例如,对企业自主经营权与公民环境权的衡平,使环境服务合同从缔约到合同内容,再到合同的履行、变更与终止,须受到一定限制,并进行必要的信息披露,但在何种程度上、什么范围内加以限制,当前尚未有明确界限。除此之外,排治污企业各自承担污染治理责任的边界亦未有相应限制与引

导,当前我国根据污染者负担原则将污染物的直接排放单位作为污染治理责任主体,而并未对排污企业与治污企业的责任有更明确的界分,这使排治污企业有可能借助第三方治理合同来逃避责任。

(二)市场竞争性与管制性的失衡

私法的公法化以及利益均衡的要求,使对企业规制的焦点一直落在是否管制不足的问题上,但同时要警惕对其可能过分管制及管制不当的倾向。进入公共领域的私主体是危险的而且必须加以限制的认识并未超出传统行政法理论的范畴,常见的四种限制机制是:对进入公共领域的私主体做出与公法主体相同的宪法性要求;用禁止授权学说或正当程序条款来限制对私主体的授权;要求私主体符合程序性要求;将有关公平与理性决定的公法内容纳入私法规范。[1] 这些措施没有跳脱出对行政权力加以规制的思路,与发挥私主体特点、利用市场机制的自由与效率来推动治理的初衷并不契合,或者说单纯使用传统的管制手段来对市场主体进行限制本身有其局限性。而对市场主体的过分限制,将进一步突出公私法间的分野,而非促进两者之间的互动与融合,也使市场主体更不愿或更难以进入环境治理领域。在此意义上,需要探索更多符合市场机制特点的规制手段,当前的制度供给并不足够。

从实际来看,环境污染治理引入第三方的根本原因是市场因素所蕴含的自由和效率能够带动污染治理中的竞争性与活力,排治污企业间的委托治理行为完全是市场主体间的选择与合作,整个治理过程围绕民事契约范式展开,具有明显的自治性。如何以政府监管和公众参与来保证公益和私益的平衡,以及市场竞争性和管制性的平衡等,存在法律与民主的双重难题。

---

〔1〕 See J. Freeman, *The Private Role in Public Governance*, New York University Law Review, Vol. 75:3, p. 543 – 675(2000).

二、问题表征：环境服务市场竞争机制不完备

第一,环境服务民事合同缺少适当的外部限制。企业委托第三方治理虽然属于私主体行为,但环境服务民事合同从缔约到合同内容,再到合同的履行、变更与终止,须受到一定限制,并进行必要的信息披露。依据《企业事业单位环境信息公开办法》的规定,一般的企业是否公开环境信息全凭自愿,只有重点排污单位、实施强制性清洁生产审核的企业,以及存在特殊情形的上市公司和发债企业才被要求强制公开。[1]

第二,第三方治理中的社会资本缺乏自我规制。我国早期的环境服务企业大多是由环境污染防治设备生产商发展而来,一些专业化治污子公司背靠企业集团表现强劲,外资企业以其资本与技术优势也具有较强市场竞争力。为推动本土环境服务企业的快速发展,原环境保护部在2014年废止了环境污染治理设施运营的行政许可审批手续。这一方面放松了对环境服务企业的限制,另一方面增加了市场主体良莠不齐恶意竞争的可能。这要求社会资本必须加强自我规制,通过私人程序来提高治理能力以及市场声誉,例如,除却必须由政府设置的强制性管制标准或事项,环境服务企业可以自行设置更高标准来提高治理绩效。当前环境污染治理价格体系尚未形成,环境服务企业以及环境服务市场尚缺乏自我规制的内部程序建设,极易出现各种不正当竞争,进而影响第三方治理模式的长远发展。

第三,第三方治理企业融资困难。根据“三同时”制度,污染治理设施应与主体工程同时设计、同时施工、同时投入使用,并且不得擅自拆除或闲置。现实中,有相当部分第三方治理企业的治污设施建造在排污企业厂界范围内且附着于其主体设施,不能单独作为抵押物进行担保,而企业间签订环境

---

〔1〕 参见《企业环境信息依法披露管理办法》第7条、第8条。

服务合同中的收费权能否作为质押物尚有疑问且并不稳定。[1] 因此，第三方治理企业融资担保能力不足，很难获得银行的信贷支持。同时，第三方治理项目往往建设周期长，初始投资金额大，前期融资需求迫切，而利益获取周期较长，回报率不稳定，短时间内经济效益无法保证。综合以上因素，融资困难是第三方治理企业面对的主要难题之一。

第四，信息交流机制缺失。第三方治理中，排治污双方不仅利益共享，而且风险与责任共担。排污企业与治理企业的经济实力与经营管理状况，不仅影响双方对合同的履行而需承担相应的违约责任，而且可能造成不达标治理而引起行政责任与民事侵权责任的产生。同时，基于自身的市场逐利性，排治污双方都有可能采取自利性措施，如超排偷排、虚假治理等，由此造成环境损害进而引发纠纷。相较政府委托治理，企业委托治理双方受能力与权利所限，各方的风险可能性更大且风险承受力更弱。由于信息交流机制缺失，第三方治理企业的治污技术水平与融资状况，排污企业的经营与信用状况，对彼此而言都难以获知。在竞争机制尚不完备的环境服务市场中，因信息辨别与传递而增加的污染治理成本及法律风险，不利于第三方治理模式的长远发展。

第五，第三方治理企业责任承担方式不明。在传统污染治理模式中，从“污染者担责”原则出发，排污企业是环境污染治理责任的承担者，在造成环境损害或形成环境风险时承担环境行政责任和侵权民事责任。第三方治理模式改变了前述单一的责任关系，环境服务合同法律关系的建立使原本简单的环境行政管理和侵权法律关系更为复杂，第三方治理企业的引入增加了可能的责任主体，其与排污企业之间就行政责任和侵权民事法律责任的认定与界分成为新的问题。根据现行法律和文件精神来看，排污企业在行政和民事侵权责任中承担主体责任。在侵权法律关系中，排治污企业对受

---

〔1〕 参见骆建华：《环境污染第三方治理的发展及完善建议》，载《环境保护》2014 年第 20 期。另参见《动产和权利担保统一登记办法》（中国人民银行令〔2021〕第 7 号），第 2 条、第 3 条。

害者承担不真正连带责任,因第三方治理企业的过错造成损害的,排污企业赔偿后可向第三方治理企业追偿。这种责任界分方式虽然便于受害者确认责任承担者且有利于降低排污企业逃避监管、违法排污的可能性,但责任承担存在明显的不均衡性。即使损害是由第三方治理企业造成,排污企业也需先行承担不利后果,事后再向第三方治理企业追偿,这使排污企业承担的责任风险过重。排污企业委托第三方治理原本是为了转移污染治理责任的实际履行,但却使自身可能担负更不可控的责任风险以及合同支出和损害承担的双重成本,这明显不利于排污企业选择第三方治理模式以及环境服务市场的进一步发展。在行政法律关系中,我国《环境保护法》第65条[1]对第三方治理企业承担环境行政责任的规定尚不完备,不仅主体范围狭窄而且责任承担事由单一,并且对同一违法事实,第三方治理企业与排污企业的行政责任应如何划分,出现重复行政处罚问题时应如何处理等现实问题均未有相应规定。

第三节 环境污染第三方治理中的运行悖论:公众层面

一、问题根源:融合趋势下公众与公民个体的功能缺失

(一)社会公众参与的可能性与非理性

环境污染第三方治理使公众与公民个体从环境污染与风险承担者向污染治理参与者转变,公权利与私权利可以各展所长,推动实现环境公私益间的平衡。长期以来,公权利实现形式的组织化一直是被重点关注的问题。从公众角度来说,作为环境公益的享有者和治理结果的最终承受者,虽然社

---

[1] 《环境保护法》第65条规定:"环境影响评价机构、环境监测机构以及从事环境监测设备和防治污染设施维护、运营的机构,在有关环境服务活动中弄虚作假,对造成的环境污染和生态破坏负有责任的,除依照有关法律法规规定予以处罚外,还应当与造成环境污染和生态破坏的其他责任者承担连带责任。"

会公众在政府委托治理与企业委托治理中的参与权限有所不同，但社会公众对第三方治理的参与本身，既是公权利实现的题中之义，也为私权利的后续发展提供了切实保障。面对强大的国家公权与市场资本，非组织化的个体难以直接与之抗衡，并且"过度的非制度化公众参与也导致非理性因素的泛滥"[1]，反而影响环境公共利益与治理效果的实现。

第一，公众参与内生和外生动力不足。第三方治理公众参与的公共契约范式，主要存在于政府委托治理类型中，社会公众作为环境公共利益的享有者与治理结果的最终承担者，其参与能够监督政府环境治理过程，保证治理的实际效果，然而传统"行政权的纵向治理秩序与社会力量的横向治理秩序之间具有天然的张力关系"[2]，需要精巧的制度设计来理顺二者的关系，实现彼此的合作与互补。同时，企业委托治理中也有对公众参与的程序性要求，虽然比政府委托治理的要求要低，但在实践中社会公众在私人控制的决策过程中享有的参与权也更为有限，比如在政府委托治理中可能有的信息公开与听证，即内部治理方案、环境标准的公开、与公众的协商对话等，在企业的治理过程中更为少见。社会资本以追求利润及效率为目标，除非有强力的政策支持或有效的激励机制，否则其将公众参与纳入治理过程的内生动力不足。从公众角度出发，对生态环境发展权的认知、环境污染治理信息的获取、完善的公众参与机制，共同构成了主体治理权的行使基础，任一环节的缺失都将降低公众参与的可能。

第二，社会公众的非理性难以避免。环境污染第三方治理高度专业化，不管是涉及排污问题还是治理问题都要求技术理性和沟通理性密切合作。公众参与能够维护公共价值，通过道德和价值判断的沟通理性弥补专家技术理性的不足，以社会治理机制形成公共价值判断的生产与再生产平台。

[1] 陈海嵩：《中国环境法治中的政党、国家与社会》，载《法学研究》2018 年第 3 期。

[2] 杜辉：《公私交融秩序下环境法的体系化》，载《南京工业大学学报(社会科学版)》2020 年第 4 期。

然而也正是因为第三方治理的专业性与技术性,项目本身经常是游离在科学不确定性的模糊区域之中,而参与方需要基于模糊的科学作出判断。[1]这一特点既是前述公众参与的价值之所在,又使得公众在第三方治理中的参与不同于其参与决策作出的其他常规情况。由于专业性和技术性知识的欠缺,公众的认知往往具有局限性,容易产生恐惧、担忧等情绪,且行为极易受其他因素的影响,如政策制定者的态度、企业的干预、大众传媒的信息,进而群体间彼此相互影响,产生连锁效应。公众参与的目的是输出公共理性,减少治理过程中的不确定性,保障治理行为转化为真正的公共利益,然而在缺少私法途径与公法手段共同引导与推进的情况下,公共价值与公共理性难以在较短治理周期内自发形成。

(二)公民个体主体作用的缺失

提高公众参与的组织性是推动公私权利实现的主要路径,但与此同时,不能忽视公民个体在第三方治理中主体作用的发挥,尤其是在环保社会组织发展不足的情境下,然而我国公民个体在超个人利益保护中功能缺位的情况同样严重。当前以诉讼为主导的权利保护体系,秉持公益私益二分的格局,私益与行政诉讼或司法制度相结合,公共利益则为行政所垄断,个人不具有一般性的维护公益或法律执行的请求权。[2] 具言之,环境污染第三方治理因其复杂性与公私融合性,几乎囊括了当前环境诉讼的所有类型。目前我国环境行政公益诉讼的适格原告仅有检察机关,生态损害赔偿诉讼的主体为"省级、市地级人民政府及其指定的相关部门、机构,或者受国务院委托行使全民所有自然资源资产所有权的部门"[3],环境民事公益诉讼的适格原告为环保社会组织或检察机关。在我国的现实政治体系下,检察机关、

[1] 参见[美]马克·艾伦·艾纳斯:《规制政治的转轨》(第2版),尹灿译,中国人民大学出版社2015年版,第190~191页。

[2] 参见王世杰:《私人主张超个人利益的公权利及其边界》,载《法学家》2021年第6期。

[3] 参见最高人民法院《关于审理生态环境损害赔偿案件的若干规定(试行)》第1条。

相关部门,乃至环保社会组织,都无法完全摒除地方政府的影响,且第三方治理项目往往规模较大,排治污企业有较强的经济实力。这使得前述适格主体经常处于多重因素影响和不同利益权衡的情境中,被政治压力与经济利益"虏获"的情况并不罕见。而公民个体由于诉权的欠缺,在以上情境中往往是无力的,不仅被排除在诉讼主体范畴之外,而且缺少请求前述机关采取措施的法律资格。虽然从客观上来说,公民个体可以通过私益诉讼来对环境公益产生影响,但基于私权利的孤立性与分散性,个人权利对超个人利益只能形成点状式或分散式的偶发性影响。

二、问题表征:公众参与权利未充分落实

第一,公众参与程序性机制不健全。公众参与是多元共治理念的重要体现,虽然《环境保护法》《环境保护公众参与办法》等法律法规均有对公众知情权、参与权、监督权的规定,但尚未形成制度化体系,从公众参与主体范围、权责安排,到形式程序等的规定均有较大不足,在现有体制下不足以支撑公众切实参与第三方治理。在传统环境污染治理模式中,公众参与主要表现为事后参与,即对诉权的行使,这有三方面的不利影响:一是公众过度依赖政府作为环境公益代表的主导作用,一旦政府无法满足公众需要,则将导致自身公信力的下降;二是对诉权的行使往往是在环境损害或者环境风险产生之后,此时矛盾与损害已然形成,参与成本较高;三是对政府的环境监管行为缺少直接的监督和制约,寻租设租、虏获游说等情况难以避免,无法保证环境治理效果。此外,缺少公众参与的保障与激励机制,公众参与既是公民权利同时也需耗费一定成本,应有相应的制度设计以减少"搭便车"及参与公众被"虏获"的情况发生。

第二,环保社会组织发育不充分。环保社会组织的专业性与组织性远高于普通公众,可以帮助其克服自身局部性、非理性、零星式、依附式参与的问题,将分散的社会意志集中化,在环境治理体系中以规模效益构成"社会

权力”,真正发挥对政府与市场资本的制约作用。我国环保社会组织发展较晚且缺乏完善的培育机制,不仅欠缺法律法规的保障,且现有法律规范在诸多方面还对其参与环境污染治理有所掣肘。例如,对环境公益诉讼原告资格设置过高,将大量环保社会组织排除在外等。这使得环保社会组织的发育情况与现代环境治理体系中政府职能转变,重塑自身弹性和灵活性的现实需求不相匹配,而且现有的环保社会组织在政府的影响下也很难真正有自己独立的立场。[1] 尽管近年来,我国环保社会组织数量增长迅速,但很少能独立主动地参与环境治理的各个过程和各个方面,难以真正影响政府与市场决策。[2] 社会组织与公众作为公权利载体的主体功能尚未得到充分发挥。

第三,社会资源未能充分调动。在环保社会组织之外,高校、专业协会等机构也是社会治理中的重要力量,可以提供科技创新、人才支撑等社会资源,尤其在一些综合式治理项目中,有提供定制化环保综合服务和解决方案,进行顾问式环保服务、常态化环保巡查的创新型参与形式。[3] 目前高校、专业协会的参与还存在较大发展空间。

---

〔1〕 参见何苗:《中国与欧洲公众环境参与权的比较研究》,载《法学评论》2020 年第 1 期。

〔2〕 参见中华环保联合会:《中国环保民间组织发展状况报告》,载《环境保护》2006 年第 10 期。

〔3〕 以上两种创新型参与形式,分别来自“苏州工业园区融合式环保综合创新服务平台项目”和“如东沿海经济开发区环保顾问式服务平台”项目,二者皆为与南京大学环境学院的合作,前者见生态环境部 2019 年发布的《工业园区环境污染第三方治理典型案例(第二批)》,后者见其 2018 年发布的《工业园区环境污染第三方治理典型案例(第一批)》。

第五章

环境污染第三方治理的政府定位

环境污染第三方治理作为公共治理模式的典型代表,多元共治是其主要特征之一。在这样的背景下,环境污染第三方治理对政府提出了更高的要求。首先,要求环境污染第三方治理中政府职能的转变。环境污染第三方治理中不同的治理类型使政府所承担的环境责任有了更细致的类别区分,政府在环境污染第三方治理中的角色与定位发生了较大改变,在传统的环境行政管理者之外,还有政策引导、关系协调、项目推进,甚至合同当事方等新角色,不同角色在不同治理类型和不同治理阶段相互勾连,功能更加多样,作用更加积极。其次,对政府监管水平要求更高。第三方的介入使排污行为与治理行为更为复杂,大大提升了政府监管难度。这与政府角色多样性共同对环境污染第三方治理中的政府监管提出了新的要求。政府不仅要对排污和治理中的违规行为进行查处,而且要对合同缔结与合同履行提供引导、支持和服务。最后,要求政府充足的制度性供给。作为一种新型的污染治理模式,环境污染第三方治理是一个系统性工程,其推行需要一定的制度环境,不仅要求在新制度与传统制度之间形成完善的配合与衔接,而且要保证持续性的制度创新和优化。在环境污染第三方治理的进一步发展中,必须明确公私行为之间的界限,对政府的定位及责任作进一步细化,进而创建稳定良好的监管与制度供给机制。

第一节 环境污染第三方治理中的政府职能

一、政府环境责任与责任分类分层机制

政府环境责任,是指法律规定的政府在环境保护方面的义务和权力(合称为政府第一性环境责任)以及政府因违反上述义务和权力的法律规定而承担的法律后果(称为政府环境法律责任、政府第二性环境责任)。[1] 这里的政府,广义上是包括立法、行政、司法在内的国家机关,狭义上仅指行政机关,包括国务院和地方各级人民政府。以上定义借鉴了蔡守秋教授对政府环境责任内涵的界定,这一界定符合我国政府职责的现实状况以及法律责任的基本原理,因而得到学界的普遍认可。关于这一概念的外延,有学者在蔡守秋教授界定的基础上,提出地方政府环境责任应包括角色责任(道义责任)、法定职责(法律义务)、法律责任三个层面。其中角色责任是一种应然的状态,是政府应对社会期待的达成,属于道义和道德范畴。如果政府未能达成社会期待或对国家和人民利益造成损害,虽然不追究法律责任,但应承担相应的道义与政治风险。法定职责是基于规范体系,地方政府应承担的法定职责,是国家权力与法律义务的结合体。法律责任是政府违反上述职责时所应承担的法律后果。[2] 前述界定较为清晰地反映了我国政府环境责任的内涵与外延,在法律层面上,政府环境责任包括两部分内容:一是法律规定的政府环境职权以及与职权相匹配的权力和义务,也即法定职责,这是政府承担环境责任的前提和基础,也是环境责任的主要内容;二是政府因违反环境职责而依法承担的不利后果,也即法律责任,这是政府环境责任的补充和最终保障。[3] 在此

---

〔1〕 参见蔡守秋:《论政府环境责任的缺陷与健全》,载《河北法学》2008 年第 3 期。

〔2〕 参见李俊斌、刘恒科:《地方政府环境责任论纲》,载《社会科学研究》2011 年第 2 期。

〔3〕 参见孔东菊:《企业环境污染第三方治理法律问题研究》,知识产权出版社 2019 年版,第 186 页。

意义上，政府应是狭义上的政府，即以环境行政部门为代表的国家行政机关。

环境治理是一项复杂而立体的系统性工程，触及诸多法律部门、利益主体、实践领域。其中政府是核心，绝大多数治理工作由其推动，因此政府环境责任表现为一系列相互联系、彼此制约的责任所构成的庞大体系。以《环境保护法》为代表的环境法律，规定了政府环境法定职责的主要内容、范围和要求。政府的环境职责范围非常广泛，环境监管虽然广受民众关注但只是其中的一部分。政府环境职责是政府环境责任的第一道防线，只有第一道防线安排合理、运行良好，才能尽量减少进入第二道防线的可能。无论法律责任设置得如何完美，政府违反职责的损害已然造成，再制裁也只能是事后制裁，且问责政府并不容易，往往制裁成本较高而成功率又较低。可见，对环境职责的设计与安排应是政府环境责任的重头戏。[1]

具体来说，政府环境职责分配有两层：一是第一次分配，即市场和社会与政府就环境职责的分配；二是第二次分配，即政府就一次分配的职责，在内部进行的纵向与横向分配，包括有隶属关系的行政机关间的环境职责分配、无隶属关系的行政机关间的环境职责分配等。从分类的角度来看，有学者将传统的政府环境职责分为保障治理职责、监督管理职责、保障信息公开职责、保障与促进公众参与职责、环境纠纷解决职责五种基本职责。在政府基本职责之下，还有次级职责，再往下还有二级职责、四级职责等。[2]

作为一种新型治理模式，环境污染第三方治理中政府的角色有了较大转变，政府与市场、社会关系需重新界定。从环境职责的分配来看，为了使环境治理中不同主体间的行为互动和责任聚合顺利展开，应在市场与社会部门作为第三方主体参与环境治理的情境下厘清政府应担负职责的范围、

[1]　参见朱国华：《我国环境治理中的政府环境责任研究》，南昌大学 2016 年博士学位论文，第 69 页。

[2]　参见朱国华：《我国环境治理中的政府环境责任研究》，南昌大学 2016 年博士学位论文，第 83 页。

结构以及实现方式，完成政府环境职责的第一次分配。在此基础上，构建政府内部纵向与横向环境职责分配与保障机制。从环境职责的内容来看，第三方的介入要求对政府职能更为精细地划分与界定，政府的环境职责也相应有了更多的拓展，这在一定程度上突破了传统政府环境职责的类型。

在行政契约范式中，政府从具体的环境治理履行责任中退出，而将具体的治理工作委托给第三方治理企业，在这种情境下政府兼具管制者与缔约者的双重身份。在政府委托第三方治理的过程中，政府在不同阶段分别承担治理责任、担保责任，还有承接责任。治理责任是政府所承担的环境污染治理公共职能，是《环境保护法》等环境系列法律中“政府为环境质量负责”指导思想的反映。通过环境服务政府合同，政府将本应由自身承担的治理责任转移给第三方治理企业，此时政府转而承担担保责任。担保责任即政府通过分配治理任务、创设或认可相应的私主体治理机制、设置监管程序、配套强制性手段等方式，督促私主体共同实现环境公益的治理目标。[1] 在第三方治理中，担保责任体现为政府将自身的部分环境治理职责以行政契约的形式转化为私主体的责任，具体的治理行为由私主体承担，而政府保留监督执行、义务履行瑕疵的制裁或兜底执行的责任。对此，政府首先应以监管和制裁手段来保证排污企业和第三方治理企业的行为符合环境公益，其次行政优益权的行使应受到公共利益必须原则的限制。承接责任是担保责任后的又一层防护，私主体造成环境公益损害或风险时，政府责任即不再限于监督制裁，应直接展开治理。承接责任是对担保责任的强化，也是对治理责任的回归，同时也是对私主体行为在后果意义上的缓冲责任机制。在环境污染第三方治理中，政府与第三方治理企业应当根据实际情况分别承担相应的法律责任。以上是在行政契约范式中政府作为管制者所承担的公法

---

〔1〕 参见杜辉：《公私交融秩序下环境法的体系化》，载《南京工业大学学报（社会科学版）》2020 年第 4 期。

意义上的环境职责,通过环境职责在不同阶段的履行来形成公权力和私主体相互支撑、公法与私法合作交融的互动秩序。此外,在行政契约范式中,政府还具有缔约者的身份,这要求政府在委托第三方治理过程中必须履行环境服务合同中所约定的合同责任。

在民事契约范式中,政府是管制者与关系协调者等角色,有着执行责任与组织责任。前者是政府以处罚等强制性手段对排治污企业进行监督。后者即政府为排污企业与第三方治理企业之间"牵线搭桥",推动环境污染第三方治理展开的责任。在公共契约范式中,政府一方面对公众承担环境污染治理公共职能,即治理责任,另一方面承担组织责任,即设置各种程序组织公众参与环境治理。

在法理上,这种责任分类分层机制能够确定国家环境治理义务私化与市场和社会因素参与环境公共治理的基本边界。在实践上,详细而明确的责任分类与分层能够形成对政府行为的具体指导,防止越权、怠权等情况的发生。在规范上,这种更为细致与全面的责任体系为环境相关法律的持续深化提出了要求。

二、政府环境职责与综合考核评价机制

如前所述,对政府环境职责的设计是政府环境污染第三方治理制度安排的重点内容。政府环境责任分类分层机制的建构并不意味着政府环境职责设计的完成,还必须完善配套的激励与惩戒机制。针对在法律界限范围内的政府履行职责的行为,应建立环境治理综合考核评价机制。对此,我国《环境保护法》第 26 条[1]以及 2016 年中共中央办公厅、国务院办公厅印发

[1] 《环境保护法》第 26 条规定:"国家实行环境保护目标责任制和考核评价制度。县级以上人民政府应当将环境保护目标完成情况纳入对本级人民政府负有环境保护监督管理职责的部门及其负责人和下级人民政府及其负责人的考核内容,作为对其考核评价的重要依据。考核结果应当向社会公开。"

的《生态文明建设目标评价考核办法》的相关规定[1]构成了综合考核评价机制建构的基础。

当前第三方治理的推行和国家的积极推进密切相关,政府的政策导向对第三方治理的现实走向影响极大。对于中央政府而言,在推动环境污染第三方治理时,应在中央和地方环境责任范围划分方面突出“属地管理”,划定各自的权限范围。同时,应明确中央对地方、上级对下级在环境治理监督监察、审计指导、政绩考核等方面的规定,推动各级政府共同对环境治理负责。对于地方各级政府而言,在具体的职责履行过程中,既要转变治理思路又要警惕过犹不及,第三方治理不是万能的,其适用应有前提,不能带有明显倾向性地强推,而应将其作为环境治理的可行性路径,谨慎客观地衡量其治理效果。对应责任分类分层机制,政府政绩考核评价体系也应发生相应变化,除了第三方治理项目的落地与展开,政府监管执行、公众参与、配套制度、最终治理效果等都应作为政绩考核评价标准,共同衡量政府当期的环境治理绩效。具言之,行政契约范式中的治理、担保、承接任一层次责任类型,都应有相应的政府政绩考核标准。在民事契约范式与公共契约范式中亦是如此。

政府环境职责一般是由多部门来共同完成,横向上是统管与分管相结合的模式。各级环境保护行政主管部门与分管部门,在各自业务范围内对环境治理工作履行自身职责,应按照其职责内容来进行考核评价。在实践中,重视环保部门的统管工作,而轻视其他分管部门职责的情况较多,应将各部门对环境污染第三方治理相关职责的履行情况全部纳入环境治理综合考核评价机制。例如,市场监督管理部门负责对排污企业与第三方治理企业发放营业执照,其中涉及对环评审批的检查等情况,检查的力度与宽严对现实环境污染治理影响很大,因此市场监督管理部门的相应履责情况亦应

---

[1] 《生态文明建设目标评价考核办法》要求对各省区市实行年度评价、五年考核制度,并将考核结果作为党政领导综合考核评价、干部奖惩任免的依据。

被纳入考核。同时应注意将政府负责人、行政部门负责人、直接执行人等的行为纳入环境治理综合考核评价机制，并以综合考核评价机制的结果来切实地影响对其的表扬、批评、处分、工作岗位调动、职务升降，以督促政府负责人、行政部门负责人、直接执行人等在第三方治理中的自觉性、积极性和创造性。

三、政府环境法律责任与问责机制

政府环境法律责任是政府在突破第一道防线时的第二道防线。在环境污染第三方治理中政府未履行环境职责或履行环境职责的行为超越法律界限时，要追究政府环境法律责任，必须有健全的问责机制。政府环境责任问责机制是由权力机关、行政机关、司法机关在公众的参与下对承担政府环境职责的行政机关依照法定权限和程序，对政府及其公务员的违法或不当行为实行法律责任追究的法律制度。[1] 根据问责主体的不同，问责机制分为权力机关问责、司法机关问责、行政机关问责三种情形。根据责任类型的不同，分为对宪法和行政责任的追究和对刑事责任的追究。对于宪法责任与行政责任，应由行政机关及机关负责人来承担，其他公务人员由行政机关内部责任追究解决；对于刑事责任，由具体行为实施人员承担，属于环境单位犯罪的，则对行政机关和机关人员实行双罚。

长期以来，我国环境治理领域普遍实行行政机关—行政相对人二元单向结构的国家管制模式，行政机关垄断了环境治理权与管理权，与此相应，也基本上形成了行政机关对政府问责的垄断，选择性问责、不曝光不问责、不移交刑事追究的情况突出。行政机关在环境治理工作中的强势，使权力机关和司法机关问责的异体问责受到行政机关钳制，不敢问责、不愿问责、

〔1〕 参见朱国华：《我国环境治理中的政府环境责任研究》，南昌大学 2016 年博士学位论文，第 137 页。

无法问责、问责不客观的情况非常突出，未能充分发挥应有的作用。同时，社会公众参与问责较少，未能对行政机关问责的同体问责和权力与司法机关问责的异体问责形成足够的监督与制约力量。

要解决前述问题，应从根本上推动环境治理的国家管制模式向公共治理模式的转型。在具体措施上至少应包括以下内容：一是应建立政府环境问责信息公开程序，保证问责启动、过程、依据、结果等信息的公开。这一方面能保证权力机关与司法机关发现问题及时介入，形成案件对接；另一方面有利于在行政机关问责不力时，由社会公众及时督促权力机关、司法机关启动问责。二是建立政府环境问责案件巡查机制，由权力机关和司法机关主动打破行政机关对环境责任问责的垄断，定期巡查环境治理各主管与分管机构，积极发现案件线索，对不法行为及时作出问责处理。三是建立公众与环保社会组织的问责参与机制，形成对同体问责和异体问责的强力补充，可从公众举报有奖、由环保社会组织作为第三方介入监察、发展环境行政公益诉讼等方面入手，推动环境公共治理模式与多元共治理念在政府环境责任问责方面的落实。

作为政府及其环境监管职能部门违反环境职责所应依法承担的不利后果，政府环境法律责任在环境污染第三方治理中包括行政责任、民事责任、刑事责任三种，具体的责任界定将在第八章环境污染第三方治理的法律责任中加以讨论。

第二节　环境污染第三方治理中的政府监管机制

环境监管是政府环境责任的重要部分，也是政府环境职责最直观的体现。环境监管是政府及其环境行政主管部门以国家名义，运用国家权力强制性规制和非权力性规制等手段，规制与环境相关的各项活动，从而实现特定的政策目的，促进自然环境的保护与治理。环境监管一般涉及消极的权利限制和积极的促进保护两个方面。[1]

学界对监管的主体、范围、手段存在不同观点。主体方面有“单一说”和“多元说”。监管主体能且只能是国家及其职能机关的观点为“单一说”所持,该说认为监管主体运用的是行政权力,具有行政性;“多元说”认为监管主体包括立法、行政、司法或社会多元属性的公共机构,不仅囊括国家机关,而且包含一定条件下的社会公共机构。在监管范围方面有宏观、中观、微观的不同区分,宏观是宏观调控,是广义规制的一种;中观是对经济领域中的不正当竞争、外部性、公共产品、信息不对称等予以调控;微观是指对公共安全等具体事项的规制。监管手段方面有“具体说”和“抽象说”,“具体说”只包括许可、处罚、强制措施等具体监管手段;“抽象说”认为除了前者的具体监管措施,还应包括抽象的行政法规、规章等。[2]

在此讨论的环境污染第三方治理中的政府监管是政府及其环境行政主管部门作为单一主体,应对自身所担负的环境职责,使用行政许可、处罚、强制措施等具体的监管手段,在中观层面上对环境污染第三方治理中包括不正当竞争、外部性、公共产品等情况予以管控,来实现对第三方治理微观领域中具体事项的全面规制。同时,立法与司法机关的具体行为,如颁发行政法规、规章等,还有财税、产业调控等宏观手段并不在分析范围之内。

一、第三方治理与政府监管体制改革

现代环境问题发端于工业文明的大发展,也与市场经济的扩张性联系紧密。市场失灵与企业生产成本的外部化所带来的严重环境污染与破坏,使基于法律规范的国家管制成为解决环境问题的通行做法。从 20 世纪 70 年代开始,环境立法在世界范围内迅速发展,而基于环境保护对人类社

---

〔1〕 参见[日]金泽良雄:《经济法概论》,满达人译,中国法制出版社 2005 年版,第 45 ~52 页。

〔2〕 参见郭林将:《论环境监管权的检察监督》,南京大学 2012 年博士学位论文,第 18 页。

会的重要意义,政府的环境监管获得了现代环境法规制体系的核心地位。

虽然环境行政监管作为环境法的主干,一直是环境法制度建构的基础,但是从长期的实践来看,政府的环境行政监管并未取得国家与公众所期望的良好效果,也未能形成稳定的制度理性。从整体来看,作为环境法管制作用发挥的主要载体,政府环境监管的发展与法律自身的演进和背后的体制息息相关。从整个发展过程来看,我国环境保护监管体制始终未能形成整体性、统一性的体系建构。

从宏观角度出发,我国在1979年颁布《环境保护法(试行)》(已失效)一方面是受到联合国人类环境会议等国际因素的影响,另一方面是因当时官厅水库污染等事件所引发的国家与社会对环境保护的关注。但这一时期经济建设是国家所面临的最为迫切的问题,对环境保护与治理并没有足够的内生动力,也无法在人财物上给予足够支持,因此,我国环境法产生之初并不具备独立"执法"的权威,环保机关缺乏足够的执法权力。环境法在很长一个时期内是作为经济体制外的"旁观者"而存在,形式意义大于实质意义。[1] 正因为环境法在经济体制中的尴尬地位,政府环境监管相对于其他因应于经济体制的内生需求,如经济发展、地方建设等,只能处于从属地位,环境监管要求往往迫于体制性压力,难以真正落实。正如当时有学者调侃的,虽然环保部门是"上管天、下管地、中间管空气",但权力的真空使其能够真正发挥作用的空间极其有限,执法常常要依仗其他政府部门的力量。[2] 也正因如此形成了中国环境监管突击性、阶段性的运动式特征,环境监管的成效严重依赖于国家政策的强调程度和经济体制的兼容程度。可以说,我国环境监管乏力的根本原因在于我国环境法体制外挂的现实处境。

从微观角度来看,我国政府环境监管体制在横向上是统管与分管相结

---

〔1〕 参见张璐:《中国环境法的定位转换与行政监管转型》,载《中国地质大学学报(社会科学版)》2021年第2期。

〔2〕 参见邵伯定:《为什么有法不依》,载《环境管理》1984年第1期。

合,在纵向上是属地监管为主,与垂直监管并行。在横向上,根据我国《环境保护法》第10条[1]的规定,环境行政主管部门是环境监管的统管机构,有关部门作为分管部门在各自业务范围内实施监督管理。在纵向上,各级环境行政主管部门既要接受本级政府的领导,也要接受上级环境行政主管部门的监督。统管与分管相结合的体制固然是考虑到不同环境要素涉及的专业区分和资源安排,但同时导致了职权配置的碎片化。原上海市环境保护局2018年所进行的专项研究报告显示,环境行政监管的执法职责约有近200项由环境保护行政主管部门之外的相关政府职能部门负责,涉及住建、交通运输、水务、海事、农业、绿化市容、城管执法、公安、质量技监、出入境检疫等14个部门。[2] 第三方治理中所涉及的部门更多,如还有地方发改委、税务等部门。这些部门之间职能不仅碎片化严重,而且多有重叠,不同的部门机构担负着相同或相似的职责,多头管理或互相推诿的情况突出,无法保证行政效能,更遑论提高政府行政效率与满足市场需求。

近年来,我国进入经济转型期,环境法定位也随之转换,环境行政监管也迎来转型的契机。具体而言,2012年以来,我国经济发展逐渐进入新常态,由总量增加向结构改善转变。与此同时生态文明建设被纳入国家政策的顶层设计并在2018年进入《宪法》。2020年我国又将“双碳”目标作为党中央统筹国内国际两个大局的重大战略决策,纳入国家“十四五”规划和2035年远景目标以及生态文明建设整体布局。由此,经济发展目标的转型与政治法律环境的改变,使环境法以更加积极的姿态进入社会治理进程中,

[1] 《环境保护法》第10条规定:“国务院环境保护主管部门,对全国环境保护工作实施统一监督管理;县级以上地方人民政府环境保护主管部门,对本行政区域环境保护工作实施统一监督管理。县级以上人民政府有关部门和军队环境保护部门,依照有关法律的规定对资源保护和污染防治等环境保护工作实施监督管理。”

[2] 参见张璐:《中国环境法的定位转换与行政监管转型》,载《中国地质大学学报(社会科学版)》2021年第2期。2018年机构改革方案最大限度地整合了污染防治的职责,实现了环境行政监管的“五个打通”,即打通了地上和地下、打通了岸上和水里、打通了陆地和海洋、打通了城市和农村、打通了一氧化碳和二氧化碳。

环境治理真正成为现阶段经济政治体制内生需求的重要部分。与之相应，政府环境监管体制也随之发生变化。

其一，从分散管理到职能整合。2018 年，国务院机构改革方案对环境治理与生态保护行政管理体制进行了重大调整。在原环境保护部的基础上组建生态环境部，由该部门统一行使过去分散在七个部委的各类污染排放的行政监管职责（见图 5－1）。[1] 此外，为回应 2018 年 12 月中共中央办公厅、国务院办公厅发布的《关于深化生态环境保护综合行政执法改革的指导意见》，生态环境部提出要“整合污染防治和生态保护执法职责和队伍，统一实行生态环境保护执法，合理配置执法力量，消除体制机制弊端”[2]。

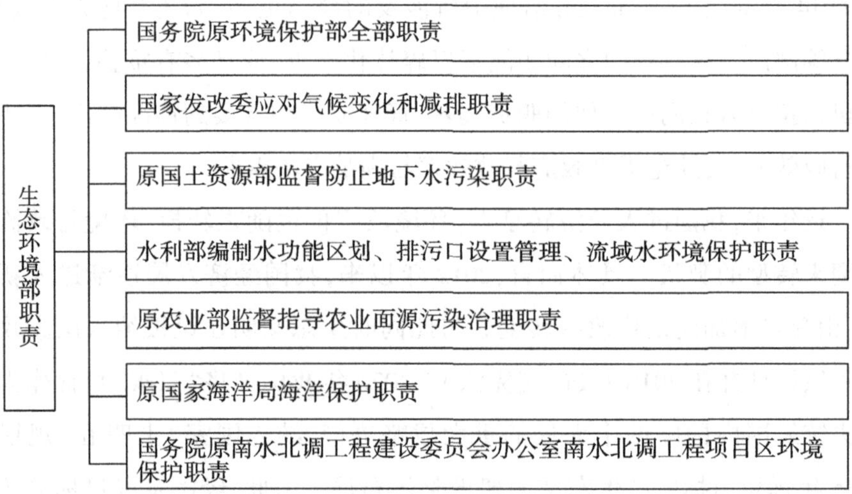

图 5－1　生态环境部的行政监管职责

其二，从水平管理到垂直管理。2016 年 7 月 22 日，中央全面深化改革领导小组会议审议通过《关于省以下环保机构监测监察执法垂直管理制度

---

〔1〕 参见《环保部就“打好污染防治攻坚战”相关问题问答》，载中国政府网 2018 年 3 月 17 日，http://www.gov.cn/zhuanti/2018qglhzb/live/0317d.htm。

〔2〕 李干杰：《深入推进生态环境保护综合行政执法改革　为打好污染防治攻坚战保驾护航》，载《人民日报》2019 年 3 月 20 日，第 14 版。

改革试点工作的指导意见》,开展省以下环保机构监测监察执法垂直管理制度改革试点。此后,各省相继展开生态环境机构监测监察垂直管理制度改革,形成了环境监察体系改革的基本方式,即省生态环境部门统一监督管理全省生态环境保护工作,市级生态环境监测机构由省生态环境厅直接管理并统一负责生态环境质量监测、调查评价和考核工作,县级环境监测站随县生态环境局一并上收至市级。这种改革使环境行政监管能够在一定程度上脱离地方政府和其他部门的掣肘,集中"查企",也使各级环境执法力量获得统一指挥,实现交叉执法和联合执法。

环境污染第三方治理涉及水、大气、土壤、固废危废污染防治等多个领域,牵扯到环境行政监管执法职责的多个方面。同时,环境污染第三方治理也与地方绿色经济和智慧环保产业发展密切相关,政府委托治理多由当地管委会作为委托治理方引入第三方治理企业,或者由当地发改委牵头带动当地企业委托第三方治理。因此,一方面,环境污染第三方治理的展开在很大程度上是倚仗政策的推动和地方政府的支持,带有一定的运动式治理的特点,具体的第三方治理项目往往与当地政府有着千丝万缕的联系;另一方面,相当数量的环境污染第三方治理项目投资巨大,建设周期漫长,部分排污治污企业拥有较大社会能量。

当前的改革,一方面实现了环境行政监管职能的整合发展,有利于各部门之间的密切配合与通力合作,增强了环境行政监管体制的执法能力;另方面环境行政监管的垂直管理、独立管理能够在一定程度上摆脱地方政府与社会部门的影响,保证及时、公正执法,提高环境管理效能。这些都形成了政府监管发挥积极作用的有利因素。同时,必须认识到第三方治理项目的综合性与复杂性,因此建立跨部门、跨行业、跨区域的综合监管协调机构应是契合未来环境治理内在需求的环境行政监管活动。

二、第三方治理与政府监管理念转变

我国环境行政监管中的监管是指监督管理，主要是指政府依靠公权力采取自上而下的强制、支配等方式，平衡环境保护和社会各项事务，使社会在发展的过程中保证人类美好生活与和谐自然环境。[1] 我国在改革开放之初，将“管理”一词引入法律，是为了增加政府行政活力。“管理”一词本身所具有的“约束、负责”的含义，与这一时期以政府为主导的制度设计和整体观念是相契合的，增加政府活力意味着增强政府的能动性，根本上还是强调自上而下的统治命令和自下而上的服从遵守。这一时期环境行政监管主体单一、路径单向、手段单调的特点鲜明，行政机关多以行政命令、强制的方式来行使行政权限，强调事前行政审批的“管”和事中、事后的“控制”，要求被监管主体无条件地服从，并不注重与被监管主体的互动和交流。这种监管理念在改革开放之初能够收到较好的监管效果，但随着政府环境监管规模与难度的不断提高，政府职能僵化、低效，以及组织机构膨胀的问题逐渐显现。

党的十七大报告提出要建设生态文明，党的十九大报告提出要加快生态文明体制改革，建设美丽中国，为人民创造良好的生产生活环境。党的二十大报告指出“中国式现代化是人与自然和谐共生的现代化”。习近平总书记在2018年全国生态环境保护大会上指出良好生态环境是最普惠的民生福祉，坚持生态惠民、生态利民、生态为民，要加快构建以治理体系和治理能力现代化为保障的生态文明制度体系。[2] 环境治理理念成为环境行政监管改革的主旋律。与管理相比，治理更强调协同合作，治理并非控制性要素，而是过程性要素；治理不再单纯依靠行政手段，而是鼓励多元主体参与共治，

---

〔1〕 参见刘锐：《环境行政监管的法治化转型》，载《学术交流》2017年第11期。

〔2〕 习近平：《坚决打好污染防治攻坚战　推动生态文明建设迈上新台阶》，载人民网，env.people.com.cn/n1/2018/0519/c1010-30000827.html。

治理中包含大量与多元主体协商、互动的正式与非正式制度安排。[1]

国家环境行政监管理念的整体转变，也促使环境污染第三方治理中政府监管理念的转变。应该说，环境污染第三方治理作为一种新型治理模式，其中的政府监管理念转变，更具代表意义和参考价值。

首先，监管从管制型向服务型转变。《关于推行环境污染第三方治理的意见》在 2014 年由国务院办公厅发布，其中提到要更好地发挥政府作用，强化市场监管和环保执法，为社会资本进入创造平等机会。《关于推进环境污染第三方治理的实施意见》在 2017 年由原环境保护部发布，将“坚持监管执法和信息公开相结合”确立为基本原则之一，提出要全面落实环境保护法律法规，严格执行污染物排放标准，强化监管和环保执法，着力规范市场秩序，营造良好的第三方治理市场环境。《关于构建现代环境治理体系的指导意见》在 2020 年由中共中央办公厅、国务院办公厅联合发布，其中将坚持党的领导、坚持多方共治、坚持市场导向、坚持依法治理共同确立为构建现代环境治理体系的四项基本原则。这些文件无一例外都提到要强化监管和执法，但同时监管与执法的落脚之处皆在于规范市场秩序，为第三方治理创造良好的市场环境。这些规定体现了政府监管理念从管制型监管向服务型监管的转变。

其次，从单向型监管向多维型监管转变。在社会治理的语境下，多元主体广泛参与成为政府监管的前提，妥帖的利益表达、合理的利益衡量、普遍的社会共识等形成机制的发展，使过去政府单向型一维监管向交互型多维治理转变。多维型监管的特点之一是充分调动市场与社会力量的能动性，使其积极参与环境监管。对政府而言，环境污染第三方治理中第三方治理机构的引入，帮助政府通过转变环境职责的承担方式来实现政府职能转变。对企业而言，第三方治理使排治污单位的利益与环境利益结合起来，使其能够更积极地发挥环境治理的主体作用。对公众来说，对环境污染和生态破

[1] 参见应松年：《加快法治建设促进国家治理体系和治理能力现代化》，载《中国法学》2014 年第 6 期。

坏的高敏感度,使公众能够及时发现各类环境问题,为公众有效参与提供合理的机制保障,能减轻政府环境监管的工作压力和社会的舆论压力,保持治理的有效性和社会的稳定性。与此同时,应注意多元主体参与的治理并不是无中心或泛中心的,面对复杂的生态环境问题、广泛的社会主体、多样化的利益诉求,以及过程性治理成本的增加,政府的公权力治理必须处于治理的核心地位,治理中政府的主导地位不能动摇。基于此,环境行政监管从单向型向多维型转变并不意味着政府监管的放松,而是要求政府在环境监管中发挥主导作用,调动自身的治理积极性,实现严格、有效执法,在政府行政监管机制充分发挥作用的基础上,进一步建立整体性、综合性的环境保护公共治理机制,否则多中心的合作协商与广泛的社会伙伴关系可能会成为政府逃避职责的借口,或者不同主体间互相推诿公共事务的理由。

最后,从刚性封闭型监管向柔性开放型监管转变。在社会治理语境下,政府监管除了要以刚性稳定的法律规范为依据,以许可、处罚等强制措施为手段,还可以引入各种公共制度资源。例如,存在于政法惯例、公共政策、自律规范、合作规范、专业标准、弹性法条等载体之中的软法规范。〔1〕听证会、论证会等与相对人沟通协商的举措应是政府执行公务的必要形式,在此基础上还可以发展如协商颁发行政许可等进一步与相对人协商交易的合法形式。协商颁发许可多见于美国,被规制企业能够以实现更优的环境综合治理目标为条件,与环保机关协商,争取综合性的或适用期限更长的又或者以一种污染物排放的减少而增加或取代另一种污染物排放的许可。这种协商与许可改变了传统许可一成不变的类型和执行方式,更具有针对性和灵活性。协商颁发许可以环保机关和企业签订的协议为表现形式,同时协议的内容和最终签订必须听取利害相关人的意见。环境污染第三方治理的显著特征之一是委托治理双方以契约为桥梁,创造具有一定强制性的沟通平台,政府将契约作为管制

〔1〕 参见罗豪才、宋功德:《认真对待软法——公域软法的一般理论及其中国实践》,载《中国法学》2006 年第 2 期。

性工具,通过合同来确定参与治理者在污染治理中的权责,进而对其治理行为进行监管。这是政府监管使用柔性管制工具的典型体现。因此,政府在第三方治理中,应更多地采用行政指导、行政调解、行政契约等柔性手段,在提供力所能及帮助的前提下,以积极引导的态度帮助监管对象实现规范化与法治化,同时以行政处罚等强制性手段为后盾,以此来实现政府监管理念的转变。

三、第三方治理中政府监管形式的有效性

当前我国的环境监管方式较为落后,覆盖范围狭窄且手段单 ,成本较高而效果不佳。提高政府监管形式的有效性,是破解政府监管不力困局的有效方法,尤其是在环境污染第三方治理这种比较复杂的新型环境治理模式中。主要包括以下几个方面的措施。

第一,加强过程性监管。有关专家对 13 个省市的调研显示,当前的政府环境监管形式大多侧重于对环境行为的事后监管,监管时往往损害已经发生,不良社会影响已经形成,而事前监管则主要体现为强制性的行政审批,监督管理工作缺乏前瞻性及连贯性。[1] 过程性监管意味着政府对参与者的监督管理以及对相关权利的保障从结果性的转变为过程性的,从事后型转变为预防型,从仅仅关注项目验收与最终的治理效果,到注重对第三方治理各个节点的细化与关注,综合运用事前、事中、事后多种管制工具来实现最终目标。针对事前监管,应注重对特许经营等具体项目的监督管理,强化项目的审批制度,实现对污染治理中环境风险的提前预防。在事中监管方面,应综合运用刚性与柔性管制手段,以提醒、约谈、告诫等柔性手段来对有违法可能的排治污企业进行预警提示,对有轻微违法行为的对象予以告诫规劝,进而构建执法警示制度;实行环境行政监管的网格化,明确监管部门具

---

〔1〕 参见金国坤:《组织法视角下的市场监管体制改革研究》,载《行政法学研究》2017 年第 1 期。

体权责与范围,对网格内环境问题及时响应,以提高监管效果、降低监管成本。在事后监管方面,加强不同层级、区域、部门间的联动合作,使行政监管形成与公安司法部门的协作机制,实现和刑事处置的有效衔接。以作为国家环境综合治理托管服务模式试点项目之一的上海化学工业区为例,在企业入园时,由园区管委会环保办协调第三方治理企业与排污企业磋商方案、签订合同;双方达成共识后,按照合同既定模式运行;在企业存在较大环境风险时,对企业进行约谈和告诫,及时推动排污企业与第三方治理企业进行对接,共寻解决方法。这种政府规范权责、过程性监管的方式使上海化学工业区在环境污染治理方面游刃有余,获得了较好的治理效果。

第二,平衡预防性监管与救济性监管。预防性监管策略立足于环境治理安全的预防性导向,重点在于对环境污染第三方治理行为的安全防范措施和事前预防性执法监管。预防性监管形式的基础是现代环境法所倡导的预防为主、综合治理原则和基于环境安全的风险防范原理。在第三方治理中表现为对具体项目的规划建设与合理布局,对第三方治理过程的严格执法监管,对监督管理具体情况及时全面准确地信息公开等。预防性监管的优点在于对环境风险与环境损害从源头上进行控制,尽可能减少实际损害,但缺点是实施需要巨大的经济成本,对制度资源和执法监管资源提出很高要求,同时由于环境风险的不确定性和广延性,以及人类认识把握风险的局限性和渐进性,所以预防性监管并不能预防所有环境损害且有可能造成新的环境风险。与之相对,救济性监管策略的核心在于监管的事后救济性和恢复性,侧重于对环境污染第三方治理风险发生后应急措施的及时采用、受害者损失的合理补偿以及与事后救济相关的信息的及时准确全面公开。救济性监管形式是传统法律救济原理在环境监管领域的具象化,因而与基于现代社会风险防范而产生的预防性监管形式迥然不同。[1] 救济性监管防范风险的功能较弱,需要花费巨大成本来救济环境风险所造成的现实损害,并

〔1〕 参见郭武:《预防性监管与救济性监管之间——以兰州市自来水苯污染事件为切入点》,载《环境保护》2014 年第 13 期。

且并不能保证救济可以消除损害带来的所有影响，但救济性监管具有确定性和针对性，且对已造成损害的监管效果极佳。可见，预防性监管形式与救济性监管形式侧重点不同，但都对环境污染第三方治理的安全保障发挥着重要作用，彼此各有所长且功能无法相互替代，故而对任何一种形式弃而不用都难以保障第三方治理的顺利展开。因此，应根据第三方治理项目的具体情况、项目开展地区特定的环境状况以及当地社会、政治、经济环境，来对预防性监管与救济性监管进行平衡、取舍，以及综合。

第三，提高监管机构和执法人员的监管能力。当前，我国各级环境监管机构的专业人员配比较低、数量不足的情况较为普遍和突出。根据2018年的“三定”方案，生态环境部作为环境监管顶层单位，包含21个内设机构，机关行政编制为478人，这样规模的机构堪堪能够负担制定政策的职责，独立执法则力不从心，具体监管活动主要依赖地方机关。〔1〕截至2020年8月，全国生态环境执法机构总数约为3660个，环境执法人员总数约为8万人。〔2〕区区几万人的执法队伍面对领域广泛、技术复杂的环境问题压力之大难以想象。我国基层环保监管部门长期存在执法人员编制较少且能力水平较低、资金与运行经费不足、检测设备缺乏或落后等情况，难以及时有效地应对环境污染第三方治理这种新型治理模式中的突发情况。环境污染第三方治理项目一般工程较大、专业技术水平较高，然而基层环保执法部门所能提供的待遇条件较差，很难引进能够满足前述条件的专业人才。而要提高环境污染第三方治理中监管形式的有效性，仅从外部创新监管形式、丰富监管手段并不够，要实现治理能力的现代化必须要依靠治理机构和人员的内部转型，建设坚强有力的基层执法队伍。对此，不仅要加大对基层环境监管部门的预算支持，保证基层队伍拥有必要的监管设备，满足执法要求，而

〔1〕参见中共中央办公厅、国务院办公厅《关于印发〈生态环境部职能配置、内设机构和人员编制规定〉的通知》（厅字〔2018〕70号）第4条、第5条。

〔2〕参见2020年8月29日生态环境部《关于政协十三届全国委员会第三次会议第4598号提案答复的函》。

且要加强对基层人员的思想政治、职业道德、业务能力的教育和培训，提高新进人员门槛，以此来保证环境监管执法队伍能够理解环境污染第三方治理的监管要求并切实落实。此外，要推动环境行政监管机构的智能化建设，将现代环保技术应用于环境监管领域，以降低环境监管成本，提高监管效率。一方面，要建设环境监管信息网络，实现对环境治理的全方位、全天候监控，以现代监测和信息传递技术，及时感知环境风险和环境损害，预防突发事件，实现环境监管的智能化发展。另一方面，要建立生态环境数据综合平台，政府在平台上公开监管过程和监管信息，企业在平台上公开企业资质与环境数据，公众在平台上了解环境信息、表达环境诉求、提出环境建议，以此实现信息共享和多元主体参与，保证环境治理效果。

四、第三方治理中政府监管标准的一致性

第三方治理包括大气污染防治、水污染防治、土壤污染防治等多个领域，第三方治理机制的构建囊括管理、建设、运营、财务、绩效评价等多个方面。目前支撑环境污染第三方治理的相关标准，按照所涉领域和专业类型分门别类形成了多个标准体系，并未构成统一整体。而政府环境监管需以监管标准的一致性为前提，监管标准不科学或不统一，则无法保证政府监管的公平性与有效性。

有学者采用系统论及系统工程方法论，结合我国环境污染第三方治理标准制定情况，从经济管理、治理效果、社会责任不同方面整理了其中的各类标准，包括相关的共性技术、管理与服务标准等，从污染治理的全生命周期出发，搭建了支撑环境污染第三方治理的标准体系框架，包括 4 个子体系和 22 个专业领域（见图 5－2）。[1]

---

〔1〕 参见徐秉声、林翎、黄进：《支撑环境污染第三方治理的标准体系构建研究》，载《环境工程》2017 年第 7 期。

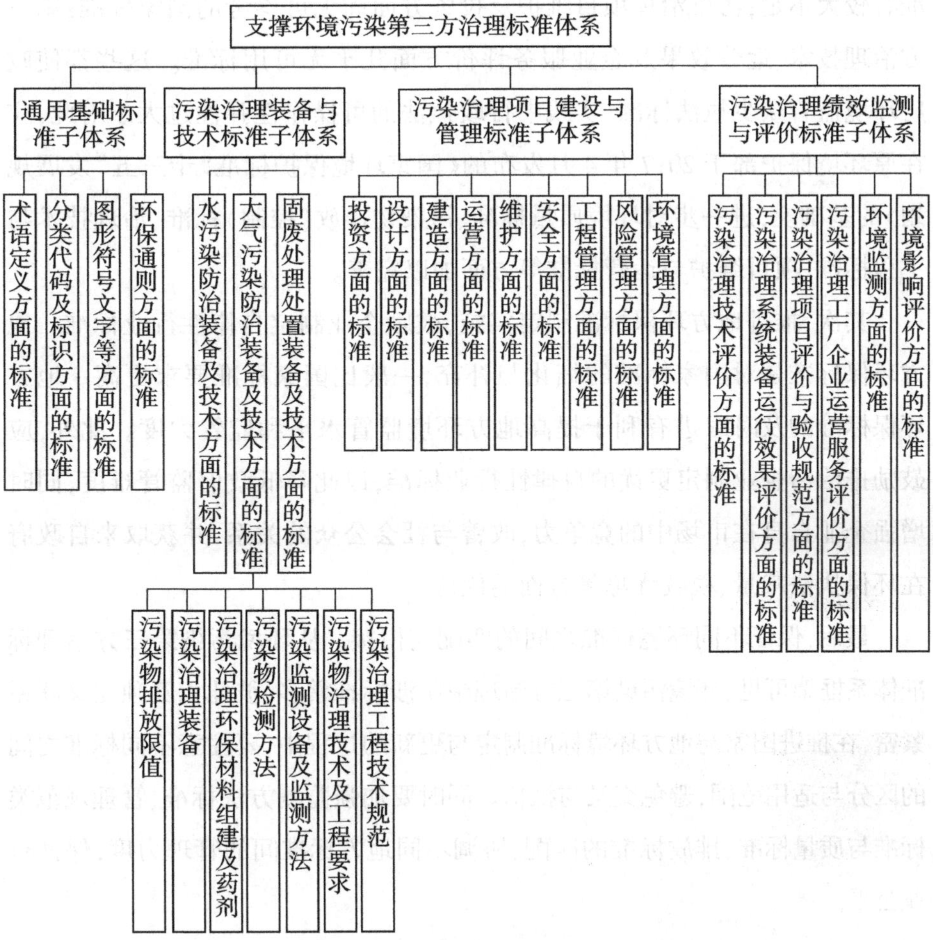

图5-2　支撑环境污染第三方治理的标准体系框架

这套标准体系框架具体包括通用基础标准、污染治理装备与技术标准、污染治理项目建设与管理标准、污染治理绩效监测与评价标准四个子体系。对照该标准体系，可以发现当前我国环境污染第三方治理相关标准制定中的疏漏与不足，为构建环境污染第三方治理绩效评价标准体系提供参考，进而强化政府对第三方治理的环境监管，规范第三方治理技术与服务市场。

首先，及时制定更新第三方治理国家环境标准。当前，我国在大气污染治理、固废污染治理领域的技术、装备、材料、工艺及工程技术方面的国家标准有较大不足;污染治理项目维护及投资方面尚无可参考的国家标准;第三方治理技术、运营效果及企业服务评价方面几乎无可用标准。这些都使政府环境监管缺少执法标准,实践中行政执法的可操作性弹性过大。对此,应在原环境保护部于2017年4月发布的《国家环境保护标准"十三五"发展规划》的基础上,进一步对环境质量标准、污染物排放(控制)标准、治理技术与工程标准、项目维护与运营标准等方面加以完善。

其次,推进地方环保标准制定实施,鼓励企业制定自律性行业标准。地方环保标准是对国家标准的细化与补充,一般比国家标准要求更高。地方环保标准的及时跟进有利于提高地方环境监管水平和监管力度。此外,应鼓励排治污企业制定更优的自律性行业标准,以此降低政府监管难度,同时增强企业自身在市场中的竞争力,改善与社会公众的关系,并获取来自政府在环保执法裁量、税收优惠等方面的优待。

最后,保证不同环境标准之间的匹配与衔接。从环境污染第三方治理标准体系框架可见,环境污染第三方治理中所涉标准繁多,彼此相互独立又联系紧密,在推进国家与地方环境标准制定与更新的过程中,要注意不同标准之间的区分与适用范围,避免交叉与抵牾。同时要加强监测方法标准、管理规范类标准与质量标准、排放标准的匹配,协调不同地方标准间的管理力度,保证行业公平。

五、第三方治理中政府监管的外部监督

从理论上来看,政府的经济、环境等不同决策,相互之间具有博弈性质,且地方政府与行政人员机会主义行为倾向难以避免,环境行政监管机构寻租、排治污企业等利益集团设租,虏获政府及其环境行政监管部门的情况并不罕见。种种原因之下环境行政管制权力的异化,往往会使政府监管偏离原本的环境目标,使环境监管效果大打折扣,甚至可能会出现袒护污染企业、知法犯法的情况。因此,有效的外部监督机制是保证环境污染第三方治

理中政府监管规范运行的重要制度。

首先,完善各级人大对政府环境监管的监督。在我国,各级人大负有对本级人民政府工作的监督职责。根据《环境保护法》第27条[1]的规定,县级以上政府应每年向同级人大或人大常委会报告环境状况和环境保护目标完成情况,有重大环境事件的应及时向同级人大常委会报告,依法接受监督。对此,应将人大对政府监管的监督内容进一步细化,如具体的监督范围、启动程序、组织实施、处理结果等,使各级人大代表对自身所拥有的特定问题调查权、质询权、询问权能够充分行使。

其次,强化行政监察部门的监督。根据我国《监察法》第11条的规定,监察委员会对政府环境行政机关公职人员的依法履职、秉公用权、廉洁从政从业以及道德操守情况进行监督检查。同时,监察机关对于报案或者举报,应当接受并按照有关规定处理。对此,可进一步完善举报机制,对举报环境行政机关及其人员违法行为的公民、法人或其他组织提供保护,就其提供线索、反映情况、协助查处等行为,经过核实后,可根据所举报的环境违法行为的性质、情节和处罚情况等给予一定奖励。

再次,发挥对环境监管的司法监督。虽然我国环境法治具有强烈的行政中心主义特征,即环境行政、环境行政管制主导着环境立法及环境法体系的形成和发展,但应发挥司法权的监督作用,保证行政权的运用时刻以维护环境公益为目标。在遵循"相互尊重专长"和"行政权优先"等原则的基础上,充分发挥司法权的监督作用,同时避免司法权对行政权的不当干涉。[2]在政府监管或责任承担出现偏移时,由司法机关通过自由裁量权的创造性应用,督促政府区分自身作为主权者或契约当事人在不同第三方治理类型

---

〔1〕《环境保护法》第27条规定:"县级以上人民政府应当每年向本级人民代表大会或者人民代表大会常务委员会报告环境状况和环境保护目标完成情况,对发生的重大环境事件应当及时向本级人民代表大会常务委员会报告,依法接受监督。"

〔2〕参见王明远:《论我国环境公益诉讼的发展方向:基于行政权与司法权关系理论的分析》,载《中国法学》2016年第1期。

中监管行为与责任承担的差异，明确法律角色定位，充分发挥自身权责，进而帮助塑造第三方治理中各主体间的权利义务关系以及责任分配与追究机制。[1] 具言之，一方面，当利益相关公众或企业维护自身环境权利和发展权利，向司法机关提出行政诉讼或行政附带民事诉讼时，司法机关应及时应诉、依法处理，保证诉讼之路畅通，对政府环境监管形成有力威慑。另一方面，当出现政府环保监管违法行使职权或不作为等情况，引发对监管部门的行政公益诉讼时，司法机关应对检察机关提起的公益诉讼及时依法处理，形成对政府环境监管行为的监督和约束。

最后，发展政府环境监管的社会监督。政府环境监管不仅涉及政府公权力与排治污企业的私权利之间的行政法律关系，还涉及政府的环境监管与社会公众的监督权力之间的公共契约关系。我国《环境保护法》赋予公众知情权、参与权、监督权，《环境保护公众参与办法》等部门规章对公众参与的具体路径作出了详细规定，这些内容加之各省相关的实施条例，形成了公众参与第三方治理的规范体系。对此，一方面，要持续优化环境监管信息公开机制，使社会公众能够真正落实信息知情权，为后续的参与监督打下基础。另一方面，要实质化监督参与内容，明确公众参与的主体、程序、形式、范围，并形成完善的反馈与激励机制，切实保障公众参与权的落实。此外，在社会监督方面，还应充分发挥新闻媒体的舆论监督作用和环境保护法律与知识的宣传教育作用。

第三节　环境污染第三方治理中的行政性制度供给

我国环境政策经历了从环境保护成为基本国策，到经济与环境协调发展，再到可持续发展战略的贯彻和深入，最后到生态文明建设是关系中华民

---

[1] 参见张林鸿：《生态文明视野下环境污染第三方治理法治化》，载《社会科学家》2018 年第 12 期。

族永续发展的千年大计的转变,这些年来环境法治的发展也影响着我国污染治理模式和治理工具的变化。在具体制度上,从由"三同时"、环境影响评价、排污收费制度构成的"老三项",到环境保护目标责任制、城市环境综合整治定量考核、排污许可、污染物集中控制及限期治理组成的"新五项",再到环境污染第三方治理、污染总量控制、环境税等新环境治理制度,在制度不断发展演变的同时,不同制度之间的协调与配合成为新的理论与现实问题。环境污染第三方治理作为一种新型治理模式,是一项系统性工程,不仅需要自身机制的不断创新与完善,而且需要政府持续、充足的制度性供给,帮助与其他制度之间形成完善的衔接与配合。

一、第三方治理与"三同时"制度

"三同时"制度是指一切新建、改建和扩建的基本建设项目(包括小型建设项目)、技术改造项目、自然开发项目,以及可能对环境造成损害的其他工程项目,其中防治污染和其他公害的设施与其他环境保护设施,必须与主体工程同时设计、同时施工、同时投产的法律规范系统。[1] 该制度为我国所创建,是对长期以来环境管理实践经验的法律总结,也是我国污染防治的基本制度之一。自我国1979年《环境保护法(试行)》将环境保护"三同时"确立为企事业等一切对环境有影响的单位的一项法定义务,该制度一直延续至今。环境影响评价和"三同时"制度相配合,分别在项目开发前和建设中监督确认相应的配套环境保护措施。

"三同时"制度使环保部门、主管部门、建设单位各自的责任更加明确,行政执法与监督管理更为有的放矢,避免项目建成使用后产生新的环境问题。从2011年到2015年"三同时"制度执行合格率分别为97.9%、97.3%、

[1] 参见吕忠梅主编:《环境法》,高等教育出版社2017年版,第113页。

96.6%、96.7%、96.1%。[1] 从数据上看,"三同时"制度得到了各单位的有效执行,然而在现实中,新的环境问题并未停止产生,全国范围内污染事故频发,污染治理形势依然严峻。这为"三同时"制度是否真正得到有效执行或者其实践效果究竟如何打上了问号。究其根本,这与"三同时"制度的自身特点相关。作为"三同时"制度的执行者,排污企业自身的情况并不可能一成不变,环保设施固定的处置能力难以应对企业的产能扩大或者产业升级,也无法紧跟不断创新的环保技术,在某种程度上甚至可以说,在环保设施建成验收之后就随时有"落伍"的可能。

与此同时,我国的环境政策与治理制度也在飞速发展,第三方治理制度的推行,使工业园区形成了集中治污模式,由专门的第三方治理企业为园区内企业提供污染治理服务。排污企业基于第三方集中治理规模效应的经济考量,往往会选择放弃高消耗和低效率的自身点源式治理,因而造成治污设施的全部或部分闲置。此外,环境污染第三方治理是专业的人做专业的事,不仅有助于环境治理效果的提升,也能够以污染治理的集约化和规模经济降低排污企业的治污成本,而"三同时"制度对排污企业自力治污的强制性要求则很难推动环境服务市场与环保产业的进一步发展。在这种情况下,环境污染第三方治理模式中第三方企业所提供的治理服务实际上与"三同时"制度对排污企业建设治污设施自力治污的要求有着重叠与冲突,在一定程度上将造成资源的浪费与虚耗,也不利于环境治理的整体发展。

因此,在学界也引发了对"三同时"制度的存废之争。部分学者持改良

---

[1] 参见唐绍均、蒋云飞:《论环境保护"三同时"义务的履行障碍与相对豁免》,载《现代法学》2018年第2期。另根据环境保护部《建设项目"三同时"监督检查和竣工环保验收管理规程(试行)》(2019年失效)第16~18条的规定,企业执行"同时设计与同时施工"后(部分建设项目需进行试生产),可向监管部门申请"三同时"验收,验收合格的视为已执行"三同时"制度。由此可见,文中列举2011~2015年的"三同时"制度执行合格率大致等同于企业执行"同时设计与同时施工"的合格率,"同时投产使用"则未被考虑在内。根据生态环境部《关于进一步完善建设项目环境保护"三同时"及竣工环境保护自主验收监管工作机制的意见》(环执法〔2021〕70号)的规定,目前实行建设项目环境保护"三同时"制度和竣工环境保护自主验收。

论,建议对“三同时”制度分类执行,或者适用对“三同时”制度的例外,如企业采用清洁生产方式即可少建或不建治污设施。[1] 也有部分学者持废除论,认为“三同时”制度会造成经济与行政资源的浪费,与循环经济理念相冲突,且和环评、第三方治理等制度重叠,因此可以被二者吸收。“三同时”制度作为我国污染防治的基本制度之一,是当前我国环境法污染综合防治的支柱性制度,与环评制度等形成相互衔接的体系,其防治兼重的双重功能并不能完全被其他制度所取代,故而有学者提出了“三同时”制度的相对豁免论,即排污企业可以选择满足特定条件以获得“三同时”义务的豁免,如委托第三方治理或采用清洁生产工艺或设备。[2] 此种理论较为符合当前实际,也能够调和“三同时”制度与第三方治理等制度之间的重叠与冲突。

排污企业如与第三方治理企业签订协议,以付费方式委托其进行污染治理,且该污染治理义务能够被实际履行,那么即可豁免该排污企业的“三同时”义务,无须再按照《建设项目环境保护管理条例》第 17 条的要求进行“三同时”验收。对此,首先应由委托第三方治理的排污企业向环保部门提出豁免“三同时”义务的申请,同时提交支撑材料,如与第三方治理企业的环境服务合同、第三方治理企业的资质材料等。然后由环保部门根据材料对豁免“三同时”义务的申请加以审定,并向社会公告。不予批准的要说明理由,批准的应及时通知提出申请的排污企业。排污企业获得的“三同时”义务豁免不以时间为限,而以污染治理情况为限,一旦不符合豁免条件,立即恢复其法定“三同时”义务。对此,政府要对获得“三同时”义务豁免的排污企业加强监督,由监管部门对其进行“双随机”抽查,即检查对象和检查人员

---

〔1〕 持分类执行观点者,如胡静:《中国“三同时”环境法律制度需要改良》,载《中国法律》2008 年第 5 期;常纪文、杨朝霞:《环境法的新发展》,中国社会科学出版社 2008 年版,第 329 ~ 336 页。持例外观点者,如周珂、迟冠群:《我国循环经济立法必要性刍议》,载《南阳师范学院学报(社会科学版)》2005 年第 1 期。

〔2〕 参见唐绍均、蒋云飞:《论环境保护“三同时”义务的履行障碍与相对豁免》,载《现代法学》2018 年第 2 期。

随机抽取,查处结果及时公开,对企业是否能够落实豁免条件进行监督。同时,应要求排污企业在政府监管信息平台上对自身委托第三方治理的情况进行公开,包括豁免情况的变更等信息都需及时更新。如排污企业有隐瞒信息等情况则列入信用“黑名单”,在环保部门网站上加以公布。此外,如排污企业委托第三方治理不符合审定条件,“三同时”义务未被豁免,而有违反义务的行为时,需按照《建设项目环境保护管理条例》承担相应责任,如限期改正、罚款、停止生产或停用、关停、公开验收报告等。如排污企业获批豁免“三同时”义务,但委托第三方治理未达到预期目的或者造成环境“二次污染”,则由双方依据各自责任来承担相应法律义务,具体可见后文环境污染第三方治理中的责任界分。

二、第三方治理与环境保护税制度

我国的环境保护税制度源于早期的排放污染物收费制度。1979 年我国借鉴发达国家的污染治理经验,开展排污收费试点。1982 年我国发布《征收排污费暂行办法》(已失效),排污费制度正式建立,在全国范围内普遍征收排污费。2003 年国务院颁布《排污费征收使用管理条例》(已失效),构建起体系化的排污收费制度。此后 10 年内,该制度并未进行大的调整。直到 2014 年,国家适当提高了排污费征收费率。到 2016 年年底,31 个省区市均调整了排污费征收标准。同年《环境保护税法》经全国人大常委会会议审议通过并于 2018 年 1 月 1 日起正式实施。环保费改税既是我国财税体制改革的重要内容,也是我国生态文明建设新的制度组成,是现代环境治理体系的重要部分。

环境保护税制度的建立是基于“污染者负担”原则,以税费收取来提高排污企业的减排动机,同时加大企业的治污投入,因此该制度能够减少污染物排放,保护和改善环境,推进生态文明建设,第三方治理与环境服务市场的发展亦有赖于环境保护税制度的进一步完善与发展。当前环保费改税还存在一些不足：其一，在税费征收上，由于从排污费到环境保护税的制度平移，所以征收范围有限，并没有涵盖对环境造成污染的所有污染物，如二氧化碳并未纳入征收范围，同时原本属于排污费征收范围的挥发性有机物、建筑业噪声等也被排除在环境保护税的征收范围之外。[1] 其二，在税率设置上，税率水平较低，收入规模较小，如企业需要缴纳的环境保护税可能小于或等于其投资于污染治理的费用，则无法提高企业的治污意愿。且环境保护税收入较低，也难以支撑国家在节能减排、技术创新、保护环境、改善生态等方面的环保支出。[2] 其三，在实践操作上，对于执行细节的可操作性考虑不足，如污染物排放量目前主要有四种计算方法[3]，不管是哪种方法都将给企业造成一定经济负担，尤其是对部分小微企业而言，而且在一定程度上给排污企业留下了弄虚作假的空间。

前述问题是环境保护税制度当前所面临的困境，而这在一定程度上也将对环境污染第三方治理的推行产生不利影响，对此应在税费负担公平等原则的指导下进一步深化环境税费改革，同时利用环境污染第三方治理等制度的推进来实现制度协同，以现代环境治理体系的整体建设来解决环境保护税制度所面临的困境。例如，在实践操作方面的困难，可以通过排污企业委托第三方治理企业打包业务来解决，在治污的同时对污染物排放数据进行监测本身即第三方治理企业的工作所需，且第三方治理企业能够与排污企业之间形成互相监督，保证监测数据真实可靠。在具体的制度协同上，主要有两方面需要注意。

---

〔1〕 参见丁国锋：《公共利益视域下环境保护税制度的完善》，载《税务研究》2021 年第 11 期。

〔2〕 参见黄玉林、张亮等：《我国环境保护税的实施：演化、困境与完善》，载《西部论坛》2018 年第 2 期。

〔3〕 污染物排放量的四种计算方法分别是：第一，重点排污企业依法安装自动监测设备，按自动监测数据计算排污量；第二，对未安装自动监测设备的企业，要求其自行监测，鼓励委托第三方机构监测，所监测数据可作为缴税申报依据；第三，污染物种类多且不具备监测条件的，按照排污系数或者物料衡算法计算应税污染物的排放量；第四，不能按照前三种方法计算的，按照抽样测算方法计算应税污染物的排放量。

一方面,明确环境污染第三方治理中的环境保护税缴税主体。根据我国《环境保护税法》第2条[1]的规定,在环境污染第三方治理的不同实践类型中,排污企业与第三方治理企业都有可能成为环境保护税的纳税主体。例如,在委托运营形式中,污染物是从排污企业的厂界范围内排出,因此排污企业属于直接向环境排放应税污染物的主体;在建设运营独立型中,环保设施建设在排污企业的厂界范围之外,因此第三方治理企业是直接排污主体;在建设运营嵌入型中,环保设施在排污企业厂界范围内,由第三方治理企业建设运营,污染物从在排污企业厂界范围内的由第三方治理企业拥有所有权的环保设施排出,在这种情况下第三方治理企业和排污企业到底应认定谁为排污主体则应在实践中作出统一,避免在委托治理情况下纳税人认定混乱、责任不明的情况发生。

另一方面,排治污方就环境保护税的内部约定不得对抗外部征收。征收环境保护税旨在改变企业污染负外部性的情况,协调治理的社会与私人成本。第三方治理主体的介入,使对环境保护税的征收更为复杂。第三方治理可以视作排污企业的一种环保投资,是以委托专业治污机构治理污染的方式来降低自己的污染物排放,进而减少环境保护税的缴纳。第三方治理企业通过提供治污服务来分割排污企业所获取的环境利益,而通过少缴环境保护税所获得的利益也应属于前述环境利益的一部分。因此,排治污双方可以就污染物排放种类与排放量等治污标准作出约定,也可就通过第三方治理而少缴的环境保护税部分作出分割的约定,或者就谁来最终承担所缴纳的环境保护税作出约定。但前述约定并不能作为对抗环境保护税缴纳的依据,排治污双方必须按照法律规定来缴纳相应税费,之后可在内部就契约约定来进行责任的界分,但不得以内部约定来对抗外部法律责任承担的要求。

---

[1] 《环境保护税法》第2条规定:"在中华人民共和国领域和中华人民共和国管辖的其他海域,直接向环境排放应税污染物的企业事业单位和其他生产经营者为环境保护税的纳税人,应当依照本法规定缴纳环境保护税。"

三、第三方治理与排污许可制度

排污许可制度是指国家规定的行政主管部门根据排污企业的申请，经过依法审查，允许其按照排污许可证所载明的排污种类、浓度、数量、时间、路线等要求排放污染物，对排污企业的排污行为进行有效约束的管理制度。[1] 这一制度在我国起步很早，在水污染与大气污染两大领域分头推进，分别设立了具体的排污许可机制，但未能收到较好的实施效果。党的十八届三中、五中全会以及《生态文明体制改革总体方案》提出要改革环境治理基础制度，建立覆盖所有固定污染源的企业排放许可制，为这一制度的初步改革奠定了基础。2016 年 11 月国务院办公厅发布《控制污染物排放许可制实施方案》，提出将这一制度确立为固定污染源环境管理的核心制度。2018 年原环境保护部发布《排污许可管理办法（试行）》，2019 年生态环境部发布《固定污染源排污许可分类管理名录（2019 年版）》，这些文件构建起排污许可制度改革的基本框架。党的十九届四中全会提出"构建以排污许可制为核心的固定污染源监管制度体系"，进一步确立了其在固定污染源监管制度中的核心地位。2021 年国务院发布《排污许可管理条例》，排污许可制度的法律渊源从部门规章上升到行政法规。至此，排污许可制度在我国全面建立。

作为规范管理各类企业排污行为的基本环境管理制度，排污许可制上承污染物总量控制制度，下启排污权交易制度，是我国现代生态环境治理体系中的重要组成部分。排污许可证是环境行政机关执法的主要依据，也是各类企业的守法文书。[2] 排污许可制度与第三方治理之间的关系问题，主

---

〔1〕 参见孙佑海：《排污许可制度：立法回顾、问题分析与方案建议》，载《环境影响评价》2016 年第 2 期。

〔2〕 参见李敏、詹剑虹等：《第三方排污许可证后服务工作存在的问题及改进建议》，载《环境保护》2020 年第 10 期。

要表现为第三方治理企业可否获得排污许可。有实践部门认为应逐步考虑向第三方治理机构颁发排污许可证,一方面可以通过颁发排污许可证赋予第三方治理机构相应的法律主体地位,使其能够接受行政监督管理;另一方面还能够通过排污许可的形式、内容来评定第三方治理机构的违法行为以及可能承担的法律责任的性质和形式。[1] 也有学者认为,不应给第三方治理企业颁发排污许可证,理由有三点:其一,对第三方治理企业的监督管理已有企业环境信用评价、企业环境信息公开等制度设计,在能够满足第三方治理企业监管需求的情况下,无须再新设制度或扩大制度适用对象;其二,排污许可的运作模式主要是政府通过行政手段监督具有排污意愿的公民、法人和其他组织排污是否符合标准和条件,但是第三方治理企业并不具有排污意愿或排污意愿不甚明确;其三,第三方治理企业并非我国现行环境基本法律、环境污染防治法律所界定的“污染者”。[2]

对于第三方治理企业应否获得排污许可,可从理论与实践两方面来考量。从理论上看,我国环境法体系以“污染者负担”原则为基础,包括排污许可在内的各项治理制度的义务主体是“排放污染物的企业事业单位和其他生产经营者”。环境污染第三方治理作为新型治理模式,第三方治理企业能否被认定为上述排污单位在现行法律中并未有直接规定,在学理上也有不同解读,总体来看其并非我国法治通常意义上的“排污单位”。[3]

从实践角度来看,第三方治理企业在第三方治理的各个实践类型中不同程度地参与了污染排放,而在建设运营独立型中已经成为实际的污染物排放者。《固定污染源排污许可分类管理名录(2019 年版)》作为排污许可

---

〔1〕 参见李一丁:《G 省 R 市环境污染第三方治理的法律实证分析》,载《贵州警官职业学院学报》2017 年第 5 期。

〔2〕 参见李一丁:《G 省 R 市环境污染第三方治理的法律实证分析》,载《贵州警官职业学院学报》2017 年第 5 期。

〔3〕 参见王社坤:《第三方治理背景下污染治理义务分配模式的变革》,载《吉林大学社会科学学报》2020 年第 2 期。

制度的重要组成部分,包括108个行业类别和4个通用工序,其中环境卫生管理类别及环境治理业类别中包含部分第三方治理企业。[1] 在这种情况下,部分第三方治理企业已被纳入排污许可制度范围,而部分第三方治理企业则尚未被纳入。虽然这种分类许可的形式,在一定程度上反映了第三方治理企业排放污染物的实际情况,然而《固定污染源排污许可分类管理名录(2019年版)》是以传统"排污单位"为分类基础,所涉环境服务行业范围与第三方治理企业的实际排污类型并不契合。现实中有部分第三方治理企业实际上成为排污主体,但尚未被纳入《固定污染源排污许可分类管理名录(2019年版)》,也有部分第三方治理企业被授予了排污许可,结果导致对第三方治理企业与排污企业分别授予同一污染源的排污权,在治理过程中形成双重授权与排污指标的叠加,违背了总量控制的目标。作为固定污染源环境管理机制的核心,排污许可制度也是排污权交易的基础,环境治理中的权责关系多是通过排污许可证的发放得以明确,排污许可制度可以说是整个环境治理守法链条的开端,是企业污染治理责任认定的主要依据,而自排污许可制度始,在整体的制度安排上对第三方治理企业的主体身份未予明确,或者说忽略了对环境污染第三方治理的考虑。

总体而言,在理论上还有现实中,第三方治理与排污许可制度之间衔接不畅导致制度混乱的情况较为严重。要解决这一问题,首先应在法律上确认第三方治理企业属于我国法制意义上的"污染者",将其纳入我国各项污染治理制度的主体范围。虽然从现实来看,第三方治理企业作为污染治理者,并不是在任何情况下、任何类型中都具有"污染者"的身份,但其参与污染治理并对污染物有实际控制权,且在个别类型中已经成为污染物的实际排放者,因此理应将其纳入污染治理制度之中。如果第三方治理企业并非

[1] 环境卫生管理类别及环境治理业类别中包含的第三方治理企业类型有生活垃圾、生活污水处理,污泥集中焚烧、填埋,专业从事危险废物贮存、利用、处理、处置(含焚烧发电),专业从事一般工业固体废物贮存、处置(含焚烧发电)的企业等。

实际的污染排放者,则自然无须承担污染治理制度中的相应责任,所以这种制度安排并不会加重第三方治理企业的负担。同时,将第三方治理企业纳入污染治理制度也并不意味着只有责任,如排污权交易制度即以排污许可制度为前提,将第三方治理企业纳入排污许可制度的同时,也意味着其可以作为排污权主体参与排污权交易,进而能以自身治理能力来换取相应利益。在确定第三方治理企业于包括排污许可在内的污染治理制度中的主体身份之后,可以根据第三方治理企业在污染治理中实际扮演的角色,来对其作出符合现实情况的制度安排,如突破《固定污染源排污许可分类管理名录(2019 年版)》的现有分类,将环境服务业作为单独一类,并对其作出更为细致的类型区分等。

排污许可制度作为固定污染源管制系统的关键,只有理顺它与环境污染第三方治理的关系,才能使环境污染第三方治理与排污权交易、总量控制等制度之间的脉络更为明晰,进而有可能通过各个制度之间的协调与配合,解决彼此在制度发展中所遇到的难题。例如,以排污权交易制度来解决环境污染第三方治理中的融资难题,具体见后面章节中对此的讨论。此外,还可以通过环境污染第三方治理来推动排污许可制度的发展。例如,将环境顾问企业、环境监测企业等第三方服务机构引入排污许可管理工作之中,由政府购买第三方环境服务,以此来为排污许可管理提供技术支持,解决排污许可实施与监管中存在的执法人员专业技能储备不足等问题。

四、第三方治理与环境信用评价制度

环境信用评价是政府或第三方评价机构对企业或其他主体在一定时期内的环境表现进行综合评价,并以简单的等级符号共享公开,为行政监管、市场决策和社会监督提供事实依据和参考的制度。目前我国的环境信用评价由环境监管部门主导,评价结果以“绿、蓝、黄、红、黑”五个依次递减的等

级来表示。[1]

早在20世纪初,我国即进行了企业环境信用评价的试点工作,江苏省镇江市和内蒙古自治区呼和浩特市是最早的试点城市,江苏省的试点经验还在2003年向全国推广。[2] 2005年原国家环境保护总局出台了《关于加快推进企业环境行为评价工作的意见》(环发〔2005〕125号),对企业环境行为评定作出了具体指导和要求。2013年《企业环境信用评价办法(试行)》(环发〔2013〕150号)出台,标志着这一制度在我国的正式确立,截至2020年,我国已有26个省(区、市)制定了更详细更具实用性的具体评价办法。

环境信用评价制度是通过对企业评估结果的"差别化",来推动市场与社会选择环境信用好的企业,进而引导企业提高环境绩效。当前这一制度在我国主要与银行征信工作,如绿色信贷等政策相结合,企业环境信用信息系统接入全国统一的信用信息共享交换平台。[3] 信用较好的企业可以获得良好的社会声誉和政策优惠,评价较差的企业则可能被暂停信贷、取消资金补助,以及取消评先评优资格等。

《企业环境信用评价办法(试行)》第3条规定了应被纳入环境信用评价范围的企业,共有10类,其中并不包括第三方治理企业,但在一些省市所出台的管理办法中,有将第三方治理、监测、评价机构纳入环境信用评价制度的情况。[4] 这些机构虽然并非我国传统意义上的"排污单位",但一方面对环境治理有着重要影响,另一方面在个别情况下已经成为实际的污染排放

---

〔1〕 参见王瑞雪:《公法视野下的环境信用评价制度研究》,载《中国行政管理》2020年第4期。

〔2〕 参见董战锋、於方等:《企业环境信息公开进展与展望——基于江苏省和上海市的实践分析》,载《环境保护》2010年第5期。

〔3〕 参见张胜:《关于我国企业环境信用评价的若干思考和建议》,载《环境保护》2017年第20期。

〔4〕 譬如《河南省企业事业单位环保信用评价管理办法》(豫环文〔2018〕217号)和《河南省生态环境服务机构环境信用评价管理办法》(豫环文〔2019〕243号)。参见王瑞雪:《公法视野下的环境信用评价制度研究》,载《中国行政管理》2020年第4期。

主体,故而将其纳入环境信用评价的做法值得在全国范围内推广,并在正式的《企业环境信用评价办法》中予以认可。

将第三方治理企业纳入环境信用评价有以下价值:其一,能够以环境信用评价制度形成对第三方治理的有效监管,使第三方治理企业承担环境信用评价正反两方面的后果,并由政府依据评价结果给予守信激励和失信惩戒;其二,2014 年原环境保护部发布《关于废止〈环境污染治理设施运营资质许可管理办法〉的决定》,降低了第三方治理企业的准入门槛,可将第三方治理企业的环境信用评价作为取消资质许可与认定后,政府与排污企业判断第三方机构技术水平与能力的依据,以此弥补第三方治理企业资质评价标准的缺失;其三,在环境污染第三方治理中出现"二次污染",需要进行责任界分与认定时,能够以企业环境信用评价结果作为辅助与参考。

第六章

环境污染第三方治理的市场培育

第一节　环境污染第三方治理中的合同机制

一、第三方治理合同的概念辨析

环境污染第三方治理是一个复杂的契约体系，整个治理过程可以说是以契约为中心的运作过程。无论是政府委托第三方治理还是企业委托第三方治理，都是通过契约来明确双方的权利义务，环境服务合同是第三方治理机制的运行基础。近年来，针对实践中契约性工具在环境法领域中的运用，学界对环境治理中的合同问题有诸多研究，但由于我国立法尚无对这一类问题的明确规定，与环境有关的合同名称多由学者自己拟定，因而各种表述较为混乱。在此，有必要对环境污染第三方治理中合同的相关概念一一辨析。

（一）环境污染第三方治理合同与环境合同

作为一种新兴的环境法律管制手段，环境契约性工具近年来在世界范围内获得了广泛应用。依欧盟环境部的定义，环境协议是指“由多数业者或业者协会与政府机关协商并受其认可之承诺”。《联合国气候变化框架公约》专家委员会则将其定义为“为促进社会期待的目标，在政府鼓励之下企业为自身利益自愿与政府签订的环境协议”。在欧盟,自20世纪90年代开始,自愿性的环境协议受到各国的支持与鼓励,主要应用于气候变化、水污染、废弃物处理、空气污染、土壤污染、臭氧层破坏等领域。[1] 在签订环境协议的数量方面,荷兰居首位,德国次之。以德国为例,如签订环境协议可以达到与法规管制相同的效果,则环境协议方式将比法规管制方式优先适用。环境协议分为目标达成型[2]和法规代替型[3]。前者表现为以达成政府设定环境目标为合同目的的自愿性协议,后者表现为具有法律拘束力的环境协议。在欧盟之外的英国,业界团体也可以与政府签订环境协议,在自愿性方案无法圆满达成既定目标时,政府将采取法令管制。[4]

在美国,环境自愿协议在20世纪90年代兴起,1991年由EPA发起的33/50项目是首例环境自愿协议。[5] 美国的环境自愿协议是在企业、政府、非营利部门之间缔结的,并非立法所要求的协议,其目标在于改善环境质量或自然资源利用。[6] 协议的缔约主体包括规制机构、企业、行业协会、环保团体、第三方机构等,缔约形式可以是契约、协议、项目,也可能是意向书、谅解备忘录等。[7] 这种契约式治理使政府机构成为“合作伙伴”中的一方,能够形成“基于合意的规制”,通过与企业的协商来确定企业的权利和义务、目

---

〔1〕 参见龚伟玲:《欧盟推动环境协议的制度分析及借鉴》,载《环境保护》2004年第5期。

〔2〕 目标达成型环境协议是指联邦政府有设定环境目标之权限,为达成目标,工业团体或个别业者可以采取无法律拘束力的自愿性方案,具体形式既可以表现为单方宣言,又可以表现为与联邦政府缔结环境协议。在目标达成期限内,原则上不采取法规方式管理,但当无法达成目标时,政府有义务考虑适用法规方式予以管制。

〔3〕 法规代替型环境协议是指以签订具有法律拘束力的环境协议代替法规管制,协议内容须符合环境法典之规定,并不得妨碍第三人或公共之利益。

〔4〕 参见龚伟玲:《欧盟推动环境协议的制度分析及借鉴》,载《环境保护》2004年第5期。

〔5〕 EPA, *Achievement Partnership: A Progress Report through* 2000, p. 2 (2002).

〔6〕 See Panagiotis Karamanos, *Voluntary Environmental Agreements: Evolution and Definition of a New Environmental Policy Approach*, Journal of Environmental Planning and Management, Vol. 44:1, p. 78 (2001).

〔7〕 参见李徜:《通过契约实现行政任务:美国环境自愿协议制度研究》,载《行政法学研究》2014年第2期。

标和方式、激励与惩戒,进而实现提高规制灵活性和治理效率性的双重目标。

可见,在欧盟与美国所应用的"环境协议"或"环境自愿协议",是将契约作为管制的替代性工具,通过契约实现行政管制任务。环境协议本质上是契约治理的一种形态,也是环境行政管理的一种手段。而对于这种契约是否具有法律的拘束力,在不同国家或地区、不同时期亦有不同看法。例如,在欧盟,环境协议应用之初多不具有拘束力,其后渐渐被认为应有法定效力。同时,关于这种契约的性质也有诸多不同意见,行政契约还是民事契约抑或君子协定意见纷纭。总体来看,环境协议类似于环境行政合同,政府是合同中必不可少的一方,合同目的是实现环境公益。

对这种契约性工具在环境领域的运用,我国学者有"环境合同""环境契约""环境自愿协议""环境保护协定"等多种称呼,并未形成统一的概念。无论使用哪种叫法,基本上是指称前述近年来在世界范围内被大量使用的、具有自愿性特点、明确以政府和企业为代表的当事人之间在污染治理或资源利用中权责关系的一类政策性工具,但不同学者的定义也有些微区别。

吕忠梅教授对环境合同的定义是,采用合同这一外在形式,确定包括国家在内的各方当事人之间在环境资源使用中的权利义务关系的一种方式。环境合同的本质在于平衡公共权力与私人权利的关系,国家要实现对环境的保护,不仅需要必要的管理行为,还要社会的积极配合,而个人要实现权利,也必须在个人自由和服从国家意志之间找到平衡。吕忠梅教授进一步将环境合同分为私人与私人之间的环境消费合同和国家与私人间的环境分配合同。[1]

蔡守秋教授使用环境保护协定这一称谓,认为是企业(包括企业事业单位或组织)与所在地居民或当地政府为保护环境、防止污染的发生,基于双方合意,协商确定污染防治措施、纠纷处理方式和其他对策的书面协议。依

〔1〕 参见吕忠梅、刘长兴:《试论环境合同制度》,载《现代法学》2003年第5期。

据缔约主体不同,广义的环境保护协定可以分为三种:由企业与地方居民签订的协定;由企业与地方政府签订的协定;由地方政府协助企业与地方居民签订的协定。其中,政府作为当事人与企业签订的书面协定,可称为"公环境保护协定",而其余两种由于地方政府并不是一方当事人,属于企业与居民平等主体之间意思自治的范畴,因此称作"私环境保护协定"。[1]

两位教授的观点极具代表性,二者既有区别又有相同之处。区别在于,吕忠梅教授的环境合同侧重于对环境资源使用权的安排,无论是环境分配合同还是环境消费合同都是围绕环境资源使用权在不同主体间的转移。蔡守秋教授环境保护协定的论述侧重于环境治理,是各方就环境治理的具体措施、纠纷处理、其他事项达成的协定。相同之处在于,都不仅限于政府与企业间的合作,还囊括了私人部门之间的合作关系。

其中,合同当事双方一方为政府部门,一方为被规制企业,以协商确定的合同内容来明确双方环境治理权责的方式,与前述欧盟、美国所使用的环境协议或环境自愿协议性质相同,可称为环境行政合同。对此类合同的性质,不同学者有不同见解,也有称之为"政府环境合同",甚至"环境民事合同"的情形。相较而言,私人部门之间的合作关系,更接近于环境民事合同的概念。作为平等主体之间意思自治的载体,企业与公众之间的合同是环境民事合同应无疑义。因此,以环境民事合同来指称政府与企业间的合作,不能体现其与私人部门之间合作的区别,使用"环境行政合同"的称谓较为恰当。虽然无论是环境民事合同还是环境行政合同,都因环境法的特殊性,而在一定程度上体现出公法私法化或私法公法化的特征,但这种与传统合同制度的区别,具有环境法上的共同性,可以通过在行政合同与民事合同前加上"环境"二字来体现其特点,同时界定其概念的内涵与外延,而不必将体现了一定私法属性的合同关系都纳入"环境民事合同"。且前述政府与企业

---

〔1〕 参见蔡守秋、郭洪欣:《环境保护协定制度介评》,载《重庆大学学报(社会科学版)》2005年第1期。

间的合作包含着政府管理部门对有污染风险企业的契约性管制，与普通民事合同的性质并不相同，其研究理路仍然侧重于环境行政合同类别。[1]

故此可见，无论是吕忠梅教授的"环境合同"还是蔡守秋教授的"环境保护协定"，虽然侧重点分别放在了资源利用和污染治理之上，但都是囊括了环境行政合同与环境民事合同两大类型在内的概念体系，其理论与制度基本上包含了环境法实践中利用契约性工具的各种做法，是在整体上将契约制度引入环境法，进而构建环境合同制度的宏观构想。前述两者结合在一起，则可反映出从资源分配到生产消费再到污染治理的全过程。

环境污染第三方治理是环境法实践中利用合同制度的一种表现，其中作为治理载体的第三方治理合同，只是环境合同和环境保护协定大概念下的一个小的类别，直接用环境合同和环境保护协定来指称并不恰当。且按照吕忠梅教授的界定，环境合同侧重于环境资源使用权的转移，而第三方治理属于污染治理领域。同时，由于环境污染第三方治理中包括政府委托第三方治理与企业委托第三方治理两种形式，既有公—私合作，也有私—私合作，因此用环境行政合同或环境民事合同单一概念来指称第三方治理合同，都无法涵盖其中的所有合同类型，也无法精准地描述第三方治理中不同合同类型的特点。此外，政府委托第三方治理的情况，与前述政府与企业合作来进行替代性行政管理的情况也并不完全相同，政府委托第三方治理中还包含商业间合作的要素，合同的一方主体既是受管制的行政相对人，也是提供污染治理服务、产生环境效益的经营者，因此用环境行政合同来指称政府委托第三方治理的合同类型也并不恰当。

（二）环境污染第三方治理合同与环境服务合同

有学者基于环境服务产业的产生和发展，提出了"环境服务合同"的概念。专业环境服务商的出现，可以对污染治理提供技术支持、集中处理、回

[1] 参见张宇庆：《环境服务合同的概念演进与类型分化》，载《河北法学》2013年第10期。

收利用等服务。这些经营者形成了专门的环境服务产业,具体包括污水处理服务、垃圾处理服务等,是基于环境需求的、实现环境效果的、为环境保护和污染治理提供总体解决方案的系统服务产业。[1] 环境服务合同的性质是服务合同,即全部或部分以劳务为债务内容的合同。[2] 这种合同将帮助完成治理任务的第三方企业作为合同主体,打破了过去行政机关—排污企业的二元格局。合同的一方主体为政府或企业,服务提供者是专门的治理机构,双方根据服务绩效付费和收费。同时,环境服务合同是结果导向型服务合同,也是政府倡导型合同,强调行政管制与合同自治的衔接,还有公法与私法的合作。[3]

由上述内容可见,环境服务合同的概念与法律特征和环境污染第三方治理的实际情况两相契合。环境污染第三方治理作为环境服务产业发展的应用领域,以及公私协作环境治理模式的典型代表,是由第三方治理企业以自身的专业性为政府或排污企业提供污染治理与生态修复服务,以环境服务来收取相应报酬。用"环境服务合同"来指称环境污染第三方治理合同,能够精准地反映环境污染第三方治理的实际情况。

有学者认为,作为环境管理的新形式,环境服务合同是借助民事合同的形式进行环境治理来实现环境和市场效益的双赢,也即环境服务合同是以私法的手段实现公法的目标。[4] 该描述体现了这种合同形式公法与私法交融、互动的特点,其以保护环境公益为基础,以满足个体利益的追求为手段,表现出公法私法化与私法公法化的强烈特征。在此意义上,环境服务合同虽然使用了服务合同这一合同法中的类别名称,但其外延扩大和内涵的减少,使环境服务合同并非完全意义上的民事合同。

有学者根据环境服务合同相对方是政府或企业,进一步将其分为环境

---

〔1〕 参见张宇庆:《环境服务行政合同的法律保障机制初探》,载《生态经济》2013 年第 2 期。

〔2〕 参见张宇庆:《环境服务合同的概念演进与类型分化》,载《河北法学》2013 年第 10 期。

〔3〕 参见张宇庆:《环境服务合同的概念演进与类型分化》,载《河北法学》2013 年第 10 期。

〔4〕 参见鄢斌、李岩:《环境服务合同的性质及其法律适用》,载《才智》2014 年第 3 期。

服务政府合同与环境服务民事合同两大类别，并对二者分别作出了界定。[1] 环境服务政府合同是指政府为治理环境问题，通过行政委托、特许经营、政府采购等方式与专业的环境服务商签订的污染治理及生态修复的合同。[2] 具体包括政府采购环境服务的合同、环境市政基础设施工程特许经营合同、生态修复与环境保护政府工程委托合同等。政府可以在此类合同中起主导作用，但是双方当事人的承诺和同意、交易对价、由市场和经济规律决定成交和价格、个别利益和由政府代表的整体利益并重、违约救济和实际补偿等原则，却是政府也不能违背的。[3] 环境服务民事合同是指企业、环境侵权受害者或环境保护主体等民事主体与环境服务商约定，由环境服务商处理污染防治及生态保护与修复事务的委托合同、技术合同或承揽合同等服务合同或混合合同。[4] 具体包括环境设备融资租赁合同、环境影响评价类技术咨询合同、设备安装与运营类承揽合同、工艺改造类技术服务合同、污染处理类委托合同等。这种分类符合第三方治理在实践中的类型，能够分别概括政府委托第三方治理与企业委托第三方治理的特点。

对于环境服务政府合同，作出前述分类的学者认为其应归属为广义的民事合同，合同的重心在于专门的环境服务商提供服务，但基于政府的特殊身份而使合同呈现出一些与普通民事合同不同的特点。[5] 对此，笔者认为，环境服务政府合同中的第三方治理企业不仅是服务提供者，也是受管制的行政相对人。政府与第三方治理企业之间的复杂关系并不能为民事合同所完全涵盖。环境服务政府合同实质上是 PPP 协议的一种，兼具民事合同与行政合同的双重属性，因此混合合同更能概括其性质。

---

〔1〕 参见张宇庆：《环境服务合同的概念演进与类型分化》，载《河北法学》2013 年第 10 期。

〔2〕 参见申进忠：《合同环境服务：实践借鉴与法律应对》，载《公民与法（法学版）》2012 年第 7 期。

〔3〕 参见张宇庆：《环境服务合同的概念演进与类型分化》，载《河北法学》2013 年第 10 期。

〔4〕 参见张宇庆：《环境服务合同的概念演进与类型分化》，载《河北法学》2013 年第 10 期。

〔5〕 参见张宇庆：《环境服务合同的概念演进与类型分化》，载《河北法学》2013 年第 10 期。

综上所述,环境服务合同的内涵与外延切合第三方治理的实际情况,第三方治理合同应属于环境服务合同。政府委托治理与企业委托治理可分别用环境服务政府合同与环境服务民事合同来指代,这能够较好地体现第三方治理各个类型的法律属性和本质问题,为理论研究和实践分析的进一步深入打下良好基础。

二、环境服务政府合同的法律规制

(一)环境服务政府合同的类型

从政府委托第三方治理的实际运作形式来看,其大致可归纳为两种:合同模式(特许经营、委托治理、政府采购等)和公司模式(公私双方共同建立新的 PPP 项目公司或一方转让公司股份给另一方)。政府委托治理以环境服务政府合同为依托,实质上,环境污染第三方治理项目的整个运转过程往往包含不止一份合同,是由一个合同群来作为基础。广义上,环境服务政府合同是对政府委托第三方治理中政府与第三方治理企业之间公私协作法律关系的一种概括。狭义上,环境服务政府合同是政府为治理环境问题,通过合同方式和专门的环境服务机构达成的环境损害治理及风险预防的合同,是确定政府与第三方治理企业之间法律关系及主要权利义务的协议。

从狭义角度出发,环境服务政府合同大致包括以下几种类型:一是因行政代履行而产生。当环境法上的义务人不履行环境损害治理与风险预防的义务时,行政机关可以通过行政强制执行要求其履行义务或直接达成义务履行状态。行政代履行属于行政强制执行中间接强制的情况,是指由他人代为履行原本应由相对人履行的已生效具体行政行为,并收取代履行费用的一种行政强制执行形式。[1] 具体到环境污染第三方治理中,第三方治理

〔1〕 参见叶必丰主编:《行政法与行政诉讼法》,中国人民大学出版社 2011 年版,第 139 页。

企业作为代履行人,虽然是与管制部门达成环境服务政府合同,但由原履行人或原义务人而非管制部门来承担合同的实际费用。这种类型在污染治理单行法中有相当多体现,如《固体废物污染环境防治法》第113条[1]、《水污染防治法》第88条[2]、《水土保持法》第56条[3]等。

二是因政府性基金的使用而产生。所谓政府性基金是政府为弥补财政收入的不足或实现特定政策目的,向某类人群征收并用于特定用途的费用。收费人群的确定是基于该人群可从基金的使用中获益或是自身的行为给社会带来负担。[4] 较具代表性的是政府使用排污者缴纳的排污费或环境税,以及资源使用者支付的生态补偿费来购买环境服务。第一种情况在工业园区中较为常见,园区企业没有自力治污或自行委托第三方治理的,向园区管委会交纳"排污费",由园区政府通过市场竞争机制选择环境服务商,由其来对园区特定污染进行治理,园区政府则将征收的排污费依合同约定的标准支付给第三方治理企业。第二种情况主要发生在资源使用时,使用者如未能履行相应治理义务或自行治理不达标,需交纳生态补偿费。这种补偿费是向自然资源使用者收取的为恢复、弥补、更新自然资源开发利用所带来损

---

[1] 《固体废物污染环境防治法》第113条规定危险废物由生态环境主管部门组织代为处置,具体为:"违反本法规定,危险废物产生者未按照规定处置其产生的危险废物被责令改正后拒不改正的,由生态环境主管部门组织代为处置,处置费用由危险废物产生者承担;拒不承担代为处置费用的,处代为处置费用一倍以上三倍以下的罚款。"

[2] 《水污染防治法》第88条规定水污染代为治理,具体为:"城镇污水集中处理设施的运营单位或者污泥处理处置单位,处理处置后的污泥不符合国家标准,或者对污泥去向等未进行记录的,由城镇排水主管部门责令限期采取治理措施,给予警告;造成严重后果的,处十万元以上二十万元以下的罚款;逾期不采取治理措施的,城镇排水主管部门可以指定有治理能力的单位代为治理,所需费用由违法者承担。"

[3] 《水土保持法》第56条规定水土流失代为治理,具体为:"违反本法规定,开办生产建设项目或者从事其他生产建设活动造成水土流失,不进行治理的,由县级以上人民政府水行政主管部门责令限期治理;逾期仍不治理的,县级以上人民政府水行政主管部门可以指定有治理能力的单位代为治理,所需费用由违法行为人承担。"

[4] 参见刘剑文、熊伟:《财政税收法》,法律出版社2009年版,第71页。

害的费用。[1] 例如,《水土保持法》第 32 条[2]规定的水土保持补偿费,《土地复垦条例》第 18 条[3]规定的土地复垦费等。

三是依政府采购和特许经营而产生。此类环境服务政府合同主要包括两种情况,一种是政府使用财政资金采购公共环境服务或进行公共性建设工程,可以通过公开招标、公平竞争的形式确定第三方治理企业,并与之签订环境服务政府合同。例如,《土地复垦条例》第 24 条[4]规定国家以项目形式实施管理,第 26 条[5]规定政府可以通过公开招标的形式确定土地复垦项目的施工单位。另一种是政府授予第三方治理企业经营资质的特许经营合同,像在垃圾处理、污水治理等市政公用事业方面,政府可以通过市场竞争机制选择第三方治理企业,在《废弃电器电子产品回收处理管理条例》第 6 条[6]中,也规

---

〔1〕 参见杜群:《生态补偿的法律关系及其发展现状和问题》,载《现代法学》2005 年第 3 期。

〔2〕 《水土保持法》第 32 条规定:"开办生产建设项目或者从事其他生产建设活动造成水土流失的,应当进行治理。在山区、丘陵区、风沙区以及水土保持规划确定的容易发生水土流失的其他区域开办生产建设项目或者从事其他生产建设活动,损坏水土保持设施、地貌植被,不能恢复原有水土保持功能的,应当缴纳水土保持补偿费,专项用于水土流失预防和治理。专项水土流失预防和治理由水行政主管部门负责组织实施。水土保持补偿费的收取使用管理办法由国务院财政部门、国务院价格主管部门会同国务院水行政主管部门制定。生产建设项目在建设过程中和生产过程中发生的水土保持费用,按照国家统一的财务会计制度处理。"

〔3〕 《土地复垦条例》第 18 条规定:"土地复垦义务人不复垦,或者复垦验收中经整改仍不合格的,应当缴纳土地复垦费,由有关国土资源主管部门代为组织复垦。确定土地复垦费的数额,应当综合考虑损毁前的土地类型、实际损毁面积、损毁程度、复垦标准、复垦用途和完成复垦任务所需的工程量等因素。土地复垦费的具体征收使用管理办法,由国务院财政、价格主管部门商国务院有关部门制定。土地复垦义务人缴纳的土地复垦费专项用于土地复垦。任何单位和个人不得截留、挤占、挪用。"

〔4〕 《土地复垦条例》第 24 条第 1 款规定:"国家对历史遗留损毁土地和自然灾害损毁土地的复垦按项目实施管理。"

〔5〕 《土地复垦条例》第 26 条规定:"政府投资进行复垦的,有关国土资源主管部门应当依照招标投标法律法规的规定,通过公开招标的方式确定土地复垦项目的施工单位。土地权利人自行复垦或者社会投资进行复垦的,土地复垦项目的施工单位由土地权利人或者投资单位、个人依法自行确定。"

〔6〕 《废弃电器电子产品回收处理管理条例》第 6 条规定:"国家对废弃电器电子产品处理实行资格许可制度。设区的市级人民政府生态环境主管部门审批废弃电器电子产品处理企业(以下简称处理企业)资格。"

定国家对废弃电器电子产品处理实行资格许可制度。

以上是政府委托第三方治理合同模式中环境服务政府合同的主要类型。在公司模式中,政府委托第三方治理项目运作过程更为复杂,往往在前述几种类型的环境服务政府合同确立前后,还有公私双方的融资或股份转让合同。

(二)环境服务政府合同的特殊性

环境服务政府合同属于兼具公法和私法性质的混合合同,因此表现出不同于传统民事合同或行政合同的特殊性。

其一,环境服务政府合同具有公益性。环境服务政府合同是为生产、提供环境公共服务产品而签订的协议。公共产品具有非竞争性和非排他性,与私人产品不同,不具有个人独占性。政府基于对全体公民的环境公共责任和义务,而与治理第三方签订合同,购买第三方治理企业的环境服务的根本目标是为公共领域提供普遍性服务。这一方面要求政府在选择治理第三方的过程中要遵循“公开、公平、公正”的原则。公开是指环境服务政府合同的订立过程及内容应公开,程序与实体方面的相关信息应透明化,并遵守严格规范,以此减少或避免在合同签订及履行过程中政府滥用职权侵害当事人合法利益的情况发生。公平是指保证作为合同一方当事人的行政主体公平对待每一个合同相对方,每个合同相对方都有获得合同的同等权利和机会,不得有任何歧视性行为。公正是要求合同内容客观公正,且合同必须严格按照相关条件与程序作出,避免“暗箱操作”。另一方面要求政府具有一定的行政特权,行政主体在环境服务政府合同的订立或执行过程中,为实现公共利益而依法享有一定的单方强制性权力,也即行政优益权。这种行政特权在环境污染第三方治理中表现为行政主体有权根据公共利益的变化而调整合同内容,在履行过程中享有对合同的监督权、变更权、终止权、制裁权等。行政主体所享有的行政优益权贯穿合同始终,但同时其行使并非不受约束,要受到一定限制。这是由于,一方面,在公共利益优先的理念指导下,法律允许行政主体以公共利益需要的名义来对既有的合同内容进行变更，在一定程度上同意行政管理不受合同义务的限制，这是公共利益高于合同当事双方约定的体现，也是维护社会公共利益必要的选择；另一方面，行政特权的行使必然会影响到合同相对方的权益，因此必须遵循正当的程序，合同选择相对人应通过招标等公平竞争的方式，合同订立应遵守审批、公示、听证等程序，合同的变更与解除应遵守先行告知、说明理由、补偿听证等程序，合同的监督与制裁应遵守违约行为调查与认定、作出书面的制裁决定并说明事实理由和法律依据、告知合同相对人相关决定及异议期限和方式等程序。[1]

其二，环境服务政府合同具有契约性。这是环境服务政府合同不同于传统行政管理手段的关键特征，是其私法属性的典型体现，也是其自身优势之所在。[2] 契约性在环境服务政府合同中主要有三方面的表现：一是合意性。合同的订立必须基于双方意思表示一致。政府委托第三方治理本质上是政府与第三方治理企业的双向选择，虽然政府对合同内容以及合同是否订立具有较大的决定权，但第三方治理企业有权决定是否接受，在合同订立方面有完全的意志自由。二是协商性。合同的范围和内容能够在一定程度上突破规范的限制，而由双方协商确定。除了法律对缔约权限的特别规定，一般只要具有宪法或组织法上的权限依据，在该行政机关的管辖权限范围内，在不违反法律规定的前提下保证有效完成行政目标，即可由双方协商约定一定事项。[3] 三是双方应受平等、诚信等私法原则的约束。政府与第三方治理企业之间虽然除了契约关系还有管理与被管理关系，但在合同订立及履行过程中，双方是地位平等的合同相对方，政府不得采取单方面的强制性措施，行政优益权的行使应以必要为前提，政府与第三方治理企业应本着

---

[1] 参见湛中乐、刘书燃：《PPP 协议中的法律问题辨析》，载《法学》2007 年第 3 期。

[2] 参见钱水苗、巩固：《论环境行政合同》，载《法学评论》2004 年第 5 期。

[3] 参见余凌云：《行政契约论》，中国人民大学出版社 2000 年版，第 259 ~ 260 页。

诚实信用的原则,忠实履行各自的义务。

其三,环境服务政府合同具有环境性。这是此类合同不同于其他民事合同、行政合同或混合合同的基本特征。环境服务政府合同的目的在于实现环境治理目标,政府委托第三方机构对环境污染进行治理,其目的是能够更好地达成环境管理目的,完成环境保护的公共职责。这种环境管理目标的实现并非间接意义上的,而具有直接性。具言之,同为建筑工程合同,环保行政机关为污染治理、生态修复、风险预防的直接目标而达成的环保设施建设合同,属于环境服务政府合同,而为了办公目的而订立的办公大楼建设合同,虽然不能排除有环境管理的目标,但只是一般的合同,不具有直接的环境性。

(三)环境服务政府合同的特别规制

环境污染第三方治理依契约而展开,契约本身即为重要的管制性手段。除了使用法律文件来对环境服务政府合同进行规范,还可以以标准化合同的方式来对其进行规制与引导。例如,作为最早推进 PPP 模式的代表性国家,英国并未进行针对性立法,而是制定了具有指导性、实用性、可操作性的标准化合同范本,来引导和规范 PPP 项目,保护公共利益。英国在 1999 年颁布了《标准化 PFI 合同》(第 1 版),其后分别于 2002 年、2004 年、2007 年颁布了第 2 版至第 4 版。[1] 在 2012 年,基于过去 PFI 合同存在的问题,英国政府颁布了《标准化 PF2 合同》。英国的 PF2 标准合同具有强制力,效力类似于部门规章,这种强制力保证了 PPP 项目操作流程的规范化和统一化。[2] 这种标准化合同范本的模式可以为我国环境服务政府合同的法律规制所借鉴,2016 年我国国家发改委等曾发布《环境污染第三方治理合同(示

[1] 参见邱闯:《PF2:英国 PPP 的新模式》,载《中国投资》2015 年第 3 期。

[2] 参见莫莉:《英国 PPP/PFI 项目融资法律的演进及其对中国的借鉴意义》,载《国际商务研究》2016 年第 5 期。

范文本)》,但主要适用于企业委托第三方治理,且内容较为简单,不具有拘束力,对现实中环境污染第三方治理项目的引导作用有限。对此,可以英国标准化合同范本为蓝本,完善环境服务政府合同示范文本,发布具有拘束力的标准化合同,实现在公共和私人之间合理分摊风险,促进各方对公私合作环境治理新模式的共同理解,帮助合同当事人减轻谈判负担,减少环境污染第三方治理项目的采购时间和费用,保证物有所值的目的。

其一,可将合同内容划分为“强制条款”和“推荐条款”,前者具有强制性和确定性,不能由当事人约定修改,属于体现合同原则的“核心区域”。如果一个项目希望对该部分内容做出减损约定,必须向上级部门提交申请,并得到批准。这种规定一方面可以确保维护公共利益的目的在合同中不受减损,另一方面可以在一定程度上限制行政优益权的任意行使。

其二,以合同约定保证政府委托第三方治理项目实施过程的透明。一方面,向公众公开更多的项目信息,便于其了解并维护自身环境权益。项目批准过程的相关信息可向社会更加开放,以增强市场主体对第三方治理项目计划的确定性,鼓励社会资本的参与。具体措施包括:在合同中约定发布年度报告,包括具体的项目信息和财务信息;要求第三方治理企业在政府网站上对项目进展状态持续更新,有政府参股的还应提供实际的和预计的股权回报信息;定期发布第三方治理项目信息;等等。另一方面,保证政府部门能及时了解项目情况,便于其更好地管理合同。例如,在合同中约定效率评审,完善项目运行手册和报告;在合同中明确政府获取信息渠道,强化相关条款和程序;政府部门或地方代表能够以观察员的身份参加项目公司董事会会议;等等。

其三,在标准化合同中约定促进服务持续改进的监督措施。可仿效英国《标准化 PF2 合同》中的做法,实行年度合同评审和效率评审措施。年度合同评审是每年由治理第三方向政府报告政府所关心的任何合同问题以及治理第三方的履约情况,由双方考虑可以提高效率的改进措施。同时,治理第三方提交建议书就如何推进尚未履约的服务和对政府所关心的问题进行说明和回答。政府可就对具体项目的中期和长期规制目标,以及目标将对双方合同产生的影响进行说明。效率评审是由政府和治理第三方定期对合同效率进行评审,检查第三方治理企业为政府提供的服务和设施,督促第三方企业采取持续改进环境服务的方法,并就双方服务变化对合同的影响进行记录。[1]

在仿效英国 PF2 标准化合同的同时,需注意 PF2 合同范本在保护环境公益、激励社会资本的积极作用之外,也存在一些不足,在英国对其的批评主要集中在不够灵活、在实践中难以具体适用等方面。[2] 因此,环境服务政府合同的标准化应有一定限度,对权利义务和环境风险及相应程序作出基本安排后,应赋予当事人充分的意思自治空间,保证具体项目的差异性和灵活性。

三、环境服务民事合同的法律规制

(一)环境服务民事合同的类型

根据国家发改委等 2016 年发布的《环境污染第三方治理合同(示范文本)》,可根据治污设施的产权归属将企业委托第三方治理分为委托运营模式与建设运营模式两种类型。环境服务民事合同亦可据此划分为委托运营模式下的环境服务民事合同和建设运营模式下的环境服务民事合同两类。

1. 委托运营模式下的环境服务民事合同

委托运营模式下,污染治理设施设备归属于排污企业,委托给第三方治

---

[1] HM Treasury, *Standardisation of PF2 Contracts*, Published 5 December 2012.

[2] 2012 年英国政府用 PF2 取代了 PFI 模型,但直到文件发布时只使用了 6 次,86% 的 PFI 和 PF2 合同是在 2010 年之前签订的。需要说明的是,PF2 合同适用于政府付费、固定资产总投资 5000 万英镑以上的能源管理等特定领域项目。HM Treasury, *Budget* 2018 *Private Finance Initiative* (*PFI*) *and Private Finance* 2 (*PF*2), Published 29 October 2018.

理企业运营。合同的当事双方即排污企业与第三方治理企业。委托运营的范围即第三方治理企业承包运行的范围，一般包括：环保设施的日常运行维护；相关工作人员的培训管理；环保设施备用期间的运行、维护、检修；与主管环保行政部门的对接工作；其他与环保设施运营维护相关的工作等。

第三方治理企业作为受托方，其主要义务包括：第一，根据项目需求组织适当的运营机构，按时完成项目运营的组织准备工作。第二，依委托人的指示处理污染治理事务。根据合同规定及委托方有关标准制定的要求，按双方约定的运行方式，为委托方生产过程中产生的污染物提供治理服务，保证委托方设备系统安全、经济运行，各项指标达标，并服从委托方生产工作的统一调度，保证工作人员充足、稳定。第三，安全运营的义务。采取一切合理的预防措施，保证工程周边人身和财产安全，以及工程现场和周围环境安全；严格遵守安全操作规程，保证承包范围内的人员和设备安全，对委托方提供的设备及工具妥善使用和保管。第四，提供相关设备、材料的义务。因污染治理需要，双方约定由受托方提供器具仪器、备品备件和材料及服务的，受托方应及时提供并保证质量。第五，节能减排与清洁生产义务。项目运营过程中，受托方应最大限度地降低环保设施能耗，并保持承包范围内的清洁生产。第六，通知和报告的义务。在项目运营过程中，发现问题或发生事故的，应及时通知委托方，如实报告情况。第七，接受委托方监督和检查的义务。接受委托方对项目运营过程及运营效果的监督检查，做好项目运营各项数据的记录存档。

排污企业作为委托方，其主要义务包括：第一，根据合同约定的方式按时足额支付受托方的费用和报酬。具体包括项目运营中设备、材料、服务的购置费用和服务报酬。第二，对受托方就污染治理项目的组织和实施方案及时审查并提出意见。第三，对受托方的组织和运营工作进行检查并提出意见。具体包括对受托方的资质和运营情况，以及质量保证体系等进行监督检查。第四，对受托方的运行效果进行监督检查。第五，因污染治理设备设施检修需要，双方约定由排污企业提供器具仪器、备品备件和材料及服务的,委托方应及时提供并保证质量。

委托运营模式中,需要排治污双方在合同中特别约定的情形还包括:其一,关于合同解除的事项。企业委托第三方治理关涉环境公共利益,双方不得无故终止,因此应约定合同变更的提前通知时间不少于半年,以便给对方预留充足的时间来处理合同终止后的污染治理后续事务。其二,关于业务分包的事项。委托运营对第三方治理企业的资质有相应要求,原则上受托方应自己履行合同项下所有义务,在经委托方同意后,可将部分辅助工作交由受托方以外主体完成,但该主体仅为履行主体而非合同义务主体,受托方不能因此免除任何应尽的义务和责任。其三,关于取得新技术成果归属的事项。受托人在治理过程中利用委托人提供的场所、设备、技术资料等取得新技术成果的,双方可约定其归属,如无明确约定,应归属于受托人;委托人利用受托人的项目运行成果取得的新成果,应属于委托人,双方另有约定的从其约定。其四,关于保密的事项。基于项目运行需要,一方向另一方提供的有关图纸和资料,另一方在未得同意的情况下不得许可他方使用或向他方转让,在项目结束后应将相关文件归还,在合同履行过程中应承担相应保密义务。[1]

2. 建设运营模式下的环境服务民事合同

建设运营模式下,环保设施由第三方治理企业所有,第三方治理企业不仅负责污染治理项目的运营,而且要完成环保设施的工程建设。建设运营模式下的环境服务民事合同所涉及的内容,除污染治理项目的运营之外,还有项目建设资金的筹措,环保设施所有权的归属,项目相关资产设施和企业股权的转让、出租、抵押、质押以及运营期满后的处理等。因此,相较而言,建设运营模式下的环境服务民事合同虽然有相当部分内容和委托运营模式下的环境服务民事合同是相同的,但内容要更为复杂。

---

[1] 参见孔东菊:《企业环境污染第三方治理法律问题研究》,知识产权出版社 2019 年版,第 89～96 页。

建设运营第三方治理项目整个运转过程具有阶段性。首先，在环保设施建设阶段，主要涉及土地取得、勘探设计、工程规划许可与审批等各项准备工作，需要与政府相关部门沟通与协调，为设施的建造、运管、维护创造条件。对此，排污企业的主要权利和义务包括：对第三方治理企业提供的设计方案、投融资方案及其执行情况进行监督管理的权利；对工程建设方案与建设情况进行监督检查的权利；负责环保工程项目核准的义务；准备工程建设所需场地的义务；提供与环保设施设计相关的技术参数和相匹配的接口方案的义务。第三方治理企业的主要权利和义务包括：对环保设施的投资权、建设权以及对所建设设施的财产所有权等权利；资金筹措、项目设计、项目施工、在线监测系统安装、项目验收、同步投运等义务。排治污双方各自对因自身原因导致的环保设施未能在约定期限完成并投入运营承担违约责任。

其次，在环保设施运营与维护阶段。排污企业的主要权利和义务包括：对第三方治理企业关于环保设施的运营、维护和管理的监督检查权；对第三方治理运营效果的监督权；为保证环保设施正常运营提供支持的义务；为环保设施的常规检修与技术改造提供支持的义务；与第三方治理企业协作完成环保设施技术改造的义务；以合同约定方式和数额向第三方治理企业及时足额支付报酬或分配收益的义务。第三方治理企业的主要权利和义务包括：对环保设施享有独占运营权、维护权和管理权；享有收益权；保证环保设施正常运行的义务；对环保设施进行必要维护的义务；保证运营效果的义务；承担建设运营权的变更及转让限制的义务；等等。在环保设施运营与维护阶段，双方因各自原因导致违反合同约定或擅自解除合同的，应承担相应违约责任。

最后，在合同履行期限届满后，对于环保设施的处理，可根据环保设施的寿命期限选择延期运营，也可选择不再延期运营，由排治污双方协商确定环保设施的处置方案。例如，将环保设施的所有权和运营权移交给排污企业，双方协商将环保设施拆除，将环保设施的所有权和运营权移交给其他第三方等。

建设运营模式中,需要排治污双方在合同中特别约定的情形还包括:其一,关于合同解除的约定。与委托运营模式相同,双方不得无故终止合同,如需终止则应预留足够时间提前通知对方。其二,运营期间税费的承担。建设运营模式下,双方运营相对独立,各项税费可各自自行承担。其三,关于第三方治理企业选择合同当事人的谨慎注意义务。第三方治理企业在与建设承包商、设备供应商等在内的其他第三方达成合同时,应尽到谨慎负责义务,认真查验对方的主体资质、商业信誉、履约能力等信息,必要时应与排污企业沟通协商。其四,关于取得新技术成果的归属。第三方治理企业的治理工作相对独立,其在治理过程中获得的新技术成果应归自己所有。其五,关于保密的约定。基于项目建设运行需要,排治污双方所交换的相关图纸及资料,任何一方或其代理人对尚未公开的部分均应承担保密义务,未经另一方书面同意不得使用、许可他人使用或向他人披露。[1]

(二)环境服务民事合同的特殊性

环境服务民事合同虽然属于环境民事合同,但由于具有公益与私益的双重目的,因此表现出不同于一般民事合同的特殊性。

第一,合同目的的双重性。普通民事合同的目的是实现缔约者的私人利益,而环境污染第三方治理中环境服务民事合同的缔结和履行则具有公益与私益的双重目的。具体而言,一方面,是为了实现排治污企业对利益的追求,排污企业将从环境要素中获取的一部分环境利益用来购买环境治理服务,通过污染治理来合理化环境利益的获取,治污企业以环境服务来换取报酬,双方各取所需。另一方面,污染治理效果事关环境公益,只有在实现污染治理和生态修复的公益目的的基础上,才能追求利益及获取私益。排

---

〔1〕 参见孔东菊:《企业环境污染第三方治理法律问题研究》,知识产权出版社 2019 年版,第 96~106 页。

污企业委托第三方治理是对自身所担负环境治理责任的转移,是以支付治污费用的形式将法定责任转移给第三方,污染治理责任的履行始终贯穿排治污双方环境服务民事合同的始终。

第二,合同自由在一定程度上的限制性。在一般的民事合同中,当事人可以在不违反法律行政法规强制性规定及公序良俗的前提下自主确定合同内容、合作方等。在环境污染第三方治理中,首先,受委托方必须是具有专业性,满足相关设施与技术资质要求的环境服务机构。为保障污染治理效果,排污企业只能在具有相应资质且企业信誉良好的第三方治理企业中选择合作对象。其次,合同内容中包含有一定的公法义务。企业委托治理实质上是排污企业履行自身环境治理公法义务的一种手段,因此排污企业委托第三方治理企业对污染物治理也需遵守相应的公法规定,完成必要的公法义务,如双方约定的治理效果必须符合污染排放相关法律所规定的污染物排放的最低标准。再次,合同形式应为书面形式。环境服务民事合同作为一种新型合同,不仅合同内容具有专业性,履行效果关涉环境公共利益,而且合同一般周期较长、情况复杂,因此对于合同形式应有必要的限制,当事双方只能选择书面形式,而不能适用口头形式或其他形式。最后,合同变更与终止受到一定制约。一方面,合同的变更与解除均应符合相应的程序要求。另一方面,合同内容变更应受到环境法律法规中有关排污企业环境治理法定义务的限制,在任何情况下都不得违背相关规定,并且不管在何种情况下要解除合同,均需提供有效的污染治理替代方案,形成与原第三方治理方案的无缝衔接。

第三,合同效果评价的社会性。一般民事合同的履约效果只需得到当事双方的认可即可,并不受非合同当事方的他人评价的影响,除非合同涉及特定第三人的利益。第三方治理因涉及环境公共利益,因此合同的履行应接受外界监督。具体包括:一是政府部门的监督。环境行政部门应监督企业委托治理的治污情况,对未达标治理的企业应及时进行相应规制。二是环保社会团体和公众的监督。公众与环境公共利益直接相关,环保社会团体是保护环境的重要力量,企业委托第三方治理的合同缔结、履行及治理情况等相关环境信息应对其公开。三是专业机构的监督。环境污染第三方治理对技术性和专业性要求较高,是否达到法定和约定的环境治理目标是判断排污企业是否履行治理义务的标准,也是衡量合同是否履行、环境服务费用收取是否合理的依据,因此对治理效果的评价应由排治污双方之外的具备评价资质的专业机构来完成。

(三)环境服务民事合同的特别规制

与环境服务政府合同情况相同,标准化合同赋予公共治理中的社会资本相应的责任,能够推动企业的自我调节和自我监管。[1] 在强制性的基本程序与实体标准之上,企业还可以设置更高的第三方标准,来发展自我约束机制,以提高市场声誉及竞争力。此外,对环境服务民事合同的标准化更应注意其作为民事合同的意思自治性,在对合同所涉环境风险的权利义务安排及程序作出最低限度要求后,合同当事双方对环境服务民事合同内容拥有自主决定权。在我国《环境污染第三方治理合同(示范文本)》基础上,对环境服务民事合同标准化的优化与创新主要包括以下几个方面:

第一,可将合同内容划分为"强制条款"和"推荐条款",前者具有强制性和确定性,不能由当事人约定修改,属于体现合同原则的"核心区域"。例如,特定的程序性条款作为强制条款具有约束力,不能由合同当事人进行修改。

第二,限制环境服务民事合同中的免责条款。环境服务民事合同的当事人对合同条款有决定权,但条款中涉及免责约定的应有必要限制,例如,可能对环境公益造成不利影响的免责约定无效,借免责约定逃避环境行政责任和民事侵权责任承担的,约定无效。

---

〔1〕 See Daniel A. Farber, *Triangulating the Future of Reinvention: Three Emerging Models of Environmental Protection*, University of Illinois Law Review, Vol. 2000:1, p. 62(2000).

第三，设置环境服务民事合同中的程序性条款。一是设置合同的通告和信息披露条款，披露内容以必要为限；二是设置环境治理利害相关者代表定期监察条款，公众代表或者环保社会组织等专业机构定期检查双方的环境治理情况；三是将前述程序性条款的履行情况作为后续责任界分的参考标准，在出现二次污染或其他环境损害需要当事双方承担行政或民事责任时，履行不到位者将承担相应不利后果。

第四，建立环境服务民事合同备案制度。此类合同应以书面形式订立，在向当地环境行政主管部门进行登记备案后发生效力。主管部门根据备案信息对第三方治理企业的资质进行形式性审查，审查完毕后将合同信息按照既定程序公示，公众及环保社会组织可就备案合同申请调阅。合同履行中如需更改或终止的，亦须及时向主管部门登记备案。

第二节　环境污染第三方治理中的市场竞争机制

我国环境服务市场发展较晚，尚不够成熟，环境污染第三方治理中恶意竞争、竞争不规范等情况还较为普遍，不利于环境服务市场的扩大以及第三方治理模式的长远发展，因此亟待进一步完善环境服务市场竞争机制。

一、第三方治理市场竞争中存在的问题

（一）环境服务市场准入机制不健全

2012 年，原环境保护部制定了《环境污染治理设施运营资质许可管理办法》（已失效），规定从事环境污染治理设施运营的单位应申请获得相应的运营资质。2014 年此类行政许可审批手续被废止，同年，《关于改革环境污染治理设施运行许可工作的通知》发布，叫停了“环境保护（污染治理）设施运营单位甲级资质认定”行政许可事项，要求各省、自治区、直辖市环保部门停

止实施环境污染治理设施运营乙级和临时级许可。这一系列做法精简了环境服务市场的行政许可程序和手续，清理了环境服务市场中的各种不当行政干预行为，取消了实际存在的对环境服务市场主体所有制、地域、规模、运行方式等方面的歧视性或限制性规定，同时进一步放开了政府对环境服务市场的管控，将硬性的环境行政管制手段转变为依靠市场在资源配置中的决定性作用，以竞争性机制实现环境服务企业的优胜劣汰，这也是政府职能转变和生产性服务业发展战略部署的体现。

虽然前述转变并不意味着政府对环境污染治理市场完全放任不管，或者对环境服务企业的设立没有任何条件要求，但是确实降低了环境服务企业的准入门槛，在环境服务市场发展的初期阶段，环境污染治理价格体系尚未形成，如果没有相应的替代性市场手段及时对原本行政管制下的市场主体进行合理引导，极易出现环境服务企业良莠不齐、低价恶意竞争的情况，扰乱环境服务市场，增加选择第三方治理形式的法律风险。

(二)环境服务行业培育机制不完善

20 世纪 70 年代我国工业污染治理正式起步，以 1993 年第二次全国工业污染防治工作会议的召开为分界点，前一个时期实行“谁污染谁治理”的分散治污模式，后一个时期开始向集中治理模式转变，工业污染第三方治理逐渐出现。[1] 进入 21 世纪后，第三方治理随着我国环境治理力度的加强以及市政公用事业市场化的发展，在工业污染治理和公共污染治理领域齐头并进，环境服务市场逐渐繁荣。第一批发展起来的环境污染第三方治理企业主要有三类：一是一些企业集团的专业化治污子公司将业务扩展至本集团之外；二是部分污染防治设备生产商转型成为环境治理服务商；三是具有较强治污技术和资本优势的外资企业进入我国环境服务市场。

可见，我国环境服务市场起步较晚，从事环境治理服务的第三方治理企

〔1〕　参见骆建华：《环境污染第三方治理的发展及完善建议》，载《环境保护》2014 年第 20 期。

业相较于完全的竞争性,更多地表现出一定的行业垄断性。[1] 虽然近年来我国环境污染第三方治理市场有极大发展,但因过去发展程度太低,所以相对而言仍然较为冷清,市场需求尚未全面激发,这也影响了国内独立第三方治理企业的发展。此外,普遍性行业标准的缺失,使委托治理一方难以对第三方治理企业的规模、从业人员、相关业绩等提出进一步的要求,也不利于第三方治理企业在专业化方向上的纵深发展。综上,当前我国环境服务产业的进一步发展还对国家的政策推进有较大依赖,尚未形成完善自足的市场培育机制。

(三)环境服务信息交流机制缺失

在环境污染第三方治理中,委托治理方与第三方治理企业之间是利益共享、风险共担的合作关系。欠缺信息交流机制可能使双方无法及时了解彼此的经济实力、治理能力、经营状况,不仅难以及时规避履约不能的风险,而且可能因未履行污染治理法定义务而承担相应责任。这种风险在政府委托第三方治理中可能会造成公共财产的损失和环境公益的损害,在企业委托第三方治理中则可能因合同违约或环境侵权责任的承担而拖垮一家企业。当前,环境服务市场准入门槛较低,且第三方治理效果评价标准尚不明确,有关环境治理装备、产品、技术、从业人员的系统性评价机制还未建立,一方面难以形成对第三方企业的量化评价,另一方面排污企业对第三方治理企业的治污技术水平与融资情况也无从得知。同时,第三方治理企业也难以探知排污企业的经营与信用状况,尤其是相当部分排污企业治污投入长期不足,环境问题累积下来而治理难度很大,可能会超出第三方治理企业的治理成本和治理水平。此外,为了利益最大化,排治污企业双方均可能选择自利性措施。信息交流机制的缺失,不仅会为排治污企业双方选择合适

[1] 参见陈云俊、高桂林:《环境污染第三方治理民事合同研究》,载《广西社会科学》2016 年第 3 期。

的合作对象带来困扰,而且会增加信息辨别与传递的沟通成本,提高环境污染第三方治理模式运行过程中的法律风险。

(四)环境服务市场风险防范机制欠缺

第三方治理是政府与排污企业履行治理义务的一种有效模式。在企业委托治理中,第三方治理企业与排污企业之间的合作是市场化的合同行为,作为市场行为本身即存在一定的经济风险。以排污企业为例,可能因经营不善导致资金不足甚至破产;可能受市场及行业影响导致企业业务萎缩,生存困难;污染治理成本过高,支付不起环境治理费用;故意转移、隐藏企业资金等。这些风险都会使环境服务合同难以得到有效履行,进而导致第三方治理企业无法及时获得报酬,企业资金无法得到保障。当前,并没有法律明确要求排污企业需从利润中提取必要资金作为环境治理备用金或环境公积金,第三方治理企业基于环境服务合同所产生的债权实现风险较大。

此外,第三方治理企业进入环境治理市场即需与排污企业共同承担一定的环境风险。在现代社会大工业迅猛发展的背景下,环境风险一旦失控可能会造成巨大的财产损失和人员伤亡,超出排污企业与第三方治理企业的承受范围。我国当前尚未建立实质意义上的整体性环境责任保险制度,只在部分地区展开了一些试点工作。排治污企业所承担的巨大环境风险没有相应的环境风险分散与防范机制,这也在　定程度上抑制了环境服务市场和环境服务产业的发展。

二、第三方治理市场竞争机制的完善

环境污染第三方治理市场竞争机制的完善需要从市场管理与企业自我规制两方面进行,增强环境服务市场中各方公平、平等竞争的外生与内生动力。在外部环境方面,主要包括由政府主导建立财税方面的支持与引导政策、构建环境服务信息交流平台、发展环境公积金和环境责任保险制度、制定统一的环境服务行业标准等,加强环境服务市场良好竞争秩序的外生动力。在内部建设方面,主要是建立行业自我约束机制和企业的自我规制体系,以企业自发的内生动力,推动环境服务市场竞争机制的进一步良性发展。

(一)形成完善的市场竞争引导机制

相较于一般的商品和服务市场,环境服务市场有利润低、回报慢的特点,必须形成完善的市场竞争引导机制,在财政、税收、价格、政府采购等方面给予鼓励和支持,不仅推动有技术、有能力的企业进入这一市场,而且引导市场内企业的公平竞争与良性发展。其一,提高第三方治理企业的预期收益,激励企业进入环境服务市场。主要是保护治理主体排他性的用益物权和保证其预期收益。较为典型的有,《土地复垦条例》第33条[1]规定社会投资复垦,无使用权人的土地可由投资复垦者长期使用,土地有使用权人的应以协议形式明确土地使用和收益分配。《防沙治沙法》第28条第2款[2]规定了治理者的排他性用益物权,第34条[3]规定一定期限的土地使用权可作为治理者的收益回报。这些规定具有较大的推广价值,可在更广

---

〔1〕《土地复垦条例》第33条规定:"社会投资复垦的历史遗留损毁土地或者自然灾害损毁土地,属于无使用权人的国有土地的,经县级以上人民政府依法批准,可以确定给投资单位或者个人长期从事种植业、林业、畜牧业或者渔业生产。社会投资复垦的历史遗留损毁土地或者自然灾害损毁土地,属于农民集体所有土地或者有使用权人的国有土地的,有关国土资源主管部门应当组织投资单位或者个人与土地权利人签订土地复垦协议,明确复垦的目标任务以及复垦后的土地使用和收益分配。"

〔2〕《防沙治沙法》第28条第2款规定:"国家保护沙化土地治理者的合法权益。在治理者取得合法土地权属的治理范围内,未经治理者同意,其他任何单位和个人不得从事治理或者开发利用活动。"

〔3〕《防沙治沙法》第34条规定:"使用已经沙化的国有土地从事治沙活动的,经县级以上人民政府依法批准,可以享有不超过七十年的土地使用权。具体年限和管理办法,由国务院规定。使用已经沙化的集体所有土地从事治沙活动的,治理者应当与土地所有人签订土地承包合同。具体承包期限和当事人的其他权利、义务由承包合同双方依法在土地承包合同中约定。县级人民政府依法根据土地承包合同向治理者颁发土地使用权证书,保护集体所有沙化土地治理者的土地使用权。"

阔的环境治理领域仿效借鉴。其二,完善环境服务市场的价费机制。针对环境服务市场中的不同领域设置第三方治理的基准价格,规范环境污染治理设施运营服务收费,以合理的价费机制,吸引更多的市场主体进入环境污染第三方治理行业。其三,制定统一的环境服务行业标准,建立行业的约束与激励机制。由国家出台体系性的第三方治理行业标准,作为地方监管的依据。在此基础上,由行业协会等自治组织根据统一的行业标准来对第三方治理企业作出评价与分级,提高能达到更高环境治理标准的第三方治理企业的市场评价与商誉。具体的评价工作可由具备污染检测专业技术和能力的社会第三方机构来承担。其四,改进环境服务市场准入机制。在环境污染治理设施运营资质许可废止之后,尚无替代性标准作为市场准入条件,虽然这有利于中小型环境服务企业的快速成长,但门槛过低也不利于行业的长远发展。对此,应根据当前环境服务企业的发展情况,重新设计包括运营资质、专业技术、信用情况、经济状况等在内具体的市场准入标准,进而形成合理的准入审查机制,使企业的运营成本和利润比例能形成良性循环,推动环境服务营商环境的进一步优化。其五,完善环境污染治理资金扶持机制。政府应建立绿色金融体系,对于前期投资大而业务量少,具有一定公共属性的环境服务企业给予经济扶持。例如,设立面向环境服务市场的专项污染治理基金,为企业提供长期低息或无息贷款;允许第三方治理企业参与排污权交易和融资;允许第三方治理企业以治理服务的收费权为融资手段,给予技术能力好的第三方治理企业一定的税收优惠等。

(二)建立环境服务信息交流与信用评价机制

对第三方治理企业的技术水平及治污能力进行评价,有利于政府和排污企业选择适当的合作对象,降低信息沟通成本与法律风险。具体措施包括:其一,建立诚信档案,对第三方治理企业的经营状况和治污成效进行记录并定期公开。第三方治理企业的所有环境信息档案均应公开,与注册登记、税收缴纳等信息一起成为企业信用评价标准,进入全国企业信用信息公示系统,在全国范围内都可自主查询。其二,建立信用名单,以激励与制约机制来健全信用体系。“白名单”包括商誉良好、治污成效卓著的环境服务企业,“黑名单”是有多次违法记录、治污效果较差的企业。两类名单均向社会公开,企业进入“黑名单”则信用等级下调,进入“白名单”则可获取适当奖励和荣誉,进一步增强其社会声誉和商誉。信用名单将对企业能否获取更多的市场交易机会形成直接影响。按照诚信档案,还可以在市场监管和公共服务方面给予这些企业一些优待,如在其处理与环境相关事务时开辟优先办理、省略程序、降低收费等“绿色通道”,增进褒扬诚信的政策导向等。对于进入“黑名单”的企业,依照司法机关对失信执行人的防范,采取相应措施限制这些企业的行为,如限制其获得资金扶持、享受优惠政策的资格。对于实施重大违法违规行为、造成重大环境污染的单位,实行严格的终身禁入机制。其三,完善第三方治理信用评价制度。依照相应的指标、评价方法和程序,对第三方治理企业进行信用评价,列明企业的信用级别,并向市场和公众公示,使排污企业和社会公众能够掌握环境服务企业的信用信息,帮助排污企业选择可靠的合作伙伴。政府可参考信用评价将名列前茅的第三方治理企业作为优先合作对象,并向排污企业重点推荐。金融机构也可参考信用评价情况决定给予第三方治理企业优惠贷款的数额及收取的利率,以大幅降低金融机构的风险,减少损失。信用评价情况应进入企业的诚信档案,并根据不同情况进入相应的信用黑白名单。其四,建立排污企业的评价体系,主要是形成排污企业信用及守法情况的公开记录。通过以上措施,构建综合性的环境服务信息交流平台,以全方位的奖惩体系,增加排污企业与第三方治理企业的失信成本,达成优胜劣汰,逐步提高环境服务行业的整体质量。

(三)构建环境服务市场风险防范机制

环境服务市场风险主要包括第三方治理企业基于环境服务合同所产生的债权实现风险和排治污企业共同承担的环境责任风险两大部分。

针对排污企业可能不会或无法对第三方治理企业提供的环境治理服务给付合理对价的问题,可以考虑设置环境公积金。环境公积金制度是要求排污企业必须从税前利润中保留一部分资金作为环境治理备用金,用于支付排污企业委托的污染治理和生态修复环境服务,同时也可以作为未完成环境污染治理义务所要承担责任的补充资金。

针对治污过程中可能造成"二次损害"而需排治污双方承担的环境风险问题,可以通过设置环境公益基金、环境损害责任基本金等方式来降低风险对排治污企业的影响,缓解企业的资金压力,减少因责任承担给排治污企业带来的损失乃至破产风险,也可以为环境治理提供资金保障。例如,《船舶油污损害赔偿基金征收使用管理办法》要求运输持久性油类物质的货物所有人缴纳油污损害赔偿基金。[1] 这种社会化分担的机制安排,在一定程度上降低了环境风险不可预计性对社会的影响,一方面能避免环境损害因企业的资金压力而无法及时治理的问题,另一方面也能减少企业选择第三方治理对合同履行和成本收回的担忧。[2] 解决这一问题更为根本的做法是构建我国的环境污染责任保险制度。环境污染责任保险可承保被保险人因过错或者法律规定的无过错行为所产生的损害赔偿责任,将被保险人由于污染环境本应自行向受害人承担的环境侵权损害赔偿责任,通过保险机制向保险人转移,以达到分散风险的目的。[3] 对此,可针对环境污染第三方治理新模式及第三方治理企业新主体的特点同步建立保险机制。例如,推行环境污染自愿保险与强制保险相结合的制度,在环境高风险领域建立环境污染强制保险制度,强制第三方治理企业参与主体投保,在风险较小领域则鼓励排污企业与第三方治理企业自愿投保等。

---

〔1〕 基金的赔偿范围包括:为减少油污损害而采取的应急处置费用;控制或清除污染所产生的费用;已采取的恢复海洋生态和天然渔业资源等措施所产生的费用等。

〔2〕 参见张宇庆、杜群:《合同式环境服务的法律保障——以企业环境责任的内部化为视角》,载《法治研究》2013 年第 8 期。

〔3〕 参见竺效:《论我国环境污染责任保险单行法的构建》,载《现代法学》2015 年第 3 期。

（四）发展环境服务行业企业自我规制体系

相较于仿效公法上传统行政干预的形式，在环境治理相关法律的基本框架下，建立市场主体的自我规制体系，更有利于将市场机制竞争性、多样性的特点引入第三方治理，推动环境公益与私益的共同实现。

其一，建立行业组织自律机制。以行业协会为依托，建立行规行约自我约束机制，是推动和保障环境服务市场规范化的重要举措。对此，应推动第三方治理行业成立行业协会，由行业协会积极实施污染治理、生态修复等方面的教育、学习和宣传活动，在行业内部定期开展业务交流活动，公开不诚信等信息，颁布行业基本标准来规范行业价费收取。支持行业协会组织实施能力评估、等级评定、技能培育、展示交流、信息统计、操作竞赛等活动，使不同第三方治理企业相互交流借鉴经验。发挥行业协会对第三方治理企业的监督作用，将信用评价较低者加入黑名单，以开除会籍、集体抵制等方式降低该企业的商誉与行业评价。同时，应明确企业申诉途径，健全相应的处罚救济程序，以保护被处罚企业的权利。需要注意的是，建设第三方治理行业自律机制，一方面必须注重行业的独立性和权威性，防止行业协会过多地依赖政府或者集团性大企业；另一方面必须确保行业协会的中立性，防止中小型第三方治理企业利益受损。

其二，以竞争机制推动企业自我规制体系的建立。自我规制包括自愿的自我规制和授权的自我规制。[1] 自愿的自我规制是由排治污双方通过设置高于政府标准的内部环境管理标准并进行自我环保审查，来回应市场偏好，以此获得市场竞争优势，改善与社会公众的关系并获取来自政府在环保执法裁量、税收优惠等方面的优待。这种自我规制可由企业自身进行也可以由行业协会或相关机构组织实施。例如，在美国有由具体行业协会推动的“责任关

---

〔1〕 See J. Freeman, *Private Parties, Public Functions and the New Administrative Law*, Administrative Law Review, Vol. 52:3, p. 831 – 835(2000).

怀方案”,要求将对环保标准的执行贯穿企业决策的各个方面。[1] 授权的自我规制是将检查、监督等管制手段授权给获得政府认可的独立机构,如环保社会组织、专业机构,或者由前述机构以及企业和利益相关公众组成的委员会,如果企业委托该独立机构进行自我规制,且能够达到政府要求之标准,政府即降低干预程度。例如,在德国有环境审查人制度,如果企业委托独立于企业与行政机关的环境审查人来进行审查,就可以被免除定期或不定期接受行政检查的义务。[2] 这种方式能够增强社会性监管,通过潜在受害者的直接参与,提高排治污双方的公共形象,进而增强其市场竞争力。

其三,以激励机制引导企业自我规制体系的发展。将企业自我规制体系的建设情况作为第三方治理企业享受政府税收优惠,获得专项污染治理基金、长期低息或无息贷款的参考条件,必须达到适格标准,企业才能享有优待。以此将激励机制与竞争机制相结合,使内部程序与规则建设、更高标准的合同规范、独立的第三方监督,以及更严格的职业规范,切实成为企业间竞争的要素而被充分重视,继而形成市场企业自我规制与自我竞争的良性循环。

第三节　环境污染第三方治理中的融资机制

一、第三方治理企业的融资困境

作为新型治理模式,环境污染第三方治理的显著特征是环境成本的内部化,利用市场手段将社会资本而非各级财政资金作为环境治理投入的主要来源。[3] 对环境污染第三方治理典型案例进行总结,可知当前第三方治

---

〔1〕 See J. Nash & J. Ehrenfeld, *Codes of Environmental Management Practice: Assessing Their Potential as a Tool for Change*, Ann Review Environ, Vol. 22, p. 499 - 501 (1997).

〔2〕 参见德国《水资源法》第 21a—g 条,德国《废弃物清理法》第 11a—f 条,以及德国《联邦污染防治法》第 53—58 条。

〔3〕 参见黄晓军、骆建华、范培培:《环境治理市场化问题研究》,载《环境保护》2017 年第 11 期。

理项目的投资模式主要有以下两种:第一种,引入社会资本,由第三方治理企业自主出资建设和运营;[1]第二种,政府与社会资本共同投资组建第三方治理企业。[2] 第二种情况一般是由工业园区管委会或其下属投资公司与社会资本合作,由于有政府背书而融资难度相对较小,但这一类型在环境污染第三方治理中整体占比不高,第一种情况在实践中更为普遍。

据统计,2019 年全国环保产业营业收入约 17,800 亿元,其中与环境污染第三方治理相关的环境服务营业收入约 11,200 亿元,统计范围内环保行业大、中型企业数量占比分别为 3.43%、24.29%,小、微型企业数量占比为 72.28%,融资总额为 1242.6 亿元(见图 6-1)。2019 年环保产业融资以银行及信用社贷款为代表的间接融资方式为主,占融资总额的 73.60%,其他方式分别为企业债券融资、私募股权融资、财政拨款和政策性贷款及其他(见图 6-2)。

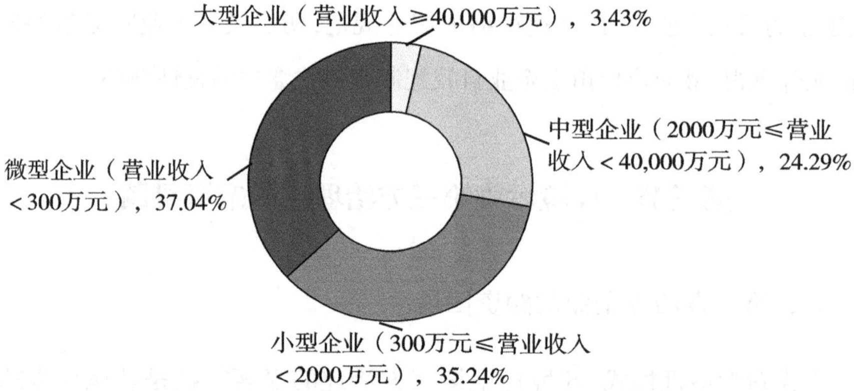

图 6-1 2019 年列入统计的不同规模企业数量占比

[1] 例如,重庆巨科环保电镀工业园绿色循环综合服务项目、无锡市芦村污水处理厂污泥处理工艺改造项目、大连市毛茔子垃圾填埋场渗液处理项目等。

[2] 例如,衡水工业新区环境污染第三方治理项目、上海化学工业区联合异氰酸酯危险废物管理服务项目、镇江新区大气污染综合防治 PPP 项目等。

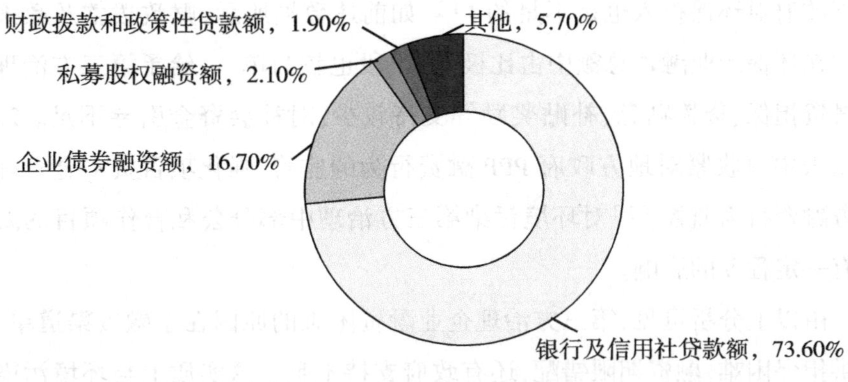

图 6－2　2019 年环保产业重点企业融资类型分布

资料来源：生态环境部科技与财务司、中国环境保护产业协会：《2020 中国环保产业发展状况报告》，2020 年 9 月，第 2～3、23 页。

以上数据反映出我国环保产业融资的总体情况，即环境金融产品种类与结构较为单一、融资平台缺失，企业融资额虽然同比大幅增长但仍未能满足环保产业快速发展的实际需求。基于环境污染第三方治理模式的特点，在第三方治理企业中前述问题尤为突出。

首先，第三方治理企业往往是中小型、技术型企业，相较于传统行业而言规模较小，本身可提供的担保物有限，且由于环境污染第三方治理项目的特殊性，治理设施和所占土地往往为排污企业所有，第三方治理企业不能以其抵押贷款。同时，企业间签订服务合同中的收费权能否作为质押物尚存疑问且并不稳定。[1] 因此，第三方治理企业融资担保能力不足，很难获得银行的信贷支持。其次，第三方治理项目往往建设周期长，初始投资金额大，前期融资需求迫切，而利益获取周期较长，回报率不稳定，短期内经济效益无法保证。现有的融资手段条件要求严苛，且审批流程较长，使第三方治理企业难以获得快速、低成本的融资支持，资金期限错配的矛盾较为突出。最后，长期以来有一种误解，认为我国环保投融资过度依赖政府支持，实际上

〔1〕 参见骆建华：《环境污染第三方治理的发展及完善建议》，载《环境保护》2014 年第 20 期。另参见《动产和权利担保统一登记办法》（中国人民银行令〔2021〕第 7 号）第 2 条、第 3 条。

我国政府对环保投入也是不足的。[1] 如前述数据所示,财政拨款及政策性贷款在环保产业融资总额中占比极低,手段也较为单一,给予第三方治理企业融资担保、贷款贴息、补贴奖励等支持较少,对社会资金引导不足。2017年以来中央收紧对地方政府PPP融资行为的监管,强化项目资本金管理与地方融资行为监控,[2] 对环境污染第三方治理中部分公私合作项目的融资也有一定程度的影响。

由以上分析可见,第三方治理企业融资困难的原因在于融资渠道单一、提供担保困难、融资期限错配,还有政府支持不足。这实质上与环境污染第三方治理的产业特点与内在逻辑不可分割,第三方治理企业在单一的制度逻辑与框架里难以完全凭借自身解决上述难题,这也是第三方治理企业融资困境长期存在的根源,而解决之道即在于突破现有框架,实现与同类新型环境治理机制的制度协同与联动。在此,将以环境污染第三方治理与排污权交易制度的联动为例,探讨制度协同帮助第三方治理企业突破融资困境的可行性。

二、第三方治理企业参与排污权交易的可能性与合理性

(一)排污权交易的制度机理与法源依据

排污权交易制度自从20世纪60年代末在美国被探索运用以来,受到国际社会的广泛认可并在德国、英国等多个国家推广应用,近年来中国学界与实务部门也给予高度关注,进行了不少尝试。所谓排污权交易制度,“是指在实施排污许可证管理及污染物排放总量控制的前提下,激励企业通过技术进步和污染治理节约污染排放指标,这种指标作为环境容量资源、有价资

---

〔1〕 参见郭朝先、刘艳红等:《中国环保产业投融资问题与机制创新》,载《中国人口·资源与环境》2015年第8期。

〔2〕 参见郑良海:《地方政府专项债与PPP的相容机制分析》,载《经济问题》2020年第3期。

源或储存起来以备企业扩大生产规模之需,或在企业之间进行有偿转让"[1]。相较于传统排污管制形式,排污权交易的特征显著。第一,市场性。排污权交易的核心是使环境资源在排污单位之间有效流动,引入市场因素促使资源配置优化。第二,关联性。排污权交易以总量控制与排污许可为基础,与基础制度有强关联性。总量控制决定着环境资源的可利用总量,是通过规划对环境资源的开发利用和保护进行事前安排,[2]制度的出发点是所有义务人行为的总结果。[3] 在此基础上,国家通过排污许可对排污单位进行点源控制。第三,融合性。排污权交易包括排污权的初始分配与二级市场交易。初始分配作为制度起点,是排污权交易标的的产生过程,表现为政府以排污许可证的形式授予排污单位一定的环境容量资源使用权。二级市场交易是排污权交易的重点,是排污权在不同主体之间流转的过程,通过市场因素的调节,实现交易主体私人利益与环境公益的双赢。因而,排污权作为交易客体既具有公共物品属性,又具有私权物品属性,排污权交易法律关系兼有行政授予的公法性与民事交易的私法性。

我国开展排污权交易有较为坚实的政策、法律基础及实践经验。早在1988年原国家环境保护局颁布的《水污染物排放许可证管理暂行办法》(已失效)即有规定,其后多部法律、规范性文件逐步深化了相关规定,为排污权交易机制创新发展奠定了基础(见表6-1)。2007年国家授权11个省市开展排污权有偿使用与交易试点,各地积极响应并制定具体实施方案,从制度建设到市场运作全方位进行。到2019年年底,陕西、浙江、湖南三省征收排污权有偿使用费约3.7亿元,二级市场交易总额约6.4亿元,试点工作已取得阶段性成效。[4] 据统计,排污权有偿使用在我国浙江、河南等地已实现新

[1] 曹明德:《排污权交易制度探析》,载《法律科学(西北政法学院学报)》2004年第4期。

[2] 参见吕忠梅:《论生态文明建设的综合决策法律机制》,载《中国法学》2014年第3期。

[3] 参见徐祥民:《环境质量目标主义:关于环境法直接规制目标的思考》,载《中国法学》2015年第6期。

[4] 参见董战峰等:《环境经济政策年度报告2019》,载《环境经济》2020年第8期。

增污染源全覆盖,浙江等地已扩展至现有污染源,[1]多地建立排污权交易平台。[2]

表6-1 我国排污权交易主要政策、法律依据

名称	部门	性质	内容
《水污染物排放许可证管理暂行办法》(1988年,已失效)	原国家环境保护局	部门规章	最早提出水污染排放总量控制指标,可以在本地区的排污单位间相互调剂
《"九五"期间全国主要污染物排放总量控制计划》(1996年)	国务院	规范性文件	明确污染物总量控制制度,为实施排污权交易奠定基础
《关于进一步推进排污权有偿使用和交易试点工作的指导意见》(2014年)	国务院办公厅	规范性文件	建立排污权有偿使用制度,加快推进排污权交易
《生态文明体制改革总体方案》(2015年)	中共中央、国务院	党内法规	在重点流域和大气污染重点地区,推进跨行政区排污权交易
《"十三五"生态环境保护规划》(2016年)	国务院	规范性文件	建立健全排污权初始分配和交易制度,建立健全跨区域排污交易市场
《控制污染物排放许可制实施方案》(2016年)	国务院办公厅	规范性文件	污染物排放许可制度实施的主要依据
《水污染防治法》(2017年)	全国人大常委会	法律	对重点水污染物排放实行总量控制
《大气污染防治法》(2018年)	全国人大常委会	法律	对重点大气污染物排放实行总量控制,逐步推行重点大气污染物排污权交易
《排污许可管理条例》(2021年)	国务院	行政法规	排污许可管理主要适用依据
《湖北省主要污染物排污权有偿使用和交易办法》(2016年)	湖北省人民政府办公厅	地方规范性文件	规定排污权有定额出让与市场公开出让方式等

---

〔1〕 参见董战峰等:《环境经济政策年度报告2019》,载《环境经济》2020年第8期。

〔2〕 例如,浙江省排污权交易中心、江苏省排污权登记与交易管理中心、天津排放权交易所、湖北环境资源交易中心等。

续表

名称	部门	性质	内容
《江苏省排污权有偿使用和交易管理暂行办法》(2017年)	江苏省人民政府办公厅	地方规范性文件	规定排污权以排污许可证的形式予以确认等
《湖南省主要污染物排污权有偿使用和交易管理办法》(2022年)	湖南省人民政府办公厅	地方规范性文件	规定排污权交易的原则,采取公开电子竞价或者协议转让的交易方式等
《浙江省排污权有偿使用和交易管理办法》(2023年)	浙江省人民政府办公厅	地方规范性文件	规范了初始排污权的核定和有偿使用,明确了排污权交易的具体要求等

(二)第三方治理企业参与排污权交易的合理性

理论上,第三方治理与排污权交易同为新型环境污染治理模式的典型代表,产生初衷与运行逻辑皆为引入市场因素、推动公私协作,以实现资源配置的优化;现实中,二者的制度设计既有兼容性又有差异性。《关于推进环境污染第三方治理的实施意见》中提出支持第三方治理单位参与排污权交易,可以通过合同约定,合理分享排污单位的排污权交易收益,这是对二者协同发展的合理构想,其积极意义主要包括三个方面。

其一,拓展环境污染第三方治理融资模式。对第三方企业而言,虽然近年来环保产业发展获得了巨大进步,但始终存在环保项目自身造血能力差、过度依赖政府推动、环境治理需求向产业市场转化难、投资回报机制不健全等问题。这些问题具体落到第三方治理企业身上,表现为前述融资困境。该实施意见中对第三方治理企业参与排污权交易的构想,开拓了第三方治理企业展开排污权抵质押融资的可能性,有助于解决融资难题。对排污企业而言,该实施意见中提出排治污双方可以通过合同约定,合理分享排污权交易收益,打破了双方之间单一、固定的合作模式,使双方之间的关系从零和博弈演化为合作博弈,污染治理效果的提升和排污指标的节约,使双方都有机会通过排污权交易获得更大的利益。

其二,推动排污权交易与金融市场的进一步发展。排污权交易机制的运行逻辑是以富余排污指标的转让来促进资源有效配置,在排污权主体获取经济利益的同时降低社会治理总成本。然而排污权交易的制度意义不仅于此,排污权具有财产属性,能够进行抵押、转让等市场交易行为,排污权交易的许可与推行也使企业排污权切实成为可定价、有交易价值的资产,进而具备了金融属性,成为一种融资工具。美国等较早推行排污权交易的国家创造了排污银行(banking)等融资方式。排污权抵押贷款是有关排污权的融资方式中的典型代表,是将"具有《污染物排放许可证》认证的排污权作为抵押物向银行融资,并将获得的授信贷款专项用于排污权指标申购、清洁生产或污染治理等绿色环保生产活动领域的绿色信贷模式"[1]。从2019—2021年《国家环境经济政策进展评估报告》来看,随着国家环境权益交易改革向纵深推进,排污权交易市场亦有相应发展。不仅全国大部分省份实施了排污权交易制度,部分地方通过启动排污权交易二级市场、制定排污权交易基准价格等方式推动了市场发展,而且多个地方在排污权抵押、质押贷款方面做出了积极探索。例如,福建省三钢(集团)有限责任公司作为福建首例在2019年4月26日以企业自有可交易排污权为抵押物,获得贷款3000万元[2];2020年3月31日广东省首批排污权质押贷款发放当天企业即获得融资额200亿元,完成质押融资4000万元[3]。然而虽有以上发展,但排污权交易制度起步较早却进展缓慢的事实不容忽视。究其原因,市场主体类型的单一性、总量控制和指标分配机制的不合理性、行政区域划定界限的局限性、覆盖污染物类型的有限性等问题,使排污权交易二级市场活跃度不足,金融业务的发展不如预期。该实施意见提出支持第三方治理企业参与

[1] 霍媛媛:《企业排污权质押融资定价研究》,载《价格理论与实践》2020年第5期。

[2] 参见董战峰等:《环境经济政策年度报告2019》,载《环境经济》2020年第8期。福建省三钢(集团)有限责任公司排污权抵押,是福建省首例自有可交易排污权抵押贷款业务,交易量包括二氧化氮600吨、氮氧化物600吨。

[3] 参见郑秀亮、罗江良:《排污权质押融资项目落地黄埔》,载《环境》2020年第5期。

排污权交易,在一定程度上有利于打破市场交易主体类型的单一性,也有助于理顺总量控制和指标分配机制间的衔接,使排污权交易与绿色金融市场能够借力第三方治理,获得进一步发展。

其三,打通污染治理与环境资源利用的制度脉络。不管是第三方治理机制中第三方企业所面临的融资难题,还是排污权交易机制中市场发展迟滞的困境,在缺乏必要的引导与协同的情景下,两种机制都难以完全凭借自身解决前述难题,解决之道在于打通制度脉络,实现新型环境治理机制间的制度协调与共振。引导第三方治理企业参与排污权交易是联结两种机制的桥梁。在环境污染第三方治理中,排治污双方在承担相应环境污染治理责任的前提下,以自身利益最大化为目标,排污权交易所带来的收益以及其所代表的绿色金融模式,为排治污双方开辟了新的盈利与融资模式,同时也带来了盘活排污权交易市场的可能。打通污染治理与环境资源利用的制度脉络,是对党的二十大提出的"污染防治攻坚向纵深推进,绿色、循环、低碳发展迈出坚实步伐"的积极响应,也是建立健全现代环境治理体系的必然选择。

三、第三方治理企业参与排污权交易的路径设计

《关于推进环境污染第三方治理的实施意见》的支持第三方治理单位参与排污权交易是探索第三方治理与排污权交易两种机制整合协同的合理形式,也是推动二者合作共赢的基础。但文件中提出的"由排污单位作为排污权的交易和收益主体"的具体路径则有待商榷,且与该条文后半部分的"支持第三方治理单位通过合同约定,合理分享排污单位排污权交易收益"有所抵牾。一方面,此种路径设计忽视了现实中第三方治理形式的多样性,将排污权交易主体限制为排污单位的安排,与第三方治理企业在污染治理中的实际角色并不契合。另一方面,将节省的排污指标计入排污单位账户的限定性规定,与排治污双方可通过合同约定,按照市场情况与实际需求对自身权益加以处理的支持性政策导向背道而驰。对于第三方治理企业参与排污

权交易的路径设计，首先要明确第三方治理企业在其中的实际角色与功能，在此基础上探寻合理联结两种机制的最优形式。

（一）明确第三方治理企业在排污权交易中的角色与功能

排污企业参与排污权交易以排污许可为基础，这是排污企业责任承担的起点，即国家允许权利人在合法取得的环境容量使用权范围内排放一定性质的污染物并对排放指标进行交易，同时排污权的公共产品属性使必须在确保公共利益不受侵害的情况下，排污企业才能够享有排污权及获取私益，并且在超出许可指标时需承担相应法律责任。在环境污染第三方治理这一新模式中，第三方治理企业在排污许可及排污权交易中的角色与作用是帮助排污企业持续获得排污许可并尽可能形成富余排污指标来有偿流转。在应然状态下，双方通过签订环境服务合同改变公法上要求承担的污染治理义务的履行方式，排污企业以成本负担的方式将实际治理行为转移给第三方治理企业，第三方治理企业以提供环境服务、参与环境治理的形式来分担排污企业的治污责任，同时通过对排污企业治理责任的实际承担来获取利益。从责权利相统一原则[1]出发，第三方治理企业不能回避对排污企业污染治理以及二次污染责任的承担，也同样可以合理分享其治理行为给排污企业带来的收益，如持续获得排污许可及以富余指标参与排污权交易。然而现有的制度安排，使第三方治理企业的角色和功能在实然与应然之间有较大差别，并由此产生了一些消极影响。

首先，权责主体地位未予明确。对这一问题前文中已有论述。例如，《固定污染源排污许可分类管理名录（2019 年版）》作为排污许可制度的重要组成部分，以传统“排污单位”为分类基础，所涉环境服务行业范围与环境

〔1〕 环境管理与合同制度的交叉使第三方治理呈现出公私融合的特征，带有明显的经济法属性。责权利相统一作为经济法中的总原则，要求在经济法律关系中各主体所承受的权利（力）、义务和职责必须相一致，不应当有脱节、错位、不平衡等现象存在。参见刘长兴：《污染第三方治理的法律责任基础与合理界分》，载《法学》2018 年第 6 期。

服务企业的实际类型并不契合。现实中,第三方治理企业在第三方治理的各个实践类型中不同程度地参与了污染排放,在建设运营独立型中更是已经成为实际的排放者。排污许可制度作为固定污染源环境管理机制的核心,也是排污权交易的基础,环境治理中的权责关系多是通过排污许可证的发放得以明确,排污许可制度可以说是整个环境治理守法链条的开端,是企业污染治理责任认定的主要依据,而自排污许可制度始,整体的环境制度安排并未对第三方治理企业的主体身份予以明确。污染治理机制中实际身份与法理身份的偏差,使第三方治理企业的责任承担与权利享有始终处于模糊地带。

其次,利益分享资格缺乏保障。《关于推进环境污染第三方治理的实施意见》中提出支持第三方治理单位参与排污权交易,以创造利润空间,第三方治理单位可以通过合同约定,合理分享排污权交易收益。然而,现阶段我国各省份排污权交易市场中的主体主要是环保部门和排污企业这两种类型,第三方治理企业并非排污权二级市场的交易主体。同时,一般而言排污权的转让、抵押等能够成为融资手段,是建立在排污权可交易的属性之上,排污权抵质押等融资方式的主体是排污企业,也并不包括第三方治理企业。这大概也是《关于推进环境污染第三方治理的实施意见》做出由排污单位作为排污权交易和收益主体这一路径设计的现实原因。可见,第三方治理企业虽然可以分享自身治理行为所带来的环境治理绩效,但仍然受制于以排污企业为主体的单一绩效分配机制,[1]难以保证治污利润的稳定性,也无法享有排污权作为融资手段可能带来的便利。

最后,制度混乱导致角色不清。其一,环境污染第三方治理与排污许可衔接不畅。一方面部分第三方治理企业未被纳入排污许可制度范畴,对此前文已有述及;另一方面存在对部分第三方治理企业与排污企业双重授权的情况,如第三方治理中的建设运营独立型,由于排污企业与治污企业彼此

[1] 参见曹莉萍:《市场主体、绩效分配与环境污染第三方治理方式》,载《改革》2017年第10期。

独立,对同一污染源向第三方治理企业与排污企业分别授予排污权,在治理过程中将形成排污指标的叠加,有违总量控制的制度目标。其二,排污权交易和排污许可制度衔接不畅。例如,排污权交易的污染物管控种类较排污许可更少,排污许可制度涵盖企业相较排污权交易的交易主体更多,排污权使用年限与排污许可证有效期限不符等。[1] 一些地区正在采取措施解决排污权交易与排污许可衔接的问题,如2017年《江苏省排污权有偿使用和交易管理暂行办法》第4条[2]。排污权交易与排污许可的范围统一是现实及未来发展的实际需要,但并不能解决包括对同一污染源双重授权在内的第三方治理与排污许可及排污权交易的衔接问题。

由此可见,无论是政府监管还是企业间的责任界分,抑或环境治理的利益分配及制度协调,第三方治理企业理应在排污权交易及相关制度中有更为明确的角色与功能。承认第三方治理企业对排污权的实际所有,合理安排其与排污企业对排污权的权属关系,才能够理顺政府、排污企业、第三方治理企业之间的关系。

(二)探索第三方治理企业参与排污权交易的创新形式

从第三方治理的实际情况来看,排污企业与第三方治理企业实质上形成了对污染物的共同控制。在此基础上,有对排污企业和第三方治理企业单独授予排污权和共同授予排污权两种路径选择。就单独授予排污权而言,如果对二者分别授予排污权,则在治理过程中将形成排污指标的叠加,有违总量控制的制度目标,而对第三方治理企业单独授权又缺失一定的衡量标准。相较而言,对排污企业与第三方治理企业共同授予排污权是更为

---

〔1〕 参见王遥等:《2018中国环境权益市场报告》,载《环境经济》2019年第18期。

〔2〕 《江苏省排污权有偿使用和交易管理暂行办法》第4条规定:"按照《固定污染源排污许可分类管理名录》,在排污许可证中载明许可排放量的排污单位,应在申领排污许可证时取得排污权。排污权以排污许可证的形式予以确认,排污权数量与核定的许可排放量一致,有效期与排污许可证一致。"

可行的路径。具言之,可先由排污企业作为排污权授予主体,在环境服务合同达成之后,第三方治理企业与排污企业对排污权形成共有,同时共同成为排污许可的监管对象。对此,应从实际出发,遵从利益均衡原则,允许排治污双方通过环境服务合同对排污权的共有关系进行约定,并由法律进行确认。

对共有关系的进一步讨论,需要明确排污权自身的法律属性。自排污权交易制度推行以来,始终存在研究者对其法律属性的讨论,这确实关乎排污权交易的规则设计与制度价值。当前学界主要有排污权属于用益物权〔1〕、准物权〔2〕、自然资源使用权〔3〕,以及无形财产权〔4〕、契约性权利〔5〕等观点。排污权的客体是环境容量,源于生态系统的纳污净化功能,这与源于自然要素资源供给功能的资源权有所不同,前者具有一定的财富减支性,后者具有一定的财富生产性。〔6〕自然资源作为整体生态系统的组成部分,并不能完全涵盖该生态系统所包含的环境容量,就排污权交易而言,其直接作用的对象为环境容量,故而将自然资源作为排污权客体并不适合。同时环境容量也不符合客体为不动产的用益物权特征,而是与采矿权、渔业权等类似,契合准物权对客体特定性要求不高、一般具有公权色彩、权利取得需经行政许可、权利构成具有复合性等特点〔7〕,因此准物权体系即可涵盖排污权,在现有权利体系可以涵盖的情况下,再创设新的权利类型并无十分必要。

---

〔1〕 参见王育红、李融:《排污权的法律性质》,载《法律适用》2012 年第 12 期。

〔2〕 参见邓海峰:《环境容量的准物权化及其权利构成》,载《中国法学》2005 年第 4 期。

〔3〕 参见李义松:《论排污权的定位及法律性质》,载《东南大学学报(哲学社会科学版)》2015 年第 1 期。

〔4〕 参见邹雄、安启航:《排污权性质的法理辨析》,载《福州大学学报(哲学社会科学版)》2020 年第 6 期。

〔5〕 参见张涓:《排污许可与排污权的法律性质辨析》,载《环境经济》2017 年第 24 期。

〔6〕 参见杨朝霞:《论环境权的性质》,载《中国法学》2020 年第 2 期。

〔7〕 参见崔建远:《准物权的理论问题》,载《中国法学》2003 年第 3 期。

基于排污权的准物权属性,排污企业与第三方治理企业根据环境服务合同的基础法律关系,即对排污权形成准共有。此种准共有可参考物权体系中的共有制度,同时基于排污权公私融合性的特点,应为有限制的准共有。总体来看,适用规则的顺序为:首先,必须遵守排污许可及排污权交易相关管理制度;其次,遵循约定优先原则,在当事人有约定的情况下,优先依照其约定;最后,适用《民法典》关于共有制度的一般规则,即在没有共同约定或者约定失效的情况下,按照法定方式。

排污企业与第三方治理企业的共有形式由合同约定,基于排污权向有偿使用转变的现实情况,双方可在利益衡量的基础上就共有的具体条件进行协商,可以为按份共有,也可以共同共有。在按份共有中,排污企业与第三方治理企业可就各自所有的排污权份额在环境服务合同中进行约定。例如,约定由第三方治理企业享有通过其治理行为可能产生的富余指标或部分富余指标。在共同共有中,排治污双方对于排污权不分份额,共同享有权利并承担义务。在对内对外关系上,按份共有与共同共有有较大区别,双方可在环境服务合同中进行具体约定,如对排污权的管理等。从利益均衡角度出发,按份共有中双方风险承担与利益分享较为均衡,但不排除第三方治理不同类型中排治污双方选择共同共有的意愿及现实需要,如建设运营独立型。同时,基于排污权关联性与融合性的特点,对排污权的准共有关系应有一定的限制。首先,必须以环境行政管制为前提。以排污权整体作为监管对象,排治污双方行为应受环境污染治理相关法律管制,尤其是排污许可制度的监管,在不违反法律法规的基础上双方可以设置对排污权进行处分的条件,如转让、抵押等以双方合意为准。其次,以排污企业为主体。在基础法律关系消灭,即环境服务合同结束时,双方如无约定或其他处分,则排污权由排污企业所有。

此外,由于按份共有和共同共有彼此间的特征与区别,二者对排污权交易效率和市场安全的影响有所不同,虽然排治污双方可以就共有形式进行约定,但鼓励双方优先采用按份共有形式。共同共有因一般以相对稳固的共同关系的存在为前提,故较适宜周期较长的第三方治理项目。部分第三方治理项目的合作周期长达二三十年,甚至更长。对于此类情况,排污企业与第三方治理企业在现实中有多种合作形式,如共同组建环境技术企业等,可允许其根据意愿对排污权约定共同共有。同时基于共同共有需全体共有人一致同意才能处分共有物的特征,排治污双方可就排污权的处分条件预先作出约定,如第三方治理企业对污染物的治理达到约定标准,则双方可就富裕的排污指标进行处分,并对利益分享形式作出约定。如果根据法律规定或者排治污双方之间的协议,排污企业或第三方治理企业有权代理全体共有人处分排污指标,则该方依法或依协议作出的处分行为是有效的;无权代理的共有人擅自处分排污指标时,其他共有人明知而不提出异议的,视为同意,以此保证排污权交易相对方的利益。

四、第三方治理企业参与排污权交易及融资的法制完善

(一)第三方治理企业参与排污权交易及融资的规范更新

环境污染第三方治理与排污权交易均属于我国现代环境治理体系中的创新模式,对第三方治理排污权准共有关系的建构既是对第三方治理企业如何参与排污权交易及融资的一种探索,也是对两种机制在我国交错发展现实情况的一种回应。如今排污权交易及融资制度处于发展阶段,尚未能形成统一的国家法律文件,可在理论及实践层面进行更多创新与尝试,在此基础上形成排污权交易专项部门规章。与此同时,应结合我国环境污染第三方治理的现实发展,从更新《关于推进环境污染第三方治理的实施意见》起步,为后续的规范完善及专门法律的制定提供坚实基础,并与我国现行其他环境治理规章制度形成协调一致的环境法规制体系。在规范更新过程中,有以下制度衔接点需注意:

首先,更新《关于推进环境污染第三方治理的实施意见》中“支持第三方

治理单位参与排污权交易”的相关规定。主要是针对现有规定中对第三方治理企业参与排污权交易的路径设计做出更改。更改后的条款应包含三重含义:其一,第三方治理企业参与排污权交易应以其与排污企业对排污权的准共有关系为基础;其二,支持排治污双方通过合同约定,来对排污权交易收益做出合理分配;其三,鼓励排治污企业参与排污权交易,探索对排污权进行抵质押融资的金融模式。

其次,更新《排污许可管理条例》,细化有关环境污染第三方治理的规定。排污许可是排污权交易的制度起点,我国于 2021 年发布的《排污许可管理条例》,对排污许可证的申请、发放、管理等各项事宜做出了相应规定。第三方治理企业以对排污权的准共有关系参与排污权交易,与排污许可制度的衔接主要有两方面。其一,避免对排污企业与第三方治理企业的重复授权,防止污染指标的重复叠加。对此,在排污权的申请与审批过程中,应以排污企业为排污权授予单位,并在排污企业委托第三方治理时,由排污企业申请对排污许可进行变更。按照《排污许可管理条例》第 47 条的规定,可由国务院生态环境主管部门在制定申请与变更排污许可的具体技术性规范时,将前述内容纳入,而无须对管理条例已有规定加以变动。其二,扩大实行排污许可管理的主体范围,使各种类型的第三方治理企业均可以列为排污许可证上的主体。对此,按照《排污许可管理条例》第 2 条的规定,国务院生态环境主管部门可在其发布的《固定污染源排污许可分类管理名录(2019 年版)》中对“生态保护和环境治理业”中的简化管理和登记管理类别加以扩充。

最后,更新国家层面的排污权交易法律文件。针对全国范围内排污权交易试点工作和政策改革的实际情况,更新现有的排污权交易法律文件。为保证与环境污染第三方治理等新型机制的衔接,更新内容至少应包括:其一,明确排污权的法律概念和法律属性;其二,扩大排污权交易主体,将第三方治理企业纳入排污权交易主体范围;其三,统一排污权的使用年限与排污许可证的有效期限。

（二）第三方治理企业参与排污权交易及融资的制度构建

第一，扩大排污权交易主体。将排污权交易主体扩大到第三方治理企业，是第三方治理企业参与排污权交易及融资的前提。在一级市场中，排污指标是由主管部门以排污许可证的方式向提出申请的排污单位发放，享有排污权的企业应为特殊主体，即排污达标的企业。在环境污染第三方治理中，排污指标应首先分配给排污企业，排污企业与第三方治理企业签订环境服务合同后，可由合同双方在一定时限内向地方环境保护部门报告，申请变更原始排污许可证，根据环境服务合同将第三方治理企业纳入，即在排污许可证中添注治理企业。由此，排污企业与第三方治理企业就排污权形成准共有关系，共有形式及条件双方可在环境服务合同中具体约定。排污企业委托多家环境服务企业共同治理的，可于排污许可证中一并标注，准共有关系的具体内容由排治污双方协商确定。第三方治理企业获得排污权后，应允许其参与排污权交易二级市场，这既有利于第三方治理绩效的合理分配，也有利于活跃排污权交易二级市场。

第二，加强对环境服务合同的规制。排污企业与第三方治理企业应就排污权准共有关系的形式与内容在环境服务合同中进行具体约定。由于对排污权的准共有关系为有限制的准共有，作为排治污双方约定的载体，环境服务合同本身应受一定限制。首先，于合同内设置“强制条款”与“推荐条款”。将必须遵守的排污许可及排污权交易与融资相关规定作为不可由双方约定修改的“强制条款”；将对准共有法律关系的约定范本作为“推荐条款”，可由双方选择使用。其次，限制合同中的免责条款。合同双方可就彼此之间的准共有关系及利益进行约定，但如有借准共有关系逃避责任承担或对可能影响环境治理公益目的实现的条款做免责约定的，约定无效。最后，合同需登记备案。环境服务合同以书面形式订立，订立后应向地方环境保护部门登记备案，并由该部门以环境服务合同为依据，对原排污许可证进行变更。

第三,完善市场准入及融资监管制度。市场准入及融资监管制度是对第三方治理企业参与排污权交易与融资的市场保障机制。市场准入制度主要针对第三方治理企业,是对其准入条件的明确,以对排污权准共有法律关系的审查为重点。其一,第三方治理企业须经市场监督管理部门核准登记,持有合法有效的营业执照;其二,在环境保护行政主管部门依法核发的排污许可证上有标注;其三,存在合法有效的环境服务合同;其四,有较高的绿色信用信贷等级,或有较高的企业环境信用评价等级。融资监管制度是针对"排污权"作为融资工具的特殊性而设置的风险控制手段。其一,第三方治理企业通过排污权抵押贷款等融资手段获取的资金应用于绿色环保生产活动,不得用于购买股票、期货等有价证券和从事股本权益性投资;其二,融资额度应以环境服务合同约定份额及对排污权的评估价值为基础,不能随意定价;其三,由于排污权以排污许可证为法律凭证,排污许可证有期限限制,一般为5年,所以排污权价值存在随时间递减的风险,越临近排污许可证有效期限结束时间则排污权价值越低,故以排污权为融资工具的融资数额应具有动态调整性,除此之外还应考虑环境服务合同的有效期;其四,排污权交易及融资与国家环保政策密切相关,而尚未有明确法律规定,如国家环境政策发生变化,第三方治理企业应提供其他保全或追加新的担保。

第四,优化污染物排放量监控制度。污染物排放量监控制度是环保部门监管企业污染物排放的主要手段,是环保执法的基础与保障,对排治污双方而言,也是对环境服务合同履行情况的评价验收机制,以及对第三方治理企业参与环境治理绩效分配是否合理与正当的评判机制。该制度在当前主要表现为污染源自动监控体系,自动监控数据将作为排污申报核定、排污许可证发放、总量控制、环境统计、现场环境执法等环境监督管理的依据。〔1〕长期以来,排污企业作为追求经济利益最大化的"理性经济人",对监控数据造假的现象层出不穷。排污权准共有法律关系的建构,使排污企业与第三

〔1〕 参见《污染源自动监控管理办法》第4条。

方治理企业基于合同履行及责任界分的目的，有可能形成更为深入的互相监督关系，进而保证监控数据的客观真实准确。具体优化措施包括企业的自动监控实施计划制定、污染防治设施运营情况说明、年度执行报告编制等，均由第三方治理企业与排污企业共同完成，并作为事后双方责任承担及环境治理绩效分配的依据。由此，一者提高专业性与效率，降低环保部门的执法难度；二者使排治污双方互相监督，减少违法排污，甚至共谋排污的可能；三者形成对第三方治理企业是否履行环境服务合同约定，合理合法拥有治理绩效的客观评价标准。

第五，建立利益补偿与保障机制。利益补偿与保障机制主要是针对第三方治理企业参与排污权交易及融资的预后处理，包括政府对企业、企业对企业两种情况。首先，在政府与企业及融资机构之间建立排污权回购机制。在排污权抵押等融资手段出现失信等情况时，由政府出面回购排污权，以降低金融机构的风险，并保证排污权价值的稳定。对此，需设置排污权回购部门，完善排污权回购定价机制及回购资金管理制度。其次，在排治污企业之间建立利益补偿与保障机制。由委托治理双方以合同约定来对风险进行提前防范。例如，约定第三方治理企业以共有的排污权抵押贷款，需要获得排污企业同意，或在共同共有中排污企业具有抵押优先权；在第三方治理企业出现抵押失信或未能完成合同对环境治理的约定时，就已获取的排污权价值由第三方治理企业对排污企业进行补偿，如长期无偿技术支持、附着于主设施的治污设施的归属等，这些财产无法单独进行抵押贷款，但对于排污企业而言具有相当财产价值。

第七章

环境污染第三方治理的公众参与

2020年3月中共中央办公厅、国务院办公厅发布《关于构建现代环境治理体系的指导意见》，提出要创新环境治理模式，积极推行环境污染第三方治理，构建现代环境治理体系，社会组织和公众共同参与是重要部分。政府与市场双重失灵的制度性困境需要公众参与来加以破除，公众参与一方面能够形成对环境治理成效的监督与衡量，另一方面使第三方治理的主体从三方拓展为四方，利益博弈关系越发复杂。因此，对公众参与现实路径和法律机制的设计和优化，是第三方治理机制整体性建构与完善必须要解决的问题，也是实现第三方治理机制长远良性发展的根本保障，同时还能与环境治理中的其他新型制度形成对照与镜鉴。

第一节　公众参与环境污染第三方治理博弈的囚徒困境

一、环境治理中公众参与的运行逻辑

环境利益从属性上可以分为环境公益和环境私益，长久以来两者之间始终存在冲突。不同利益主体之间存在“优势部”与“弱势部”的区分，这是由于拥有社会资源的程度不同，且各自的利益诉求也存在差异，其相互之间

的利益博弈实质上是一个利益再调整的过程。[1] 在这个过程中，如果没有外力的强制干预，则优势部将基于强势地位而继续其对弱势部的侵害，最终造成利益的持续失衡，甚至导致生态危机与环境失序。产业革命以来，大工厂、大企业肆意追求环境私益，造成环境污染与生态破坏，使环境公益遭受巨大损失，就是此种情况的典型体现。因此，要使环境公益与环境私益以及不同利益主体在博弈中保持利益均衡状态，必须有法律等强制手段的介入。

可见，看似是人与自然之间环境利益冲突的生态危机，本质上还是人与人之间环境利益博弈而导致的利益失衡，环境问题的本质是社会公平问题。[2] 环境治理表面上看是消除环境损害、恢复生态健康，将人和自然的关系恢复到和谐理想的状态，根本上是通过对不同主体间利益博弈的规范和引导，实现对环境利益的重新分配，促使其达致均衡状态。利益均衡状态在现代环境治理体系中至少包含三点：其一，环境公益与环境私益之间的平衡。环境公益治理目标的达成离不开私主体的配合，一方面必须保证私主体有合理的利益空间，才会有环境治理的动力；另一方面基于公共目的，私主体必须完成必要的环境治理任务才能获得合法利益。其二，效率与公平两种价值间的均衡，社会发展不能以牺牲公平为代价，应在恪守社会公平准则的前提下降低环境治理成本。其三，利益主体责权利的均衡。环境治理中各参与主体的权利、义务和责任大致均衡，各自认可彼此可能获得的私益与承担的风险处于均衡状态。

绝对的利益均衡只能作为理想状态而存在，现实中可通过合理的制度设计和引导达至基本公平和相对平衡的状态，具体办法即对参与主体的利益进行干预。这里的利益干预，是指通过调整对参与主体而言最主要的利益，来引导其行为策略选择，推动其行为向利益均衡的方向发展。利益干预

〔1〕 参见董正爱：《社会转型发展中生态秩序的法律构造——基于利益博弈与工具理性的结构分析与反思》，载《法学评论》2012 年第 5 期。

〔2〕 参见张育民：《生态文明建设中的利益冲突、博弈与法律调控》，载《西安建筑科技大学学报（社会科学版）》2008 年第 1 期。

分为直接干预与间接干预两种情况。对环境治理中的公众参与而言,直接干预是以制度性、政策性手段引导公众追求核心利益的行为,以此推动公众参与;间接干预是以公众作为公共利益代表及最重要的外部监督力量,通过公众参与实质性影响其余主体的利益选择和行为策略,形成对治理过程的监督,实现公众参与的目的。两种干预手段相辅相成,既以直接干预手段推动利益主体在利益博弈中作出某种策略行为,同时以其策略行为达成对其他主体利益的间接干预。

公众是环境公益的享有者,相对企业与政府来说是环境利益博弈中的弱势部,环境法自产生以来即以多种利益干预手段保护公众权益,追求主体间的利益均衡。“谁污染,谁治理”的污染者负担原则是早期环境治理模式的典型代表,我国曾在此原则指导下颁布了大量环境管制性法律,并在短期内管制效果突出,但是随着社会需求和市场经济的进一步发展,污染治理范围已经超出政府能力范围,仅依仗政府治理的一元性和压制性法的弊端逐渐暴露。因旧有范式遭遇挑战而寻求新的法律秩序,“谁污染,谁付费”的环境污染第三方治理模式,以及以公众参与为代表将环境监管与协商式环境民主结合起来的回应型与反思型法律范式皆在此背景下产生。新模式赋予公众在环境利益博弈中的主体身份,突破了过去环境治理中只有政府和企业的二元格局,在一定程度上改变了公众作为“弱势部”的不利境况,增强了其在与优势部主体博弈中的制衡力量,使利益均衡状态的达成更为现实。在当今风险社会中,公众参与能够帮助形成共同的社会价值认知,在科学技术理性尚不能主导环境治理的当下,以沟通理性、程序正义、合作互信来提高环境治理决策的合法性、可信性、正当性。如今已有多种实证研究证明公众参与对降低环境污染效果显著,也更有利于维护社会稳定,保护生态环境。我国现代环境治理体系将公众参与作为基本原则,着力推进其在各种新旧制度中的应用,环境污染第三方治理是其中重要一环。

在环境治理关系的理想状态下,政府包含监管者、投资引导者等多种身份,在政府委托治理中还有合同当事者的角色。排治污企业作为治理行为的实际承担者,接受环境行政部门的管理,同时彼此监督,共同完成治理任务。其中排污企业除传统的行政管制对象和污染责任承担者的身份外,新增了委托者和合同当事者的角色,第三方企业作为新主体,是被委托者和合同相对方。公众作为治理参与者,改变了传统中风险与损害承担纯粹弱势者的身份,虽然并非项目和合同的直接当事方,但可以形成对其他三方的监督力量。因此,从法理基础、政策法律导向、社会认知等多方面来看,公众参与第三方治理已是制度建构的应有之义,但现实中却面临诸多问题。

二、第三方治理中公众参与的具体问题

我国《环境保护法》[1]赋予公众知情权、参与权、监督权,《环境保护公众参与办法》与各省的实施条例将前述权利进一步具化,形成公众参与第三方治理的规范性依据。基于第三方治理的特殊性及主体间的利益博弈,公众参与当前虽已有不少法律支撑,但在现实层面仍然面临诸多问题。根据公众参与的运作过程,可将其拆解为“谁来参与”“何时参与”“如何参与”“参与权责”四个方面,分别剖析其中存在的问题。

(一)“谁来参与”——公众主体界定缺失

随着环境污染第三方治理、环境影响评价等制度的巨大创新,公众权利的内涵与形式有了新的发展,然而公众并非一个确定的法律概念,其主体非常宽泛,具有不确定性。依《环境保护公众参与办法》,公众包括我国所有的公民、法人和其他组织,这一规定同样太过宽泛,不具有现实操作性。由于当前尚无具体制度对公众主体的范围进行界定与遴选,而存在以下问题:第

〔1〕《环境保护法》第53条规定:“公民、法人和其他组织依法享有获取环境信息、参与和监督环境保护的权利。各级人民政府环境保护主管部门和其他负有环境保护监督管理职责的部门,应当依法公开环境信息、完善公众参与程序,为公民、法人和其他组织参与和监督环境保护提供便利。”

一,难以保证公众参与价值。公众界定的缺失使决策者拥有广泛的自由裁量空间,可以刻意选择符合自身利益的公众来操纵公众参与结果,公众权利很难真正积极充分地实现。[1] 第二,提高参与成本。参与主体范围不明使公众参与效率较低而成本较高,且成本与资源等对参与能力的要求也限制了很多公众个体的实际参与。

(二)"何时参与"——公众获取信息不易

环境污染第三方治理高度专业化,不管是涉及排污问题还是治理问题都需要技术理性和沟通理性的密切合作。然而一方面环境科学和技术尚未能对现实中所有的环境问题提供确定的解决方案,另一方面社会大众与技术理性之间有着一定的隔阂。[2] 项目本身经常游离在科学不确定性的模糊区域之中,而参与方需要基于模糊的科学作出判断,相比其他参与主体,这对缺少专业知识的公众来说更加困难。对信息的拥有和控制,作为有效而富有意义的参与活动的基础,对公众而言尤为重要。[3] 目前尚未有明确法律规定地方政府针对不同的环境污染第三方治理类型应如何履行公布项目相关信息的职责,项目招标、治理预算、项目评审等信息的公开程度弹性极大,对企业的环境信息公开也缺乏强制力,更缺少对环境及技术信息的科普与解释。这导致以下问题:第一,信息公开的内容及程度不足,公众难以获知何时可参与第三方治理;第二,公众参与第三方治理后无所适从,难以确定参与目标。

(三)"如何参与"——公众参与方式有限

根据现有法律法规及政策,我国公众参与环境治理包括征求意见、问卷

---

〔1〕 参见张晏:《"公众"的界定、识别和选择——以美国环境影响评价中公众参与的经验与问题为镜鉴》,载《华中科技大学学报(社会科学版)》2020 年第 5 期。

〔2〕 参见[美]马克·艾伦·艾纳斯:《规制政治的转轨》(第 2 版),尹灿译,中国人民大学出版社 2015 年版,第 190 页。

〔3〕 参见吴勇:《论公众参与 PPP 项目的制度激励》,载《湖湘论坛》2018 年第 1 期。

调查、召开座谈会与专家论证会、听证、举报、环境公益诉讼等多种形式，相比过去基本没有或极少公众参与的情况已有很大进步。然而当前的参与形式有以下特点：第一，被动性，多由政府自上而下引导或由企业推动，公众参与较为被动；第二，象征性，以象征性参与为主，缺少对公众参与的反馈以及真正的合作授权，公众参与往往是针对某个环节的讨论，而非对第三方治理重大决策事项的全程参与，对第三方治理难以构成实质性影响；第三，事后性，公众的自发性参与多为事后补救，如举报、环境公益诉讼，此时往往损害已经出现，对政府及企业的信任已经削减，不良社会影响已然形成。显然，当前公众参与方式以象征性参与、事后参与为主，参与方式的种类及有效性不足使环境公益难以获得有效保护，一定程度上增加了环境风险与社会不稳定因素，甚至有可能发生环境群体性事件。

（四）“参与权责”——公众权责未予实质化

对于公众获取环境信息、参与和监督环境治理的权利与渠道，《环境保护公众参与办法》作出了相应规定。从性质上来看，对公众参与权利的细化与落实，是公众环境权益保障中程序正义的体现，也即通过保证公众参与环境立法和决策的程序性权利，来推动公众环境实体性权益的实现。[1] 但将公众参与仅作为一种社会公众程序性环境权利，并不足以保障公众参与的真正实现，亦无法达到以公众参与制约与监督其他利益主体的目标。如果不能“实质化公众参与范畴”，[2] 明确公众在程序中的实体权利，同时界定具体的义务与责任，则将导致以下问题：第一，程序性权利虚置，导致参与的形式化；第二，丧失效果评价标准，无法衡量公众参与是否真正落实。

---

〔1〕 参见秦天宝：《程序正义：公众环境权益保障新理念——〈环境保护公众参与办法〉解读》，载《环境保护》2015 年第 20 期。

〔2〕 参见李一丁：《第三方治理二次环境污染责任的认定——企业环境信用评价法制化视角的分析》，载《中国地质大学学报（社会科学版）》2019 年第 2 期。

三、公众参与第三方治理的博弈模型分析

分析前述困境产生的根源,需要回溯到第三方治理如何运行的实证研究之中,分析各个参与主体在第三方治理的制度环境下,是如何作出行动决策的,在此基础上运用社会选择理论,重新确立社会目标与价值标准。

(一)环境污染第三方治理中博弈的特点

第三方治理作为新型治理模式,以合作为核心,以契约为基础,以利益均衡为保障,以多元共治为导向。其法律关系具有特殊性,使其利益博弈过程呈现新的样态。

首先,第三方治理以契约为基础,合同是第三方治理合作与多元共治展开的前提。合同本身具有明确的私法属性,但环境污染第三方治理明显具有公益与私益的双重目的,合同内容包含公法义务,合同从缔结到履行再到解除要受到公益目的的制约。环境污染第三方治理包括两种类型,即政府委托治理和排污企业委托治理,分别对应环境服务政府合同与环境服务民事合同。环境服务政府合同属于“兼具公法和私法性质的混合合同”[1]。环境服务民事合同本质是受到公法目标限制的民事合同。

其次,第三方治理中的契约是典型的不完全契约。第三方治理项目具有长期性、复杂性、专业性,项目运行全过程存在大量不可预见及不可控因素。由于信息的不对称性在参与各方中普遍存在,合同很难覆盖有可能影响项目运行的全部要素,成本与收益、风险与合作、权利与义务作为相互联系、互相影响的关键内容有较大的不确定性。[2] 因此,环境污染第三方治理

---

〔1〕 湛中乐、刘书燃:《PPP协议中的法律问题辨析》,载《法学》2007年第3期。

〔2〕 参见喻文光:《PPP规制中的立法问题研究——基于法政策学的视角》,载《当代法学》2016年第2期。

合同要求在项目的实施运营等合同履行阶段，按照实际情况对风险、成本、收益等合同订立时尚未明确的因素加以确定，并对彼此的权利义务进行再分配。这种不确定性使利益博弈贯穿第三方治理始终，参与主体的策略行为对各方及治理效果的影响极大。

最后，第三方治理的法律主体是有限理性个体。第三方治理参与各方是理性经济人，彼此目标明确，有具体的利益追求，各自基于自身在环境污染第三方治理法律关系中的定位及限制，来选择能使利益最大化的策略行为。同时，参与主体是有限理性个体。一方面，我国环境污染第三方治理的开展属于典型的自上而下推动，当前很多项目的设立源于中央或地方的政策支持，受政治环境影响极大；另一方面，环境污染第三方治理作为新模式，受时间限制，目前成功走完全程的典型案例还不够多，市场的复杂性和不可预测性加大了项目风险。政治与市场的多变使参与各方由于信息不完整及不对称，对问题的认识与处理有较大局限性。

综上，环境污染第三方治理作为新模式，本身不是万能的，整个运作过程具有不稳健性，表现出非常明显的动态属性。贯穿治理项目始终的博弈具有以下特点：第一，环境污染第三方治理每一个项目都存在当事人的利益博弈，项目的立项、运营、结项，实际上伴随着不同利益主体之间的博弈。第二，参与主体间的博弈是不断学习、彼此影响、动态策略调整的过程，各主体相互影响的特点尤为突出。第三，基于公益目的不同类型合同的私法属性可在何种程度上予以突破，将影响利益博弈中各主体的策略行为，尤其是公众参与。

（二）环境污染第三方治理过程中的博弈模型分析

由前述内容可见，环境污染第三方治理具备博弈论的四项基本特征：群体性，即两人以上的群体行为；互动性，事情的最终结果取决于所有人的行动；策略性，每个人都认识到并考虑到这种相互依赖性；理性，每个人选择行动的时候要针对对手的可能行动而选择一个最优对策。[1] 借助博弈理论工具,可以构建第三方治理主体的博弈模型,从给定社会状态的简化入手并通过舍弃与所研究问题无关的诸多细节进一步深入,以发现导致问题产生的基本作用力量。[2] 一个标准形式的博弈包括三个元素:博弈的参与人,参与人可能的策略,每一可能的策略组合下参与人的收益。[3] 三者共同构成标准博弈的必要条件,即有两个博弈者,每一个博弈者有两个策略,对于每一个策略组合的收益。[4] 环境污染第三方治理涉及政府、私人部门和公众等共治主体多重利益博弈关系,可据此构建环境污染第三方治理的博弈模型。

1. 基本假设与变量设定。第三方治理的参与主体一共有四方,即政府、排污企业、治污企业、公众。这四方主体可以按属性分为政府、市场主体、社会力量三类,其中排治污企业都属于市场主体,其和政府是第三方治理的直接参与者,公众是最重要的外部力量。

在此,将排污企业的排污与治污企业的治理行为视为一体,其有两种策略选择:合法治理与违法排污。两种策略下企业产值相同,但合法治理会因污染治理支出而增加成本,违法排污会节省成本,但可能面临行政处罚。政府同样有两种策略选择:监管与不监管。监管需要耗费一定的执法成本。以此为基础构建二元矩阵模型,同时设定变量。变量包括:C_1,违法排污给企业带来的成本节省;S,政府监管对违法排污的行政处罚;C_2,政府监管成本;N,违法排污且政府没有监管时公众投诉等产生的负向效应;P,合法治理

---

〔1〕 参见[美]道格拉斯·G.拜尔、[美]罗伯特·H.格特纳、[美]兰德尔·C.皮克:《法律的博弈分析》,严旭阳译,法律出版社1999年版,第6页。

〔2〕 参见[美]道格拉斯·G.拜尔、[美]罗伯特·H.格特纳、[美]兰德尔·C.皮克:《法律的博弈分析》,严旭阳译,法律出版社1999年版,第2页。

〔3〕 参见[美]道格拉斯·G.拜尔、[美]罗伯特·H.格特纳、[美]兰德尔·C.皮克:《法律的博弈分析》,严旭阳译,法律出版社1999年版,第2页。

〔4〕 参见[美]格若赫姆·罗珀:《博弈论导引及其应用》,柯华庆、闫静怡译,中国政法大学出版社2005年版,第8页。

时公众认可产生的正向效应。由此,可建立第三方治理中博弈双方的利益矩阵(如表7-1所示)。

表7-1　环境污染第三方治理博弈利益矩阵

行为	排污与治理企业	
	合法治理	违法排污
政府监管	$(P-C_2,\ -C_1)$	$(S-C_2,\ C_1-S)$
政府不监管	$(P,\ -C_1)$	$(-N,\ C_1)$

2. 模型分析。根据表7-1,可知博弈参与方各自的收益函数与策略行为,得出如下解:策略1,对私人部门而言,由于 $C_1>C_1-S$,且 $C_1>-C_1$,当政府选择不监管策略、私人部门选择违法排污策略,即"不监管,违法排污"时,对私人部门是最优解。故私人部门倾向于政府不监管,并可能因此去"虏获"政府。

策略2,对私人部门而言,在政府选择监管时,只有在 $-C_1>C_1-S$,即 $S>2C_1$ 时,私人部门才可能选择合法治理,也即如果政府对私人部门的惩罚力度小于污染治理成本的2倍,则不管政府如何监管,私人部门从自身利益出发都不会选择合法治理,而倾向于选择违法排污。

策略3,对政府而言,当私人部门选择合法治理时,由于 $P>P-C_2$,故政府选择不监管策略,即"不监管,合法治理"时较优。

策略4,对政府而言,当私人部门选择违法排污时,政府是否执行其监管职责取决于 $S-C_2$ 与 $-N$ 的对比,只有在 $S-C_2>-N$ 的情况下,政府才会选择监管。如果摒除公众参与,即假设公众的负向效应N为0,则如果政府选择监管,能否获益取决于 $S-C_2>0$ 还是 $S-C_2<0$,如果行政处罚大于监管成本,政府可获益,选择监管为占优策略,反之收益为负,选择不监管为占优策略。在此,如果政府选择不监管,即"不监管,违法排污",虽然无法保证一定为占优策略,但至少是没有损失的策略,即对政府来说最差的情况是收益为0。而如果无法摒除公众参与的负向影响,即 $N>0$,则政府在面对违法排污时,不管是监管为占优策略还是不监管为占优策略，政府的收益都可能会小于0。

由以上分析可见，对政府而言，如果能排除公众参与的负向影响，无论选择监管还是不监管都可保证自身没有损失；对私人部门来说，如果能排除公众负向影响，则有可能获取最大收益 C_1。政府权力源于社会公众，保护环境公益是其最重要的责任，本身应以追求公共利益为目标而不应有自身偏好，但现实中它作为理性经济人，往往面对长远利益与眼前利益的冲突与选择。排污企业与第三方治理企业作为社会私人部门，以自身利益最大化为目标，追逐低廉的环境资源与低限度的污染治理是其天然逻辑，外部监管是推动其治污的主要动力。公众作为第三方治理最重要的结果承担者和外部监督者，并不是环境服务合同的直接参与方，在治理关系中的弱势地位使其往往成为他方策略行为最先摒弃的对象。在这种情况下，个体理性与集体理性、工具理性与价值理性之间的矛盾暴露无遗，公众参与陷入第三方治理博弈的囚徒困境。

第二节　公众参与第三方治理困境的原因分析

公众参与第三方治理的困境，经由博弈模型可得到清晰、动态的呈现，而且能从模型里各方关系的演进中窥见问题根源之所在。政府、市场主体、公众等组织与群体作为不同的利益相关方，彼此之间相互作用、相互约束，共同影响了公众参与第三方治理的效果。作为有限理性个体，公众的策略选择既无法摆脱自身所处场域制度逻辑的影响，也受他方策略以及不同制度间相互作用的制约。在此，将围绕博弈模型中的四种策略选择，从第三方治理不同参与主体的角度深入分析困境产生的制度动因。

一、政府权威型治理下的逻辑悖论

我国环境治理长期推行“命令—控制”的单向管制模式，这种模式以中央权威为基础,以地方政府科层制的逐级任务分包和灵活变通为执行通道,属于典型的"权威型"治理。[1] 从博弈角度出发,泛利化"中性政府"的假设只适用于中央政府,如果对中央政府进行细分,甚至其不同部门之间也存在权力交错和利益竞争。而地方政府则是理性"政治经济人",更贴近前述博弈模型中的"政府"主体。在这一制度场域中,中央政府以保护环境公益为根本目的建立起整体性的环境治理框架,在框架内确立了保证公众参与和利益均衡的价值导向和制度通道。然而在治理框架落实的过程中,受到各个部门、各级政府自身利益考量及彼此利益博弈的影响,往往并不以环境公益为最终目标。具言之,环境治理任务在我国从中央到地方政府的层层落实仰仗科层制的组织架构。基于科层制的运行逻辑,地方政府首先面临向上负责的压力和官员晋升通道的吸引力,因此其在面对中央下达的多元政策指令时,往往并不以中央要求的轻重缓急来对待可能相互冲突的目标和任务,而是基于自身的利益衡量来作出选择和判断。利益衡量的过程就是对目标和任务达成所可能带来收益的比较过程,而非对任务自身重要程度的判断过程。例如,在某一阶段目标排序可能是"维稳"大于经济发展大于环境治理,到下一阶段前述排序又可能发生变化。同时,中央政府各部门彼此的职守与工作重点各不相同,从部门自身利益出发可能会对政策和规范有认知差异,乃至向下级部门作出差别明显甚至彼此冲突的任务安排。例如,对于政府与市场主体达成的环境服务政府合同的性质,财政部"PPP 立法"和国家发改委"特许经营法"的认定大相径庭且僵持不下,这直接影响了现实中第三方治理项目的具体运作和纠纷解决。[2]

基于目前的制度环境可知,中央政府注重社会的整体利益,积极推进第三方治理等新型治理模式和多元参与的环境共治,地方政府作为一线的任

---

〔1〕 参见杜辉:《论制度逻辑框架下环境治理模式之转换》,载《法商研究》2013 年第 1 期。

〔2〕 参见尹少成:《PPP 协议的法律性质及其救济——以德国双阶理论为视角》,载《政法论坛》2019 年第 1 期。

务执行者，有着多重社会建设目标，不仅要维护环境公益，还要发展地方经济。尤其是在第三方治理中，政府有投资者、合同相对方等新角色，政企之间的法律关系和利益链条更加错综复杂。这体现在具体的主观逻辑策略选择上，参考策略1，在发展压力之下，当市场主体与公权力的利益取向一致时，地方政府被“虏获”或与市场主体“合谋”摒除公众参与的情况在当下并不罕见；参考策略4，在公众参与负向效应N足够大时，比如公众正向参与无果而爆发环境群体性事件或冲突性抗争行为，那么哪怕监管成本C_2大于行政处罚S，$S-C_2$为负，只要$S-C_2>-N$，地方政府就会选择监管。

二、公众参与环境治理上的权力缺失

近年来权利意识的觉醒和环境问题的凸显，使公众更加注重以组织性或个体性活动来保护自身的环境利益，积极参与环境治理，但是参与的目的和成效，并非只要有法律规定就可以自动实现，往往与公众的公民意识以及拥有的舆论、组织资源紧密联系。[1] 作为一种监督，公众参与能够深入了解政府和市场主体在第三方治理过程中权力和权利交互的真实样态，也使地方政府的治理行为更易受到合理性与合法性质疑。这也解释了在科层制的运行逻辑下，地方政府和市场主体在博弈模型策略4中对$N=0$的选择和追求，根本原因即在于，公众在参与治理上并没有获得与地方政府相当的议价能力，[2]第三方治理博弈过程中的权力缺失使公众参与只能依赖地方政府的主导地位。

在权威型治理模式下，政府大家长式全包全能的行动方式，在主观上使公众形成了对政府的强依赖，在客观上使社会公众参与治理的权力和能力

---

〔1〕 参见杜辉：《论制度逻辑框架下环境治理模式之转换》，载《法商研究》2013年第1期。

〔2〕 参见郭建斌：《公众参与环境治理：逻辑审查与实践选择》，载《江西社会科学》2021年第4期。

既没有培育的必要,也没有培育的空间。长此以往,公众形成了以“自律”为主的参与习惯和参与心理,很少“主张”和“抗争”。即使公众提出主张,也基本上是经过对外部治理行为能否保证自身利益及所涉利益与监督参与成本之间是否平衡的反复衡量,而抗争则是在环境损害爆发而其他参与诉求途径阻塞之后的无奈选择。

环保社会组织的情况和公众个体类似且更具代表性。近年来,环保社会组织在我国已经有了相当程度的发展,但在现行法律体系下仍然有很多环保社会组织尚未能在如环境公益诉讼等领域获得合理的法律地位,因而也无法充分发挥对社会公众的组织引导作用,以及公权力和公权利之间的沟通桥梁作用。并且,权威型治理对社会的影响力并不对环保社会组织有例外,环保社会组织同样对政府有着强依赖,在实践中往往将政府的利益倾向作为自身的行动导向,或者以政府的态度指向来设置自己的目标诉求。

三、市场主体引入公众参与的内生动力不足

作为理性经济人,排治污企业是典型的市场主体,其生产经营包括污染治理等所有活动皆是为了获取最大利益。第三方治理企业提供环境服务所换取的利益,实质上是对排污企业利用环境所获利益的分割。在权威型环境治理模式下,治理活动作为生产成本的内部化方式,并非市场主体的自愿行为,而是迫于外部监管的压力。如博弈模型所示,政府和公众是外部监督主体。其中行政处罚是对私人部门的直接威慑,参考策略2,只有在 $S>2C_1$ 时,私人部门才可能选择主动合法治理。参考策略1,排污企业通过提供就业,帮助地方发展经济,一定程度上存在与政府“合谋”或“虏获”政府的可能;第三方企业亦是如此,且由于设立形式与政府关系的复杂性,更易与政府形成某种默契。私人部门对公众影响的态度可见策略4,如果公众参与不能获取法律和政策的强力支持以及政府的认可,或者说不能直接形成对私人部门的经济威慑,则不足以迫使私人部门引入公众参与。

此外,第三方企业的引入使环境治理中的法律关系更加复杂,对公众参与也有一定影响。一是排治污企业之间民事与行政责任界分不清,使市场主体可能互相推诿,逃避公众监督。在行政责任承担方面,根据当前的规范体系,环境监管的行政相对人是否包括第三方企业并无依据,这使第三方企业能否作为直接责任人来承担相应责任尚有疑问;在民事侵权责任界分方面,第三方企业承担责任的情形过于单一,以上情况都增加了公众参与的难度。二是企业委托治理作为市场行为,自身的非公开性与公众参与的公开性之间的矛盾。排治污企业双方之间订立环境服务民事合同属于企业的内部事宜,虽然保护环境公益的治理目标在一定程度上限制了合同的目的和内容,也对排治污企业提出了接受社会公众监督和行为公开透明的要求,但是排治污企业应如何执行公法上约束公权力的规定,公众参与的范围与程度应如何把握等问题,在实践中探索解决的难度较大。

第三节　公众参与环境污染第三方治理的法制完善

一、公众参与法律机制的模式设计

基于目前的社会情况,环境治理向公共治理转变,仍应将以政府为主导的合作架构作为基础。一方面政府作为重要主体,在第三方治理利益博弈中的策略行为对其他主体有着重大影响;另一方面权威型治理对公众的影响无法在短期内消除,社会公众形成新的参与习惯需要时间积累。在这一基础之上,可重新设计第三方治理的行政过程,将公共权力的行使置于公众持续且直接地参与和表达之上,避免径直的权力支配,在一定程度上和一定范围内形成环境利益分配的制衡机制。对此,应以成本控制为中心,一方面,通过直接干预手段帮助公众实现外部治理行为关涉利益与监督参与成本之间的平衡,以符合公众在利益博弈中的核心利益与行为策略逻辑;另一方面,控制其他主体在利益博弈中的策略行为,形成对公众利益的间接干预,降低其对公众的消极影响。落实到对第三方治理公众参与具体模式的设计中,即需增强不同治理类型及阶段中公众参与主体、形式、权利义务的确定性,实质化公共参与范畴。

(一)公众参与的主体界定

依《环境保护公众参与办法》的规定,公众包括我国所有的公民、法人和其他组织。该规定太过宽泛,不具有现实操作性,可按照一定标准将公众划分为不同类型。针对公众参与治理的不同身份和特点,以利益相关者理论为基础,可划分为以下四类。

利害关系人,指虽然不是合同参与人,但其利益可能受到第三方治理一定影响的群体,如受排污企业影响的当地居民。利害关系人作为直接受影响者,是最重要的群体,其参与应贯穿第三方治理的全过程。

相关领域专家及专业机构,指与环境污染第三方治理行业相关的个人及组织,如技术相关的工程师、建筑师、律师、教授学者及专业机构等。此类主体并非第三方治理项目合同当事方,由于第三方治理监管的复杂性,专家以其专业性而不可或缺,在项目中发挥监督、指导、管理的作用,对维护公众环境权益有重要影响。

特殊关注群体,指对项目抱有特殊关注的个人或组织,如环保社会组织、新闻媒体等。此类主体是重要的监督与辅助力量。例如,单个公众组织化程度较低,面对关涉自身利益的第三方治理项目可能无从了解参与,且参与之后也未必能正确理解其中的环境风险信息或者提出反对意见,而公众集体行动时又极易出现群体无意识的情况。环保社会组织兼具专业性与组织性,不仅可以帮助公众了解环境科学和工程知识,为其提供技术和法律支持,提高参与能力,避免盲目性,将其对自身环境权益的维护纳入理性轨道,而且可以对项目运作情况进行监督。新闻媒体可发挥舆情监督作用,对项目进行准确客观的报道与评价。

普通社会公众,指与项目无直接关联的普通社会公众。在自媒体大发展的时代，网络社交平台已成为舆论监督的重要阵地，与项目无直接关联的普通社会民众，亦可通过网络等途径了解学习环境污染第三方治理并参与监督，给予利害关系人群体支持，促进环境污染第三方治理的整体发展。

（二）公众参与的阶段划分

环境污染第三方治理项目围绕合同展开，根据合同的生命周期可划分为合同签订、合同履行、合同终止（纠纷产生）三个阶段，公众参与具有动态性，不同阶段的参与者类型不尽相同。

首先，合同签订阶段，主要包括环境污染第三方治理项目提出、可行性论证以及决策立项等，公众参与可对第三方治理项目是否及如何展开产生直接影响。这一阶段公众参与主体主要包括利害关系人、专家及专业机构、特殊关注群体三类。在政府委托第三方治理中，公众关注点应包括项目风险及总体方案、项目投资与社会效益。公众参与目标包括四项，一是保证自身利益；二是控制总体成本，减少政府决策失误；三是消除决策过程中各利益主体的矛盾冲突；四是防止腐败产生。在企业委托第三方治理中，公众关注的重点为合作本身的合规性及社会效益，如排污企业是否在具有相应资质条件的第三方治理企业中选择合同相对人，合同内容是否体现对公法义务的承担，如满足对污染物进行治理的要求。

其次，合同履行阶段，主要包括环境污染第三方治理项目的建设与运营，这一阶段将决定公众的环境利益能否实现。对环境服务合同履行效果的评定应基于合同包含的公法义务是否完成，因此在合同当事方的评判之外还必须接受公众监督。此阶段公众参与主体主要包括利害关系人、专家及专业机构、特殊关注群体三类，关注重点包括资金使用、工程质量、治污效果、定期维护、对生态环境的持续影响等。公众参与目标包括：一是表达自身意愿，减少对自身利益的不利影响；二是监督项目建设及运营质量；三是防止腐败产生。

最后，合同终止（纠纷产生）阶段。环境污染第三方治理是长期性项目,一般来说在合同正常履行时,将出现续约、合同变更或合同解除等结果。为保障社会公众利益,合同当事方的单方变更权与任意解除权要受到必要限制。[1] 而当合同履行未达到预期目标,出现环境损害、项目投资未合法运用、腐败等问题时,公众有权通过多种方式表达意愿、维护权利,包括但不限于举报、诉讼、信访等手段,严重时甚至可能会出现环境群体性事件。此阶段公众参与主体包括利害关系人、专家及专业机构、特殊关注群体、普通社会公众四类,公众参与目标是维护自身权益,消除对生态环境的不良影响。

(三)公众参与的方式选择

公众参与从象征性参与、事后参与向实质性参与、事前参与转变,需要政府与排污企业、第三方治理企业的三方配合。在各个阶段,政府及市场主体应保证公众至少能以重点方式实际参与治理,且对不同类别公众的参与方式应作出差异化安排,如利害关系人必须有听证会、公众协商等参与方式,专家及专业机构应有座谈会、专家论证会等方式,特殊关注群体能够通过政府及企业信息公开、新闻媒体监督、环境公益诉讼等形式参与,普通公众可以通过网络媒介进行监督。

在信息公开方面,即政府与私人部门将环境污染第三方治理相关信息公开,公众通过各种渠道获取相关信息,实现知情权。具体包括,政府公开当地环境污染治理情况,如地方生态环境实情、环境污染指标、污染防治责任、项目论证招标、治理实时监控数值等;排污企业与第三方治理企业应定期公布资质获取情况、排治污总量及治污能力、治污设施建设及运行情况等。当前政府环境信息公开已有相应规定,企业环境信息公开主要针对重点排污单位。此外,基于第三方治理项目的复杂性,单纯的信息公开难以使

---

〔1〕　参见孔东菊:《论企业环境污染第三方治理合同的法律规制》,载《武汉科技大学学报(社会科学版)》2016 年第 3 期。

公众对环境信息形成正确完整的认知,可辅以讲座、宣讲会、咨询会等形式,向公众宣传讲解,使公众的知情权落到实处。

在决策参与方面,即公众与政府和私人部门共同作出第三方治理的各项决定。鉴于公众主体的宽泛性,应丰富参与形式,针对不同的主体类型做到既覆盖全面又重点突出。参与形式包括但不限于人大代表及政协委员建议、公众咨询和调查、座谈会与专家论证会、听证会、公众协商等。此外,公众参与的目的是影响第三方治理的各项决策,因此必须有配套的反馈机制,反映出公众能在多大程度上对最终决策产生影响。

在过程监督方面,即公众对环境污染第三方治理的全过程进行监督,以最大化自身环境利益,实现监督权。公众监督必须贯穿第三方治理项目的始终,一方面公众监督权以知情权和参与权为基础,另一方面监督权本身可以督促信息公开,保证公众的实质参与。具体的监督方式包括舆论监督和社会监督,舆论监督如网络媒介监督和新闻媒体监督等,社会监督包括举报、投诉、信访、环境公益诉讼、集会、游行等形式。

(四)公众参与的权责细化

《环境保护公众参与办法》细化了公众参与权利,公众参与本质是社会公众的一种程序性环境权利,是程序正义的体现。明确公众在程序中的实体权利,同时界定具体的义务与责任,是实现公众从象征性参与向实质性参与转变的关键。

公众参与的实体权利至少应包含:第一,建议权,即公众对政府及企业提出合理化建议的权利。《宪法》赋予我国公民对任何国家机关和国家工作人员的批评建议权,在环境污染第三方治理中,基于治理的公益目的,公众批评建议权的对象应扩大到排污企业和第三方治理企业。第二,异议权,即公众对政府及企业相关意见与决策提出异议的权利。异议权是保障公众从象征性参与向实质性参与转变的重要权利,尤其在合同签订阶段,公众参与主体为实现参与目标可对决策的作出提出异议。第三,反馈权,即公众对政府及企业提出建议或异议后及时获得反馈的权利。反馈权是公众诉求获得政府及私人部门及时回应的保障,能够切实反映公众参与对环境污染第三方治理的实际影响。第四,参与受保护权,即公众有权在各个阶段以各种形式参与环境污染第三方治理,任何组织及个人不得干预,且不能因其参与而对其打击报复。

同时,参与第三方治理的公众也需承担必要的义务。第一,保护商业秘密。公众在参与过程中,如涉及排污企业及第三方治理企业的商业秘密,应自觉遵守保密义务,不得泄露,防止不正当竞争。第二,保持独立性。公众在参与过程中,应保持独立性,维护自身及社会环境权益,不能被其他主体收买或“虏获”,如破坏竞争或造成环境损害应承担相应责任。第三,保持参与的完整性。主要是在决策参与中,公众如以座谈会、听证会、协商制定规则等形式参与环境污染第三方治理,应尽量保证有始有终,无正当理由不可中途退出,以保证参与权的合理利用,防止恶意浪费。

(五)公众参与法律机制的基本框架

根据前述对公众参与模式的设计,可列出环境污染第三方治理公众参与法律机制的理想框架(如图 7 -1 所示)。在该框架中,政府、排治污企业、公众在每一参与阶段中的权利义务和责任都是确定的。如此一来,公众在固定阶段由确定群体以明确方式参与第三方治理,能够降低公众参与的时间与认知成本,使参与本身成为公众自然的行为策略选择。参与机制的确定性将增强公众的监督力量,进而形成对政府和市场主体在利益博弈中策略行为选择的切实影响,提高在第三方治理中政府监管行为和企业治理行为的合法性与合理性,进而保证环境公益与环境私益、内部利益追求和外部监督等长期均衡状态的形成。

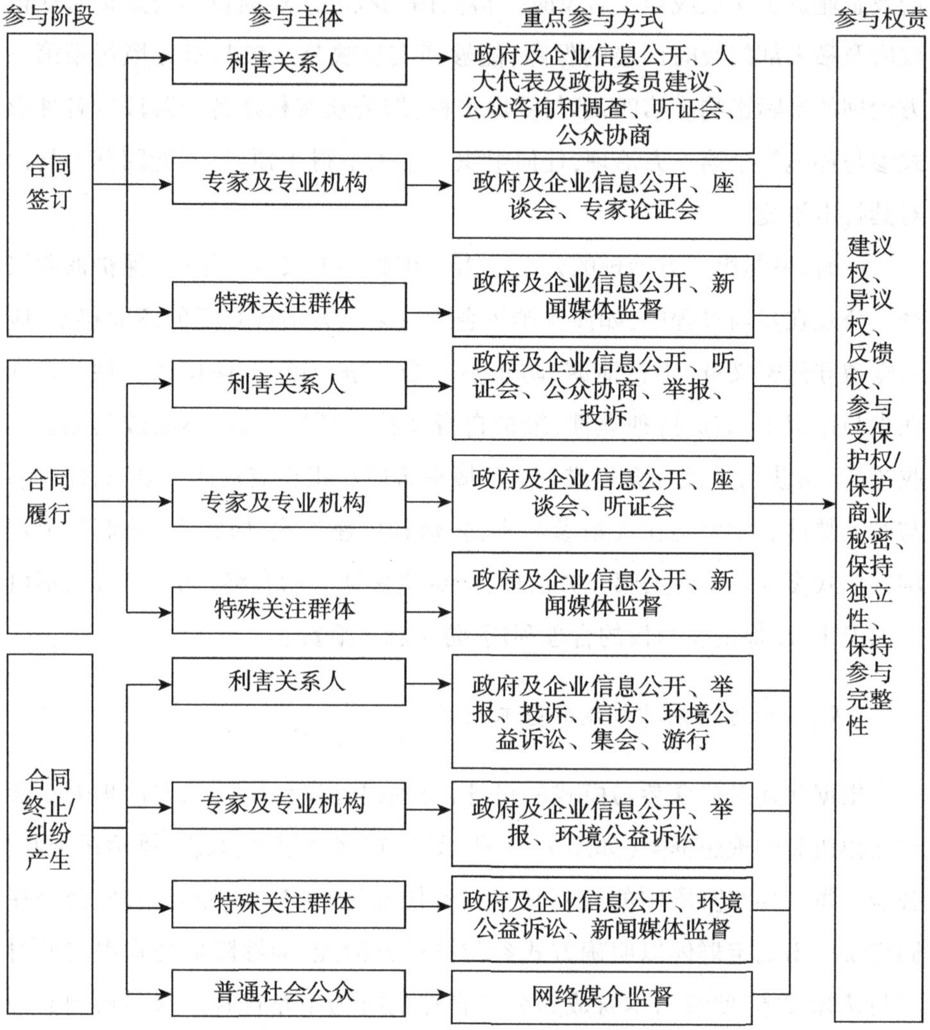

图7－1　环境污染第三方治理公众参与法律机制理想框架

现实中不同主体间的博弈和竞争，需要政府出台切实可行的实施办法来建立精细化的公众参与法律机制，并以必要的强制性手段维护机制的实际运行。同时，第三方治理本身是动态化过程，对于其中的复杂关系以及可能发生的变动，法律无法事先作出全面规制，因此需要在第三方治理的规制工具中针对公众参与建立一套包括政策、指南、合同在内的动态规范体系,[1]使公众参与不仅有法可依,而且有章可循,形成多层次、全方位的规范与引导。

二、公众参与利益引导的具体路径

(一)将公众参与纳入政府政绩考核

对政府的利益引导和制衡,以真正触动政府及政府人员的根本利益为前提。将激励公众参与作为政府责任纳入政绩考核体系,使公众切实参与政府决策作出过程成为考核指标之一,能够降低公众在利益博弈中被形式化和弱化的可能。对此,在第三方治理项目的落地和推进等常规评价标准之外,公众参与情况也应作为项目发展的重要指标,纳入政绩考核体系。结合前文博弈模型,假设政府监管措施中包括积极推动公众参与,且公众参与的政绩考核收益为 Z,那么博弈模型将有如表 7-2 所示的变化。根据表 7-2,在企业违法排污时,如果 $Z+S-C_2>-N-Z$,即使 $N=0$,只要 $Z>(C_2-S)/2$,那么政府就会推动公众参与并选择监管,公众在第三方治理利益博弈中的囚徒困境将得到解决。

表 7-2　引入政府政绩考核后环境污染第三方治理博弈利益矩阵

行为	排污与治理企业	
	合法治理	违法排污
政府监管	$(Z+P-C_2,\ -C_1)$	$(Z+S-C_2,\ C_1-S)$
政府不监管	$(P-Z,\ -C_1)$	$(-N-Z,\ C_1)$

政府激励公众参与治理的政绩考核标准具体包括:其一,第三方治理信

[1] 参见喻文光:《PPP 规制中的立法问题研究——基于法政策学的视角》,载《当代法学》2016 年第 2 期。

息向公众公开;其二,第三方治理的相关决策必须有公众参与;其三,政府行动策略定期或在事前接受公众的公开质询;其四,公众参与讨论制定第三方治理的制度规则。地方政府应委托第三方专业机构对公众参与情况进行评估并公开评估结果,将评估结果作为政府当期绩效考核的重要内容之一,以激励政府推动公众参与。[1] 尤其是在政府委托治理项目中如公众参与未能达标,则应追究相应部门的责任。

在具体措施方面,可以参考引入美国协商制定规则程序(Regulatory Negotiations,RegNeg)[2],由利益相关者与行政机关、企业协商来制定规则,共同作出决定,以使公众能真正对环境治理决策产生影响。主要环节有:第一,成立协商委员会。由行政机关或第三方制定参与者名单,组成协商委员会,并由政府刊登公告,未纳入的利益群体可以申请参与。第二,协商作出决定。各方基于合意对第三方治理协议作出决定,政府的意见并无特殊优先性。第三,公示与监督。决定作出后应在媒体以及第三方治理公众参与平台上公布,接受社会的评论与建议,只要符合一定条件,任何当事人都可以要求对决定进行司法审查或提起诉讼。[3] 除此之外,还可以建立强制性环境信息公开制度,搭建统一的公众参与平台,丰富合作治理的路径和形式。

(二)将公众参与引入市场主体责任分配

相较于公众依靠政府监管的间接参与,公众直接参与能形成对企业利益更为有力的制衡与引导。[4] 对此,可将公众参与设置为企业在利益博弈

---

〔1〕 参见吴勇:《论公众参与 PPP 项目的制度激励》,载《湖湘论坛》2018 年第 1 期。

〔2〕 由所有将受到规则影响的利益群体代表进入程序,参与规则的制定,从而得出创造性的解决方案,以提高规则的接受度,丰富规则的内容。See Jerome T. Barrett & Joseph P. Barrett, *A History of Alternative Dispute Resolution*, Jossey-Bass, 2004, p. 226 – 227.

〔3〕 参见美国《协商制定规则法》[PL 101 – 648 (S 303), Negotiated Rulemaking Act]第 583 ~ 588 条。

〔4〕 参见郭进、徐盈之:《公众参与环境治理的逻辑、路径与效应》,载《资源科学》2020 年第 7 期。

中的必选项，也即在环境服务合同中安排将公众参与作为基本程序和实体标准的强制条款，该条款规定合同双方最低的通告与信息披露义务且不可向下更改。违反强制条款的责任既包括一定的行政处罚，还包括在出现二次污染时，将对公众参与条款的履行情况作为企业是否承担及相互之间如何分配民事责任的标准之一，未履行者将承担相应不利后果。公众参与的强制性和公开性，在一定程度上能够破解企业违法排污隐蔽性的特点，将公众参与的执行情况作为市场主体责任确认与分配的参考标准，有可能改变前述博弈模型。假设未纳入公众参与可能的行政处罚与民事责任带来的损失为L，那么博弈模型将如表7-3所示。由于L的设置，"不监管，违法排污"于私人部门而言将不再是最优解。在政府对污染情况进行监管时，如果 $-C_1 > C_1 - S - L$，即 $L > 2C_1 - S$，那么企业就会选择合法治理；在政府不监管时，如果 $-C_1 > C_1 - L$，即 $L > 2C_1$，那么企业也会选择合法治理；同时，为了减少损失或者确定L在私人部门内部的归属，排污企业与第三方企业也会互相监督彼此引入公众参与的情况。

表7-3　公众参与引入企业责任后环境污染第三方治理博弈利益矩阵

行为	排污与治理企业	
	合法治理	违法排污
政府监管	$(P-C_2, -C_1)$	$(S-C_2, C_1-S-L)$
政府不监管	$(P, -C_1)$	$(-N, C_1-L)$

除此之外，还可以建立"环境审查人"社会评估机制。以德国法"环境审查人"制度为蓝本，建立社会评估机制。环境审查人独立于企业和行政机关，其与排污企业与第三方治理企业之间仅具有私法上的契约关系，而非行政机关的隶属专员。如果企业委托环境审查人进行自我规制，则可在一定程度上代替定期或不定期接受行政检查的义务。[1] 可由环保社会组织等专

〔1〕 参见杜辉：《论环境私主体治理的法治进路与制度建构》，载《华东政法大学学报》2016年第2期。

业机构与公众代表共同组成环境审查人,对排污企业与第三方治理企业进行社会评估,评估结果将纳入企业环境行为信用评价体系,作为企业获得经济上优先扶持的条件。

将公众参与纳入企业环境行为信用评价制度。将是否有充分的公众参与作为一项企业环境管理行为,纳入企业环境行为信用评价制度,考察环境影响与社会影响,开展综合系统的全面评估,评估结果将作为该企业获取国家优惠政策以及融资上市等活动的参考。[1]

将第三方治理项目纳入重点排污单位名录。《环境保护法》第55条规定重点排污单位有公开各项环境污染治理信息的强制性义务,《企业环境信息依法披露管理办法》进一步细化了强制公开的内容。由于第三方治理项目的公共性,排污企业和第三方治理企业均应被列为重点排污单位,实行强制公开与自愿公开相结合的原则,在必须公开的信息之外,鼓励私人部门向社会公众开放决策过程,涉及商业秘密的,以是否会侵害公众的环境利益为衡量标准,由监管主体作出裁决。[2]

(三)增强公众参与利益博弈的综合能力

为实现环境治理的多方共赢,必须保证公众在第三方治理利益博弈中与政府、市场主体之间的力量对比大致平衡。这在前述博弈模型中,主要表现为增强公众参与正向效应P及负向效应N的力量,对此有四个方面的措施。其一,减少公众参与成本。推动公众参与的制度化,提高程序安排的合理性和确定性,降低公众参与成本,如建立合理高效的公众遴选机制等。其二,改变参与心理。通过组织化的环境宣传教育,培育公众权利意识,指导公众识别参与主体身份,同时适当放宽对环保社会组织的政策约束,充分发

---

〔1〕 参见李一丁:《第三方治理二次环境污染责任的认定——企业环境信用评价法制化视角的分析》,载《中国地质大学学报(社会科学版)》2019年第2期。

〔2〕 参见庄国敏、邹雄:《论环境公众参与在PPP模式中的实现路径》,载《人民论坛·学术前沿》2017年第16期。

挥其对培养公众社会责任感与公共精神的优势,推动建立具有“大家意识”的环境公益“使命共同体”。[1] 其三,增强参与能力。对第三方治理中高度专业化的环境信息进行科普宣传,保证公众对环境信息的拥有和控制,同时降低环保社会组织参与社会活动的法律门槛,以组织化的参与方式代替公众自发、无序、事后式的参与,提升公众参与的实际效果。其四,增加参与激励。对参与过程中有重大贡献的公民个人和环保社会组织给予嘉奖。公民个人如发现重大问题或提出关键性建议被采纳的,可由政府或市场主体予以经济奖励。环保社会组织表现突出的,可在税收优惠、提供专项基金支持、授予荣誉称号等方面进行嘉奖和表彰。以此切实激发公众参与的积极性,提高环保社会组织的社会影响力。

---

[1] 参见钟兴菊、罗世兴:《公众参与环境治理的类型学分析——基于多案例的比较研究》,载《南京工业大学学报(社会科学版)》2021 年第 1 期。

第八章

环境污染第三方治理的法律责任

第一节　环境污染第三方治理法律责任的问题分析

责任主体因违反法定或者约定的义务而应承担的法律上的不利后果，或者责任主体虽未违反法律义务，但由于法律规定而承担的某种不利后果，是谓法律责任。[1] 第三方治理中的参与主体包括以政府为代表的环境行政主体、排污企业、第三方治理企业以及公众。前三者是直接参与主体，公众是最重要的外部利益相关者。政府在第三方治理中主要是监管者，对排污企业的排污行为与第三方治理企业的治污行为进行监督管理，除此之外，在政府委托治理中还有合同缔约者的角色。排污企业和第三方治理企业是合同相对方，前者将污染治理义务的实际履行转移给后者并支付相应报酬，后者提供环境治理服务，同时分享前者所获取的环境利益，与此同时排治污双方对彼此的排污与治理行为还负有监督义务。上述除公众之外的三类主体都有可能在第三方治理中因违反法定义务或者约定义务而承担不利法律后果，故此第三方治理中的法律责任主体包括以政府为代表的环境行政主体、排污企业、第三方治理企业三类。

对政府而言，作为行政监管者，它在第三方治理的过程中可能存在监管

---

〔1〕 参见陈林林、夏立安主编：《法理学导论》，清华大学出版社 2014 年版，第 128 页。

不力的情况。例如,政府(主要是生态环境主管部门)可能因滥用职权或玩忽职守,造成环境公益等的重大损失,或者因严重不负责任,导致发生重大环境污染事故。在这种情况下,政府就应当承担相应的行政法律责任或者刑事法律责任。此外,根据《国家赔偿法》的相关规定,政府或其工作人员在执行职务时对其他主体造成损害的,国家需承担赔偿责任,因此国家赔偿责任在环境污染第三方治理中也有适用的可能。可见,政府作为监管者,在环境污染第三方治理中可能承担三种法律责任,即行政责任、刑事责任、国家赔偿责任。作为合同主体,政府在其委托第三方治理中还可能有因环境服务政府合同所引起的民事责任。此外,环境行政主体多为国家机关,国家机关往往并非直接的责任承担主体,通常是由其中的工作人员,如"直接负责的主管人员和其他直接责任人员"来承担责任。以上法律责任应如何具体界定,需要针对政府在环境污染第三方治理中的不同角色分别讨论。

对排污企业而言,在环境污染第三方治理中,它既是接受环境行政监管的行政相对人,又是环境服务民事合同的缔约方。作为行政相对人,排污企业可能因未能履行相关行政法上规定的义务而承担行政法律责任。例如,排污企业虽然委托了第三方治理,但是最终仍未能按照排污许可证载明的种类或者数量向外排放污染物,即需接受相应的行政处罚。作为合同相对方,排污企业可能因违反约定义务而承担民事责任。例如,排污企业因未按照环境服务民事合同约定的期限或标准向治理企业支付治理费用而承担违约责任,或者在委托治理过程中造成环境"二次污染",导致被侵权人或者环境本身遭受损害,则可能承担侵权责任。此外,在环境污染第三方治理中,排污企业还可能因为违反刑事法律的规定而承担刑事责任。例如,虽然委托了第三方治理,但排污企业为节约治污成本,将未经治理的污染物排向外部环境且造成环境严重污染的,排污企业可能构成污染环境罪,需承担相应的刑事法律责任。

对第三方治理企业而言,它的状况与排污企业类似,既是接受环境行政监管的行政相对人,也是环境服务合同的相对方。它在第三方治理中所可能承担的责任同样包括民事责任、行政责任和刑事责任。例如,第三方治理企业未按照合同约定为排污企业或政府提供环境污染治理服务,将向排污企业或政府承担违约责任;在治理过程中造成被侵权人或环境损害的,可能承担侵权责任;第三方治理企业在自己的厂界范围内为排污企业提供环境污染治理服务,将未经治理或治理未达标的污染物排放到外部环境中,可能构成行政违法,应承担相应的行政法律责任;如果违法排污造成环境严重污染,第三方治理企业还可能构成污染环境罪,进而承担刑事责任。

在此需要注意的是,前述情形是理论中政府、排污企业与第三方治理企业所应承担的法律责任,但在现实中第三方治理企业"污染者"的身份缺少相应法律依据,故对其法律责任的界定尚存在不少疑难。同时,在排污企业委托第三方治理的过程中,出现污染物无法治理或生态环境状况持续恶化的情况时,也即第三方治理企业单独或与排污企业共同造成二次污染时,第三方治理企业与排污企业之间的法律责任应如何界分,是在环境污染治理中引入第三方主体所引发的新问题。因此,对第三方治理法律责任的剖析,不仅包括对政府、市场主体的责任认定,还包括在排治污企业治理未达标或出现二次污染时,对双方民事责任、行政责任、刑事责任的界分。

第二节 环境污染第三方治理中的政府责任界定

一、第三方治理中的政府行政责任

政府行政责任,即环境行政法律关系主体因违反环境行政法律规范而应接受的环境行政法意义上否定性、不利的法律后果,主要是指作为环境监管主体的行政机关及其工作人员的行政责任。[1] 行政责任是最常见的政府

---

〔1〕 参见刘志坚:《环境监管行政责任设定缺失及其成因分析》,载《重庆大学学报(社会科学版)》2014年第2期。

环境法律责任。在环境污染第三方治理中,政府作为监督者、政策引导者,相关法律对其所应承担环境行政责任有明确规定。

（一）第三方治理中政府承担环境行政责任的主要规定

责任法定是设定行政责任的基本原则之一。当前我国对政府应承担环境行政责任的规定主要存在于《环境保护法》以及一些污染防治单行法中(见表8-1)。除此之外,为遏制环境行政中的违法行为,提高环境行政的质量与效能,我国还颁布了专门的部门规章,如2006年原监察部和原国家环境保护总局颁布的《环境保护违法违纪行为处分暂行规定》,2008年原监察部、原人事部、财政部、原国家海洋局颁布的《海域使用管理违法违纪行为处分规定》等。各级地方政府也出台了不少规范性文件,细化了环境保护行政处分的相关规定,与前述法律规范共同构成了我国政府环境行政责任的规制体系。

表8-1　我国环境保护法律对政府环境行政责任的主要规定

文件名称	条款	责任主体	责任形式	违法行为
《环境保护法》	第68条	地方各级人民政府、县级以上人民政府环境保护主管部门和其他负有环境保护监督管理职责的部门直接负责的主管人员和其他直接责任人员	给予记过、记大过或者降级处分;造成严重后果的,给予撤职或者开除处分,其主要负责人应当引咎辞职	不符合行政许可条件准予行政许可的;对环境违法行为进行包庇等9种行为
《水污染防治法》	第80条	环境保护主管部门或者其他依照本法规定行使监督管理权的部门直接负责的主管人员和其他直接责任人员	依法给予处分	不依法作出行政许可或者办理批准文件的,发现违法行为或者接到对违法行为的举报后不予查处的,或者有其他未依照本法规定履行职责的

续表

文件名称	条款	责任主体	责任形式	违法行为
《大气污染防治法》	第126条	地方各级人民政府、县级以上人民政府生态环境主管部门和其他负有大气环境保护监督管理职责的部门及其工作人员	依法给予处分	滥用职权、玩忽职守、徇私舞弊、弄虚作假的
《噪声污染防治法》	第85条	噪声污染防治监督管理人员	由监察机关或者任免机关、单位依法给予处分	滥用职权、玩忽职守、徇私舞弊的
《固体废物污染环境防治法》	第101条	生态环境主管部门或者其他负有固体废物污染环境防治监督管理职责的部门直接负责的主管人员和其他直接责任人员	依法给予处分	未依法作出行政许可或者办理批准文件的；对违法行为进行包庇等5种行为
《放射性污染防治法》	第48条	放射性污染防治监督管理人员	依法给予行政处分	利用职务上的便利收受他人财物、谋取其他利益，或者玩忽职守，对不符合法定条件的单位颁发许可证和办理批准文件的；不依法履行监督管理职责的；发现违法行为不予查处的
《海洋环境保护法》	第118条	海洋环境监督管理人员	依法给予处分	滥用职权、玩忽职守、徇私舞弊，造成海洋环境污染损害，生态破坏的

续表

文件名称	条款	责任主体	责任形式	违法行为
《环境影响评价法》	第 29 条、第 30 条、第 33 条、第 34 条	规划编制机关直接负责的主管人员和其他直接责任人员；规划审批机关直接负责的主管人员和其他直接责任人员；负责审核、审批、备案建设项目环境影响评价文件的部门直接负责的主管人员和其他直接责任人员；生态环境主管部门或者其他部门的工作人员	依法给予行政处分；收取费用的责令退还	规划编制机关违反本法规定，未组织环境影响评价，或者组织环境影响评价时弄虚作假或者有失职行为，造成环境影响评价严重失实的；规划审批机关对依法应当编写有关环境影响的篇章或者说明而未编写的规划草案，依法应当附送环境影响报告书而未附送的专项规划草案，违法予以批准的；负责审核、审批、备案建设项目环境影响评价文件的部门在审批、备案中收取费用的；生态环境主管部门或者其他部门的工作人员徇私舞弊，滥用职权，玩忽职守，违法批准建设项目环境影响评价文件的

（二）第三方治理中政府承担环境行政责任的不足之处

第一，政府环境行政责任法律规范不完备。虽然我国现行法律中有不少针对政府环境行政责任的法律规范，但《环境保护法》与大部分污染治理单行法对政府环境行政责任的规定只有一条，而且法律条文的规范性较差。由表 8－1 可见，8 部主要的环境法律规范中，只有《环境影响评价法》对监管主体责任有 4 条规定，且规定相对而言比较详细。这与法律中对环境行政相对人责任规定的条款数量形成鲜明对比，如《水污染防治法》中相对人责任条款有 17 条,《大气污染防治法》中相对人责任条款有 29 条。[1] 另外,只有《环境保护法》和《固体废物污染环境防治法》中对违法行为的种类进行了详细列举,而《噪声污染防治法》《海洋环境保护法》等,只有非常简略的“滥用职权、玩忽职守、徇私舞弊”等模糊性用词;只有《环境保护法》对责任形式有分类,其他法律只有依法给予行政处分。根据立法学一般原理,法律责任规范的设置,除了应当符合行为模式—法律后果或者假定—处理的规范结构要求,还应当做到主体(追责主体与责任主体)、行为(违法行为及其情节)、后果(责任及其形式)等要素的完备,语言表达具有确定性。[2] 而前面所列举的我国有关政府环境行政责任的主要法律规定,鲜有符合立法规范一般原理的条款,相关规定太过简略、笼统,缺乏确定性与可操作性,在实践中很难得到切实执行。

第二,政府环境行政责任主体范围狭窄。其一,大部分环境立法只规定环境保护主管部门的责任,而没有将地方政府纳入责任主体的范围。例如,由表 8 - 1 可见,8 部法律中只有《环境保护法》和《大气污染防治法》的规定中囊括了地方政府,而其他 6 部法律均未涉及地方政府的责任。其二,往往只规定了直接负责的主管人员和其他直接责任人员的责任,而未规定行政首长的责任。以《环境保护法》的规定为例,第 68 条所规定的 9 种违法行为有相当部分并不是或并不限于直接负责的主管人员和其他直接责任人员的职责,环境职能部门行政首长或地方政府行政首长有更大的决定权。在环境行政不垂直管理的情况下,地方行政首长如干预环境行政,环境职能部门行政首长往往只能服从。而很多由环境职能部门行政首长签字拍板的事项,直接负责的主管人员和其他直接责任人员往往也无法拒绝。按照现实中“谁作出,谁负责”的情况来看,这些作出主要决定的行政首长往往并不承

---

〔1〕 参见刘志坚:《环境监管行政责任设定缺失及其成因分析》,载《重庆大学学报(社会科学版)》2014 年第 2 期。

〔2〕 参见刘志坚:《环境监管行政责任设定缺失及其成因分析》,载《重庆大学学报(社会科学版)》2014 年第 2 期。

担法律责任,或者虽然承担责任但相对较轻。根据《环境保护法》第68条的规定,直接负责的主管人员和其他直接责任人员根据行为造成后果的严重程度承担不同责任,而主要负责人只在发生严重后果时引咎辞职。[1] 责任主体范围狭窄导致地方政府及主要负责人在很多时候不受制约,与直接负责的主管人员和其他直接责任人员承担的责任严重不平衡。

第三,政府环境行政违法行为规定不充分。对于环境行政违法行为的规定,《噪声污染防治法》《海洋环境保护法》等法律规范只泛泛列举了滥用职权、玩忽职守、徇私舞弊等情形,而未有更明确的规定。相对较为完善的《环境保护法》也仅在第68条规定了9种违法行为,其中第9项是概括性规定。对于此种概括性规定,如果其他法律法规未有相呼应的补充,则将造成责任追究的缺漏。例如,如果环境法未对刑法中的环境监管失职罪作出补充规定,那么监管失职未到入罪标准的情况,就只能依据《公务员法》来追究行政责任。基于《公务员法》《监察法》中行政责任具有基础性与概括性的特点,环境行政法律关系专业性较强,需要有专门的法律法规作进一步规定,才能形成与《公务员法》《监察法》的配合与衔接。

第四,政府环境行政责任形式较为单一。我国现行环境保护法律中对环境行政相对人的责任形式规定较为详备,但对行政主体的责任形式设定却非常单一。由表8-1可见,"依法给予行政处分"或"依法给予处分"之类的格式化语言经常在不同法律中出现,环境行政主体所属公务人员行政责

〔1〕《环境保护法》第68条规定:"地方各级人民政府、县级以上人民政府环境保护主管部门和其他负有环境保护监督管理职责的部门有下列行为之一的,对直接负责的主管人员和其他直接责任人员给予记过、记大过或者降级处分;造成严重后果的,给予撤职或者开除处分,其主要负责人应当引咎辞职:(一)不符合行政许可条件准予行政许可的;(二)对环境违法行为进行包庇的;(三)依法应当作出责令停业、关闭的决定而未作出的;(四)对超标排放污染物、采用逃避监管的方式排放污染物、造成环境事故以及不落实生态保护措施造成生态破坏等行为,发现或者接到举报未及时查处的;(五)违反本法规定,查封、扣押企业事业单位和其他生产经营者的设施、设备的;(六)篡改、伪造或者指使篡改、伪造监测数据的;(七)应当依法公开环境信息而未公开的;(八)将征收的排污费截留、挤占或者挪作他用的;(九)法律法规规定的其他违法行为。"

任形式多限于行政处分。除此之外还有其他的责任形式,如《环境保护法》第26条将环境保护目标完成与否,纳入负责人的政绩考核,这种环境保护目标考核评价制度规定的其实是“政治责任”;《环境保护法》第44条规定了“重点污染物总量控制”制度,其中第2款[1]的内容实质上属于“管理行为责任”。综上可见,无论是行政处分,还是政治责任、管理行为责任,都不是严格意义上的法律责任,不具有法律责任的属性。[2]

(三)对第三方治理中政府环境行政责任的完善

第一,充实相关法律规范。针对政府环境行政责任与行政相对人责任设定严重失衡的现象,应增加有关政府环境行政责任的条款。在环境污染第三方治理中,政府与排治污企业之间除了行政管理关系,还有指导关系、服务关系、补救关系,甚至合同关系等。现实中法律关系的复杂化程度,远非现有数量极少的政府环境行政责任法律规范所能涵盖。此外,虽然行政法律关系主体之间的权利义务具有不对等性[3],但是这种不对等性是以对应性为前提的,也并不意味着环境行政主体可以任意作为。基于此,必须对政府环境行政行为设置相应的制约措施,增加有关责任的条款,保证政府责任与行政相对人的责任处于大致均衡的状态,避免双方权利享有与义务履行、责任承担出现失衡现象。

第二,扩展责任主体范围。地方政府、监管部门、行政首长、直接负责的主管人员和其他直接责任人员都可能是责任主体。不同主体承担责任的情形和方式不同,应首先明确责任主体,再在行政责任规范中对不同主体的

---

[1] 《环境保护法》第44条第2款规定:“对超过国家重点污染物排放总量控制指标或者未完成国家确定的环境质量目标的地区,省级以上人民政府环境保护主管部门应当暂停审批其新增重点污染物排放总量的建设项目环境影响评价文件。”

[2] 参见刘志坚:《环境监管行政责任设定缺失及其成因分析》,载《重庆大学学报(社会科学版)》2014年第2期。

[3] 此处不对等性是指主体双方虽对应地相互既享有权利又履行义务,但双方各自权利义务的性质可能完全不同,且数量上也并不相等。

“行为”和“后果”有所区分。以《环境保护法》为例,在出现第68条所规定的9种情况时,均应由行政首长与直接负责的主管人员和其他直接责任人员承担必要的行政责任,而不以出现严重后果为前提。在行政首长非法干预环境行政事务时,其应连带承担行政责任。在处理以上情况时,应明晰责任标准,根据行为后果的严重程度确定责任大小给予不同处理,实现轻重有别,重行重罚。此外,增加对行政首长引咎辞职方面的规定,如行政首长拒不引咎辞职,应由任免机关责令引咎辞职,或者通过罢免来追究其宪法责任。其他相关单行法及地方规范应向《环境保护法》看齐,扩展政府环境行政责任主体范围,防止有“漏网之鱼”。

第三,细化违法行为内容。针对政府环境行政责任规范中违法行为内容较少且规定不明的问题,首先,应在法律层面上明晰中央与地方、地方中负有环境保护职责的不同政府职能部门之间的分工,明确不同层级政府及环境保护行政主管部门内部的具体职责,以实现政府环境职责与政府环境行政责任制度之间的衔接,这是科学合理设定政府环境行政责任的基础,也是明确政府环境行政责任中违法行为的前提。其次,应依据现行法律中对政府人员行政处罚责任的规定,对环境行政过程中的违法行为作出类型化、清晰化规定。最后,应对违法行为所造成的损失进行量化,并依量化标准来对应不同的行政处分,以督促政府在环境治理中恪尽职守。

第四,丰富责任承担形式。在区别不同责任主体的基础上,对不同责任主体的责任承担形式加以区分和细化,杜绝“依法给予行政处分”或“依法给予处分”之类的表述。就监管机关而言,行政责任承担方式可以是上级行政机关或监察机关作出通报批评、撤销具体行政行为、变更具体行政行为、确认具体行政行为违法、责令限期重新作出具体行政行为、责令停止违法行为、责令限期履行职责、撤销规章及规范性文件、改变或撤销不适当的决定或命令等,不同责任承担方式对应不同的违法行为。就行政首长而言,其责任承担方式包括通报批评、行政处分、免职、辞退、引咎辞职等。其中行政处分包括从警告到开除轻重不同的7种类型。对于直接负责的主管人员和其他直接责任人员,应参考《环境保护法》第 68 条的规定,其他污染治理单行法规定不够详尽的,可以《环境保护法》为准,对责任承担方式进行类型化细分。

二、第三方治理中的政府刑事责任

环境污染第三方治理中的政府刑事责任是指因违反刑事法律而应当承担的不利后果。在第三方治理中,环境行政主体经常发生的犯罪类型主要是受贿罪、单位受贿罪以及环境监管失职罪。

(一)受贿罪与单位受贿罪

受贿罪与单位受贿罪分别规定于《刑法》第 385 条和第 387 条。环境行政机关直接负责的主管人员和其他直接责任人员在第三方治理过程中,"利用职务上的便利,索取他人财物的,或者非法收受他人财物,为他人谋取利益的",构成受贿罪。环境行政机关在环境污染第三方治理中,"索取、非法收受他人财物,为他人谋取利益,情节严重的",构成单位受贿罪,不仅对单位判处罚金,而且对其直接负责的主管人员和其他直接责任人员处 5 年以下有期徒刑或者拘役。

(二)环境监管失职罪

环境监管失职罪规定于《刑法》第 408 条[1]。在环境污染第三方治理中,履行监管职责的环境行政主体的有关工作人员属于负有环境保护监督管理职责的国家机关工作人员,其在环境污染第三方治理中未能履行好自

---

〔1〕《刑法》第 408 条规定:"负有环境保护监督管理职责的国家机关工作人员严重不负责任,导致发生重大环境污染事故,致使公私财产遭受重大损失或者造成人身伤亡的严重后果的,处三年以下有期徒刑或者拘役。"

身的监管职责,严重不负责任,导致发生《刑法》第 408 条及相关司法解释所列情形的,应以环境监管失职罪定罪处刑。[1]

三、第三方治理中的国家赔偿责任

在第三方治理中,政府作为监管者,除了前述的环境行政责任与刑事责任外,还有可能承担国家赔偿责任。国家机关和国家机关工作人员行使职权,有《国家赔偿法》规定的侵犯公民、法人和其他组织合法权益的情形,造成损害的,受害人有权依法取得国家赔偿。环境污染第三方治理中政府作为监管者所承担的国家赔偿责任属于行政赔偿。

从理论上来看,在环境污染第三方治理中,国家赔偿适用于政府及其工作人员在环境监管过程中,履行职责或怠于履行职责,致使受害人遭受环境损害的情形。然而,根据《国家赔偿法》第 2 条的规定,当前我国国家行政赔偿是针对行政机关及其工作人员“行使职权”时对公民等主体合法权益的侵害,也即主要是“作为”的形式。而对于政府及其工作人员对环境行政职责不履行或拖延履行等“不作为”的情形,则尚未有明确规定,仅能从《国家赔偿法》第 3 条第 5 项“造成公民身体伤害或者死亡的其他违法行为”和第 4 条第 4 项“造成财产损害的其他违法行为”的兜底性规定中来寻求依据。对此,应对政府国家赔偿责任的范围进一步完善,对“不作为”等违法失职行为应承担国家赔偿责任作出统一的明文规定,以保证政府对可能影响民众的环境污染侵害危险的积极管理。

此外,有学者总结环境监管失职致害国家赔偿责任的构成要件应包括三点:首先,失职情况客观存在。根据环境立法、监管部门的行政职责及其先行行为判断环境监管部门负有环境监管职责,而环境监管部门未履行或

[1] 参见唐绍均:《环境污染第三方治理中的责任界定研究》,中国社会科学出版社 2021 年版,第 191 页。

未完全履行其应尽职责,且环境监管部门的失职不存在违法阻却事由。其次,环境监管失职造成广大受害人重大权益损害。具体是指,广大受害人的生命、身体、健康等重大权益遭受切实的损害,且通过其他途径难以或无法得到妥善救济。最后,损害后果与失职行为之间存在因果关系。为保护公民、法人及其他组织的合法权益,促进监管部门积极履职,对失职行为与损害后果之间的因果关系认定应不同于传统理论所坚持的事实上的内在的、必然的性质。只要环境监管部门及其工作人员负有监管职责而存在监管失职的事实或情形,导致了受害人的损害,两者之间便存在因果关系,法律上就将此种监管失职的事实或情形,视为诱发或促成损害结果发生的原因。[1]

四、第三方治理中的政府民事责任

民事法律责任是指公民、法人或其他组织因违反法律、约定或者因法律规定的其他事由而依法承担的不利后果。环境污染第三方治理中政府的民事责任主要是指政府在环境服务政府合同中未按照约定履行相关事项而应承担的违约责任,以及政府参与的环境污染第三方治理项目造成二次污染而侵犯他人权益所导致的侵权责任。

对于违约责任,政府委托治理签订的环境服务政府合同,属于兼具公法和私法性质的混合合同,当事双方应同时受到公法和私法原则的约束。从私法的角度出发,政府与第三方治理企业在合同中地位平等,应以诚实守信的契约精神来履行合同约定。在政府未能合理履行合同义务而给相对方造成损失时,应承担合同法上的违约责任。政府违约的主要类型可参考《PPP

〔1〕 参见贺思源、刘士国:《论环境监管失职致害的国家赔偿责任》,载《河北法学》2013 年第 12 期。

项目合同指南(试行)》(财金〔2014〕156 号)中所列举的情形。[1] 在环境污染第三方治理中,政府违约的责任承担形式主要有继续履行、限期补救、赔偿损失、支付违约金、临时接管以及其他补救措施。

对于侵权责任,当前有关环境污染第三方治理的政策法规仅有对政府和企业合作治理的内部责任界分,而对第三人侵权的情形尚未涉及。对于侵权责任主体范围,学界多有讨论。有学者提出,公私协力是公权与私权相互调整其目标而共同达成目的现象,因此,政府与第三方治理企业对与其角色和责任有关的损害,在其预测与回避该结果的范围内,按其过失比例分担该损失所生的责任。当私主体在第三方治理中因公务致使第三人损害时,应以该致害行为与公共部门的职权是否有关、是否在行使公权力为判断标准,如是则政府应承担相应侵权责任。[2]

第三节　环境污染第三方治理中的企业责任界分

一、第三方治理中企业的民事与行政责任界分

(一)第三方治理企业民事与行政责任界分的背景与困境

第三方治理的核心要义是利用市场对治理责任重新分配。引入第三方之后,环境治理责任演化为两层。第一层是由宪法和环保系列法律法规所设立的排污企业法定义务和责任。法律放松了对污染者自力治污的要求,第三方治理的推行使排污企业有可能以成本负担代替治理行为,即通过支

---

〔1〕《PPP 项目合同指南(试行)》中列举的常见的政府方违约情形包括:(1)未按照合同约定向项目公司付费或提供补助达到一定期限或金额的;(2)违反 PPP 项目合同约定转让 PPP 项目合同项下义务的;(3)发生政府方可控的对项目设施或项目公司股份的征收或征用的;(4)发生政府方可控的法律变更导致 PPP 模式项目合同无法继续履行的;(5)其他违反 PPP 项目合同项下义务,并导致项目公司无法履行合同的情形。

〔2〕参见孙铭宗:《论 PPP 模式下国家赔偿责任的归属——以日本最高法院裁判为例》,载《财经法学》2017 年第 1 期。

付治污费用将治理责任转移给专门的环境服务企业。经由这一转变，责任承担方式由过去的封闭式演变为当前的开放式，无论是自力治污还是通过市场和契约委托专业治理机构都成为可资排污者选择的有效路径。排污企业作为合同相对方属于环境治理服务的购买一方，而第三方治理企业属于服务提供者。第一层责任的约定转移是对《关于构建现代环境治理体系的指导意见》中规定的“谁污染，谁付费”精神的直接运用，也是在现有法律框架内对责任履行方式的创新。

第二层是指第三方治理没能改善环境污染、降低环境风险，甚至引发了新的环境损害时，排治污企业应承担的法律责任。随着新的治污主体进入污染治理领域，排污企业唯一环境责任主体的身份被改变，环境治理结构从过去的“政府—排污企业”二元模式转向“政府—排污企业—第三方治理企业”三元模式。如图8-1所示，在传统的二元模式中，当出现环境污染相关损害时，无论是环境行政管理处罚责任还是环境侵权责任，皆由排污企业独立承担。而如图8-2所示，在三元模式下前述情况产生了变化，一方面增加了新的责任主体，在排污企业之外，出现了治理企业这一新主体；另一方面主体间多向度的法律关系使归责依据更加复杂。三元结构下的法律关系至少有三层，一是排污企业和第三方治理企业之间的委托契约关系，二是排污企业和第三方治理企业、受害人以及受损环境之间的侵权关系，三是政府与排污企业和第三方治理企业的环境行政管理关系。这些变化要求我国环境责任体系同步作出回应。

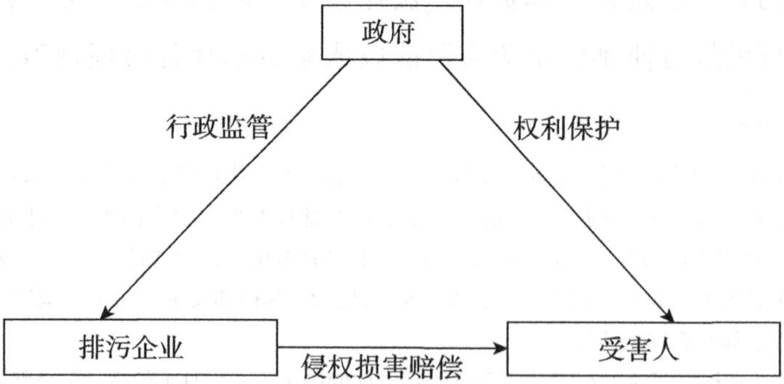

图8-1 二元模式结构下的法律关系

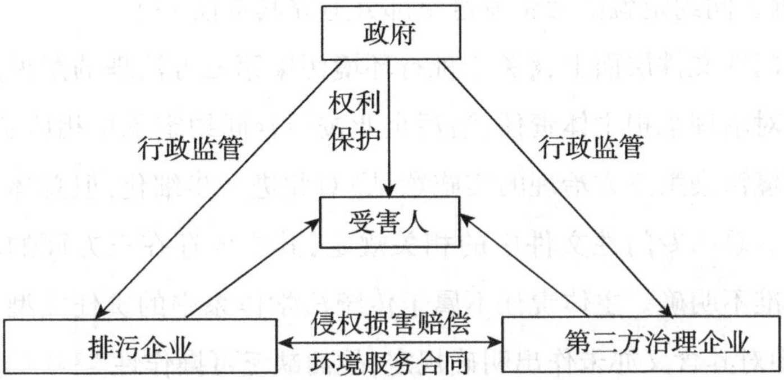

图 8 – 2　三元模式下的法律关系

对于环境污染第三方治理的责任界分，从法律规范层面来看，当前我国环境治理责任体系以污染者负担原则为基础，以“排放污染物的企业事业单位和其他生产经营者”为义务主体，第三方治理企业作为新出现的主体，如果严格按照体系解释，并不属于排污单位，其是否需要承担责任，以及与排污企业对于治理责任应如何界分，在当前的责任体系中尚未有直接规定。《环境保护法》中与前述问题较为相关的条款是第 65 条[1]，然而该条款的主体范围与第三方治理企业的范围并不契合，且该条款仅包含弄虚作假的情况，其他造成环境损害的情形并未被囊括在内。除此之外，在环境侵权法律关系中，排治污企业的责任界分应按照《民法典》第 1229 条和第 1233 条来处理，即排污企业对环境损害受害者承担无过错责任，在第三方治理企业存在过错时与其形成不真正连带责任，可在赔偿后向其追偿。在环境行政管理关系中，排污企业作为环境治理的行政相对人具有唯一性，现有法律并未对治污企业的地位和责任作出系统性规定，仅提出排污企业接受行政处

〔1〕《环境保护法》第 65 条规定：“环境影响评价机构、环境监测机构以及从事环境监测设备和防治污染设施维护、运营的机构，在有关环境服务活动中弄虚作假，对造成的环境污染和生态破坏负有责任的，除依照有关法律法规规定予以处罚外，还应当与造成环境污染和生态破坏的其他责任者承担连带责任。”

罚后,可据合同约定就治污企业过错部分追究其责任。[1]

在专门性文件层面上,《关于推行环境污染第三方治理的意见》中规定,排污企业对治理承担主体责任,治污企业按照合同约定承担相应责任。《关于推进环境污染第三方治理的实施意见》对此进一步细化,但总体上未超出前述内容。总结专门性文件中的相关规定,其主要存在三方面的问题。一是责任标准不明确。主体责任不属于传统法学体系中的责任类型和归责原则,文件中对其含义亦未作出明确规定,故而缺乏可操作性。[2] 二是责任类型不清晰。民事侵权责任与行政责任属于不同的责任体系,第三方治理能否以及可在多大程度上转移治理责任,或者新主体以何种身份和方式来承担治理责任等,在不同责任体系中区别很大,而文件相关规定只是笼统述及,并未有所区分。三是责任范围过窄。文件中仅强调在弄虚作假时治污企业需承担相应责任,对其他情况并未提及,这是否意味着第三方治理企业的责任承担仅限于弄虚作假的情形,尚有疑问。

在司法实践层面,由于法律规定不明,目前司法部门对于第三方治理相关的责任认定也莫衷一是,实践处理中的差异明显。在行政责任方面,以第三方治理企业能否独立承担责任为例,有判例认为,第三方治理企业具有行政相对人身份,可以直接参与责任承担;[3] 也有判例认为,第三方治理企业并非独立的行政责任主体,排污企业仅可在事后根据自身与第三方治理企业的合同约定来追究其违约责任,就已经承担的全部行政责任获取部分补偿。[4] 与此类似,环境污染第三方治理有关环境侵权损害赔偿的判决,在司

---

〔1〕 参见周珂、史一舒:《环境污染第三方治理法律责任的制度建构》,载《河南财经政法大学学报》2015 年第 6 期。

〔2〕 参见唐绍均、魏雨:《环境污染第三方治理的侵权责任界定》,载《重庆大学学报(社会科学版)》2019 年第 1 期。

〔3〕 例如,余姚市原环境保护局与余姚市黄家埠滨海污水处理有限公司非诉执行案,浙江省余姚市人民法院(2013)甬余行审字第 393 号行政裁定书。

〔4〕 例如,无锡澳丰洗毛有限公司与江苏清水源环保设施运营有限公司委托合同纠纷案,江苏省无锡市中级人民法院(2016)苏 02 民终 1464 号民事判决书。

法实践中也同样存在差异。[1]

从市场引导层面来看，环境服务合同是第三方治理展开的基础，也是三元法律关系的核心。环境服务合同既不同于传统的民事合同，又有别于公法契约关系。在环境服务合同中，意思自治原则一定程度上要受相应的公法约束，合同主体对环境利益的获取和分享必须以承担必要的公共环境保护责任为前提，合同内容的订立、变更、履行必须满足环境公益和公共治理的具体要求。环境治理不仅涉及排治污双方的利益，更关涉整个生态环境与社会公众的身体健康，因此环境服务合同中的重要内容，如责任的界分与转移，不能全由当事人来自行约定，而应有必要的引导和规制。对此，我国相关部门曾推出第三方治理合同示范文本，其中有责任承担的示范条款，即第三方治理企业应就自身原因所致排污企业的经济损失和行政处罚，予以赔偿。解析该条款可知，排污企业是责任的主要、直接承担者，治污企业在特定情况下可被事后追偿。可见，这一条款并未超出前述专门性文件规定的藩篱，也未能填补责任界分的疏漏。

由此可知，我国对第三方治理企业间法律责任界分存在法律规定不完善，责任标准不明确，司法实践混乱，格式合同太过粗糙四方面问题。我国将“污染者”限定为排污企业，治污企业只在有过错或合同约定的情况下承担责任的界分模式，在过去或许还具有降低排污企业违法排污、逃避监管，以及便于受害者确认责任主体的作用，然而随着第三方治理模式的大力推进，治理法律关系越发复杂，现行法律规定不足与责任界定不均衡的问题越来越突出。

首先，第三方治理企业的责任定位不明。治理企业并非直接责任主体，其在第三方治理中的责任承担方式与范围尚不明确，这种不确定性大大增

[1] 例如，济南银座奥森热电有限公司、山东环冠科技有限公司与李某国环境污染责任纠纷案，山东省济南市中级人民法院(2013)济民四终字第372号民事判决书；上海市松江区叶榭镇人民政府诉蒋某祥等水污染责任纠纷案，载《最高人民法院公报》2014年第4期。两案虽然都认定排污企业与第三方承担连带责任，但法律基础存在较大差别，在此不再展开论述。

加了排治污企业合作的法律风险。此外,2014 年原环境保护部通过废止运营资质的行政许可而降低了环境服务行业的准入门槛。在此背景下,如果对治理企业的责任承担再无相应规定,极有可能引发低价等恶性竞争,不利于第三方治理的进一步展开以及环境服务市场的良性发展。

其次,排污企业承担的责任风险过高。按照当前的法律规定和政策导向,一方面,排污企业作为主体责任承担者,对环境损害均需先承担赔偿责任或处罚,而不论损害是否由其造成。另一方面,整体责任承担的无过错原则与治污企业承担责任的过错性和约定性之间的矛盾,使排污企业可能承担委托治理和损害赔偿的叠加成本。较为典型的情况有由于技术水平的局限性而造成环境损害,而排治污双方对此无约定或双方均无过错的情形。第三方治理模式能在环境治理市场中获得发展,其基础即在于能够帮助排污企业转移治理责任、降低治理成本、专注生产经营,如果选择这一模式不仅不能完成治理任务,还可能带来更大的环境与法律风险,则对其的应用将会大大减少。

最后,动摇合作基础。第三方治理模式以"双向监督、利益共享、风险共担"为立足点,责任分配不均将破坏这一基础,并可能引发更多的矛盾和纠纷,带来污染二次治理、纠纷解决、损害赔偿等连锁反应。

综上,由于当前法律规定尚不完善,责任判断标准发展滞后,而且缺乏配套制度与监管手段,环境污染第三方治理中排治污企业间责任承担不平衡,市场规制与长期合作发展不平衡,制度安排与司法实践不平衡的现象较为突出。要解决前述问题,必须对第三方治理企业的主体地位及责任承担方式作出重新思考与设计。

(二)第三方治理中企业民事与行政责任界分的基础与目的

环境污染第三方治理以契约为基础,以合作为核心,以多元共治为导向,以利益均衡为保障。第三方治理要获得长远发展,必须保证不同利益间的均衡,主要表现为三个方面。一是公益与私益的平衡。第三方治理是通过市场合作来完成的,对于私人部门而言,一方面必须有合理的利益空间,排治污双方作为理性经济人,才会选择第三方治理;另一方面基于公共目的,私人部门必须完成必要的环境治理任务才能获得合法利益。对于公共部门而言,公共环境治理目标的达成离不开私主体的配合,而在达成治理目标的同时不能过度挤压市场的盈利空间。二是合同主体之间的利益均衡。排治污企业作为市场主体,以利益最大化为生产经营的根本目的,如利益前景不明朗或者风险与责任承担不均衡,则不利于其选择第三方治理或进入环境服务市场。三是合同主体的责权利统一,即排治污双方在治理活动中的权利、义务和责任必须相一致,且彼此认可可能获得的利益与承担的风险大致均衡。[1] "利益均衡"可为第三方治理的责任界分提供基本思路,其兼具明晰责任界分原则和实现责任制度目的的双重意义。

排污企业通过支付治理费用来代替具体的治理行为,治污企业通过提供环境治理服务来换取利益,双方通过合作将公法上要求的污染治理义务以私法手段来完成。在这一过程中最重要的是污染治理义务履行方式的变化,也即对污染危险控制权的转移。在不同的第三方治理实践类型中,转移的程度有所区别。企业委托第三方治理根据治污设施的产权归属可以分为委托运营与建设运营两种类型。根据排污企业是否为污染物的独立排放者,建设运营模式又可以分为独立型和嵌入型两种。委托运营模式都属于嵌入型治理。

排污企业及第三方企业对污染危险的实际控制权受到污染物的生产者、环保设施的所有权、污染物的最终排出场所三方面因素的影响,从委托运营模式到建设运营嵌入型再到建设运营独立型,排污企业对污染危险的控制权逐渐减弱,第三方企业对污染危险的控制权逐渐增强。与之相应,随着所承担环境风险变大,第三方企业所追求的私益更高,更高的利益伴随着更多的治理义务。第一层义务履行方式的改变,要求第二层责任界分发生

[1] 参见刘长兴:《污染第三方治理的法律责任基础与合理界分》,载《法学》2018 年第 6 期。

相应的改变，同时第一层义务转移及负担的程度，要求对第二层责任的承担与之相匹配。第三方治理行政责任与环境侵权民事责任的界分均应以“利益均衡”为基础，但各自基于其归责原则与责任性质而有所不同。

（三）第三方治理中企业环境行政责任的界分模式

环境污染治理的公法义务包括主义务和附随义务两种。主义务是直接针对污染物排放和处理行为的义务，包括排放义务和处理义务。附随义务是服务于主义务而具有工具性与辅助性的义务，像是排放监测义务、保存监测记录义务和环境信息公开义务。[1] 排放义务的履行与污染物的最终排放场所直接相关，处理义务的履行受环保设施所有权的影响较大，各项附随义务则同时受二者的影响。第三治理是排污企业以支付污染治理和生态修复费用的形式来代替自力治污，具体的污染治理行为实际上由第三方企业做出。作为新型治污形式，第三方治理的产生与推广，意味着国家对最终排放结果的重视和对过程性处理义务实际履行的放松管制，只要能达到政府环境管制标准，污染治理义务的实际履行主体和方式可以有较大的灵活性。可见，排放义务作为实体性与结果性义务是污染治理义务体系的重心。

在行政管理中第三方企业是否具有独立地位，能否独立承担责任，是第三方治理排治污企业行政责任界分的主要问题。行政责任属于强制性责任，行政处罚是具有惩罚性的责任承担形式，目的是威慑行政相对人，使其不再危害社会及公共利益。[2] 排污企业作为污染物的生产者固然应是行政责任主体，但治污企业因可能拥有环保设施的所有权并是污染物的最终排出场所，在某些情况下已经成为污染治理各项义务的实际履行者。从利益均衡原则和行政处罚目的的角度来看，对行政责任的承担必须考虑义务履

---

〔1〕 参见王社坤：《第三方治理背景下污染治理义务分配模式的变革》，载《吉林大学社会科学学报》2020 年第 2 期。

〔2〕 参见周珂、史一舒：《环境污染第三方治理法律责任的制度建构》，载《河南财经政法大学学报》2015 年第 6 期。

行主体的实际变更,尤其是对排放义务的履行。

在委托运营模式中,排污企业是污染物的生产者,同时拥有环保设施的所有权,且是污染物的最终排出场所,治污企业仅负责环保设施的日常运行及维护,并接受排污企业的实时监督。在此模式下,从环保设施、治污方案,到运行方式、技术人员的选任等可能诱发环境危险的因素,排污企业均有主导权,污染危险一直在排污企业的完全控制之下。排污企业拥有污染危险的实际控制权,应为治理责任主体,治污企业附属于排污企业而不具有独立性,所以并不具有公法地位。由此,排污企业为行政责任的承担者,治污企业对排污企业承担违约责任,排污企业承担责任后,可向其追偿。

在建设运营嵌入型中,尽管环保设施的所有权属于治污企业,但排污企业作为污染物的生产者与污染物的最终排出场所,环保设施在其厂界范围内与污染生产设施相连,其可对治污企业的治污过程进行实时监督。尤其是排污企业作为污染物的最终排出场所,排污许可需由排污企业申请。故相比委托运营模式,排治污双方的生产经营有一定的独立性,排污企业虽然对污染危险的控制有所减弱,但仍具有相当的控制权,治污企业仍附属于原始排污者。因此,这种情形的责任界分与委托运营模式相同。

在建设运营独立型中,由于污染物转移到了治污企业拥有完全所有权的环保设施场所,已经超出了排污企业的厂界范围,因此排污企业虽然是原始排污者,但对整个治污过程及污染危险的控制已经非常薄弱。治污企业作为污染物的最终排放场所变成了实际的"污染者"。污染治理义务体系中最主要的排放义务,以及处理义务和各项附随义务实际上已转移到治污企业。另外,在此类型中实质上包含污染的两次排放,第一次是从排污企业排放到治污企业,第二次是治污企业的最终排放。基于治污企业的治污能力,第一次排放往往需要排污企业的预处理,使移交给治污企业的污染物符合环保设施的工艺要求,对此双方一般会在合同中予以约定,对特定类型污染物的预处理也可能有相关法律的确定要求,如《水污染防治法》第 45 条要求排污企业的工业废水需达到集中处理设施处理工艺要求后方可排放,未按规定进行预处理的,则为违法行为。因此,在此种类型中,治污企业是行政责任的主体,应具有独立的行政相对人地位,同时排污企业承担预处理责任。

综上,基于治理义务的实际履行以及行政管理的需要,治污企业在环境行政管理关系中应拥有独立地位,可作为责任主体独立承担相应责任,其与排污企业第三方治理环境行政责任的界分模式可参考表8-2。

表8-2 环境污染第三方治理环境行政责任界分模式

主体	委托运营模式	建设运营嵌入型	建设运营独立型
排污企业	承担行政责任	承担行政责任	承担预处理责任
治污企业	对排污企业承担违约责任	对排污企业承担违约责任	承担行政责任

(四)第三方治理中企业环境侵权民事责任的界分模式

环境侵权民事责任采取无过错原则,无过错原则基于分配正义的理念,目的在于对"不幸损害"的合理分配,而非对不法行为的制裁。无过错原则的适用理由分为四个方面:一是特定物品、设施或企业的持有人、所有人制造了危险来源;二是该持有人或所有人在某种程度上能够控制危险;三是利益获得者基于正义的要求应当负责;四是经由商品服务的价格机能和保险制度能够分散因危险责任而产生的损害赔偿。[1] 无过错责任的承担是利益均衡原则的直接体现,排污企业获取利益以承担相应的环境风险与社会责任为前提,治污企业获取利益以对委托治理方的治理义务和责任的实际履行为基础。

企业委托治理的合作基础是环境服务民事合同,治污企业对排污企业法定治理义务与责任的分担是基于合同约定,双方在合同中对委托事务、利益分配及责任承担作出安排。合同具有相对性,以合同约定作为侵权责任

〔1〕 参见王泽鉴:《侵权行为》,北京大学出版社2016年版,第15页。

承担的依据只对当事双方有效，对受害人不应产生约束力，否则会严重侵害受害人的求偿权，也可能使排治污企业以合同方式规避法律上的义务与责任。[1] 在这种情形下，排治污双方第一层义务履行与第二层责任承担基于合同约定，合同约定并不能对抗第二层责任的落实，但第一层义务的履行与利益的获得将直接影响第二层责任的界分与实际承担。

在环境服务民事合同中，排污企业的主义务是支付报酬、提供环保设施及材料，附随义务包括协助、监督、选择合格第三方；治污企业的主义务包括提供环保设施及材料、安全运营等污染治理义务，附随义务包括通知报告、监督与接受监督和检查。其中提供环保设施及材料的义务在不同的第三方治理类型中或归属于排污企业或归属于治污企业。排污企业作为污染物的生产者，将其所获部分环境利益通过契约转移给治污企业以换取治理责任的转移，治污企业获得利润的根本原因是对污染的治理，可见环境服务民事合同的核心是治理行为，这与行政管理以排放义务为中心不同。治理行为，即治污企业提供的环境服务，治污企业对污染治理介入越深，则提供的环境服务越丰富，相应的服务费用越高，私法上的治理义务越重。可见，相较于污染生产者和污染物最终排放场所，环保设施所有权的归属更是环境服务内容的关键，标志着治污企业对污染治理介入的程度，从对环保设施的日常运营与维护到环保设施的建设与所有，治污企业的治理义务不断加重。基于对义务转移程度，尤其是对环保设施所有权的不同，对排治污企业之间环境侵权民事责任的界分在不同类型中亦有不同。

在委托运营模式中，排污企业集污染物的生产者、环保设施所有权人、污染物最终排放场所于一身，治污企业的污染治理义务主要包括对环保设施的日常运营与维护。排污企业可以自由选择治污企业并可对其进行全程监督，环境危险控制权几乎完全为其所有，故环境侵权民事责任中排污企业

---

〔1〕 参见孔东菊：《企业环境污染第三方治理法律问题研究》，知识产权出版社有限责任公司2019年版，第129页。

责任较重。根据排治污双方是否有过错,可分为以下几种情况。第一,双方均无过错。如双方均按照合同约定履行了各自义务,仍造成了环境污染损害结果,根据无过错原则,结合排污企业对环境危险的控制权,由排污企业对外承担侵权责任。若合同中无特殊约定,则治污企业无须向排污企业承担任何责任。第二,排污企业无过错,治污企业有过错。由排污企业对外承担环境污染侵权责任,其后可向治污企业追偿。第三,排污企业有过错,治污企业无过错。由排污企业独立对外承担侵权责任。第四,双方均有过错。如属于双方共同过错,则构成共同侵权,双方对外承担连带责任,其后可根据具体情况进行内部的分担与追偿。如不属于双方共同过错,则由排污企业对外承担侵权责任,其后可就治污企业过错造成损害部分向其追偿。

在建设运营嵌入型中,治污企业拥有环保设施所有权,对污染物有支配权,对环境危险的控制权较前一类型更大。排污企业是污染物生产者,且环保设施在其厂界范围内,排污企业是最终排放场所,可较好地对治污企业治理行为进行监督。在此,双方的责任界分需区分不同情况:第一,双方均无过错。按照无过错责任原则,双方仍需承担责任,对此排污企业与治污企业构成无意思联络的数人侵权,按照《民法典》第 1171 条、第 1172 条来处理,即排治污企业都足以造成全部损害的,二者承担连带责任;能够确定责任大小的,各自承担相应责任;难以确定责任大小的,平均承担责任。第二,治污企业有过错,排污企业无过错。排污企业作为污染生产者与污染物最终排放地,治污企业作为环保设施所有权人,双方均需对被侵权人承担无过错责任,如果排污企业能证明自身无过错,损害结果是由治污企业的过错行为造成,则双方形成不真正连带责任,排污企业对外承担侵权责任后,可向治污企业追偿。第三,治污企业无过错,排污企业有过错。排治污双方均需对被侵权人承担无过错责任,如果治污企业能够证明其在污染治理过程中不存在过错,排污企业的过错行为与污染结果存在因果关系,则可免除治污企业的侵权责任,双方形成不真正连带责任,治污企业对外承担侵权责任后可向排污企业追偿。第四,双方均有过错。如果双方具有共同过错,则构成共同侵权,双方对外承担连带赔偿责任。如不属于共同过错,排污企业作为污染生产者与污染物最终排放地,治污企业作为环保设施所有者,双方属于无意思联络的数人侵权,处理同第一种情况。

在建设运营独立型中,排污企业是污染物生产者,按照合同约定将污染物转移至治污企业,污染物经由治污企业所有的环保设施治理后再予以排出。这一过程中,污染物已从排污企业转移到治污企业,治污企业对污染物有支配权,排污企业虽可对治污企业进行监督,但对污染危险控制权已经很弱。根据排污企业与治污企业是否有过错,可分为以下情况:第一,双方均无过错。如排污企业已按合同约定标准将污染物转移至治污企业且尽到了选择合格第三方等义务,则治污企业对外根据无过错责任原则承担环境污染侵权责任,其后,如双方合同对此种情况有约定的,可根据合同约定要求排污企业进行相应补偿。第二,排污企业无过错,治污企业有过错。这种情况下治污企业对外单独承担侵权责任。第三,排污企业有过错,治污企业无过错。按照《民法典》第 1233 条,排治污双方承担不真正连带责任,被侵权人可以向排污企业请求赔偿,也可以向治污企业请求赔偿,治污企业赔偿后,有权向排污企业追偿。第四,双方均有过错。如属于共同过错,则构成共同侵权,双方对外承担连带责任,其后可根据具体情况进行内部的分担与清偿。如不属于共同过错,则按照《民法典》第 1171 条、第 1172 条来处理,即排治污双方都足以造成全部损害的,二者承担连带责任;排污企业造成部分损害的,二者就此部分承担连带责任,治污企业对全部损害承担责任。[1]

综上,在第三方治理过程中参与主体实施了污染环境的行为,他人民事权益有损害,污染行为与损害事实之间存在关联性,且可排除不可抗力及受害人过错的情况下,排污企业与治污企业双方对环境污染侵权民事责任的

〔1〕 以上分析适用于建设运营独立型中治污企业与排污企业一对一的情况,即治污企业对排污企业的污染物进行单独处理,未与其他排污企业的污染物进行混合处理。例如,工业园区集中处理一对多的情况,排污企业对治污企业的选择权受到较大限制,且其责任界分中需包含对上游排污企业真正致污者的确定过程。

界分和承担,应当按照双方对污染危险的控制程度来进行,具体见表8－3。

表8－3　环境污染第三方治理环境污染侵权民事责任界分模式

<table>
<tr><th>类型</th><th>均无过错</th><th>排污企业无过错,治污企业有过错</th><th>排污企业有过错,治污企业无过错</th><th>均有过错</th></tr>
<tr><td rowspan="2">委托运营模式</td><td rowspan="2">排污企业对外承担侵权责任</td><td rowspan="2">排污企业对外承担侵权责任,可向治污企业追偿</td><td rowspan="2">排污企业对外单独承担侵权责任</td><td>共同过错即为共同侵权</td></tr>
<tr><td>无共同过错,据具体情况承担</td></tr>
<tr><td rowspan="2">建设运营嵌入型</td><td rowspan="2">无意思联络的数人侵权,为连带责任或按份责任</td><td rowspan="2">不真正连带责任,排污企业对外承担侵权责任后可向治污企业追偿</td><td rowspan="2">不真正连带责任,治污企业对外承担侵权责任后可向排污企业追偿</td><td>共同过错即为共同侵权</td></tr>
<tr><td>无共同过错,则为无意思联络的数人侵权</td></tr>
<tr><td rowspan="2">建设运营独立型</td><td rowspan="2">治污企业对外承担侵权责任</td><td rowspan="2">治污企业对外单独承担侵权责任</td><td rowspan="2">不真正连带责任,治污企业赔偿后可向排污企业追偿</td><td>共同过错即为共同侵权</td></tr>
<tr><td>无共同过错,据具体情况承担</td></tr>
</table>

(五)企业环境污染第三方治理责任的机制创新与制度协调

1.排污企业主体责任的再思考

《关于推行环境污染第三方治理的意见》与《关于推进环境污染第三方治理的实施意见》均提出由排污企业承担治污主体责任。基于利益均衡的需要,企业外部成本的内部化要求排污企业必须承担相应的治理义务,由排污企业所负担的治理费用亦源于其产生污染物的生产经营活动。治污企业接受委托提供治理服务的收益根本上是对排污企业所获环境利益的分享。因此,无论是环境行政责任还是民事侵权责任,排污企业都负有不可推卸的责任,以其为责任主体并无问题,但主体责任并非全部责任,也不等于任何情况下的主要责任。在特定情况下,包括但不限于"弄虚作假"的情况,治污企业也须承担必要的责任,具体责任界分则如前文所述。在后续立法中应将治污企业纳入责任体系范畴,在相关法律法规更新之前,可由主管部门以意见或办法等形式对排治污双方的责任地位作出更细致的规定,或者由司法机关对责任界分作出相应的司法解释。

2. 损害担责原则的再适应

第三方治理在一定程度上改变了污染治理义务的履行主体，过去由排污企业所掌控的环境污染危险控制权在治理过程中与治污企业有着不同程度的交叉，这要求排治污双方对环境行政与民事侵权责任的界分。基于这一改变，治污企业实质上已经成为公法责任的直接主体，而其承担民事侵权责任的标准亦需重新划定。这种需要与现有的损害担责原则并不相悖。

基于环境治理从污染治理到生态损害修复的扩展，污染者负担原则发展为损害者担责原则。这一变化鲜明地反映出随着社会的发展"污染者"概念已经不能涵盖所有的环境影响者，其作为环境法中诸多制度逻辑起点的身份已经动摇。生产经营活动并不是污染的唯一来源，对产品和服务的消费亦可能产生污染，用排污者来概括污染治理义务主体已经落后于实际情况。[1] 损害者担责原则实质上形成了我国第三方治理法律责任界分的规范性基础。[2]

责任原则的发展与演进，要求环境规范和制度体系重新划定"污染者"或"排污者"的范围。对此，部分法律已经作出回应。例如，《民法典》侵权责任编使用"侵权人"来指代环境污染和生态破坏责任主体，而不再使用"污染者"一词。虽然这种变化是基于生态破坏责任的出现，但必须承认这也为污染治理新模式和新主体进入责任体系打开了通道。如果治污企业的行为造成了环境损害，即应作为责任主体承担相应责任。

3. 融通企业环保信用评价制度

企业环保信用评价制度是环境治理的一种创新模式，可对企业的环境

---

〔1〕 参见柯坚：《论污染者负担原则的嬗变》，载《法学评论》2010 年第 6 期。

〔2〕 参见李一丁：《环境污染第三方治理的理论基础、现实诱因与法律机制构建》，载《河南财经政法大学学报》2017 年第 2 期。

行为进行定量化、综合性、动态化、过程性、累积性评价。[1] 当前企业环保信用评价制度仅适用于传统的排污企业,随着第三方治理的发展,第三方治理企业也应为其适用对象。有学者认为,第三方治理企业可依据信用评价结果承担相应环境污染民事责任,并在依据信用评价结果被视为"污染者"的情况下才承担行政责任。[2] 环境污染第三方治理法律责任的界分应以对环境污染危险控制权的掌控为基础,排治污企业对于约定和法定注意义务的履行情况是责任界分的直接关联因素,对此,企业环保信用评价等级可以作为了解双方义务履行情况的手段之一,也能够在一定程度上填补责任认定技术手段欠缺的不足。企业环保信用评价制度作为生态环境治理新制度正在被逐步推广应用,其与第三方治理中的责任界分和认定有着合作互助的可能,可进一步协调融通。

4. 联结环境污染责任保险制度

环境服务产业发展的基础与保障是利益均衡,环境服务企业进入环境治理市场,即须与排污企业共同承担一定的环境风险,尤其是在环境侵权民事纠纷中需按无过错原则来承担责任。由于现代社会大工业的发展及技术水平与认识的限制,环境风险一旦失控可能会造成巨大的财产损失及人员伤亡,而使排污企业与第三方治理企业难以承受,在此情形下污染责任的承担对于环境污染第三方治理产业具有抑制作用,[3] 且可能使污染受害者不能获得相应赔偿,无法实现公益与私益的平衡。环境污染责任保险可承保被保险人因过错或者法律规定的无过错行为所产生的损害赔偿责任,通过保险机制由保险人共同承担损害赔偿金额,进而分散风险,减少单个被保险

[1] 参见李一丁:《第三方治理二次环境污染责任的认定——企业环境信用评价法制化视角的分析》,载《中国地质大学学报(社会科学版)》2019 年第 2 期。

[2] 参见李一丁:《第三方治理二次环境污染责任的认定——企业环境信用评价法制化视角的分析》,载《中国地质大学学报(社会科学版)》2019 年第 2 期。

[3] 参见刘宁、吴卫星:《"企企合作"模式下环境污染第三方治理民事侵权责任探究》,载《南京工业大学学报(社会科学版)》2016 年第 3 期。

人因损害环境本应自行承担的赔偿金额。[1] 当前我国尚未全面建立起实质意义上的环境保险制度，企业的保险意识较为淡薄，但随着环境污染第三方治理等新型模式及其主体的出现，环境保险制度作为现代环境治理体系中的重要一环迎来了新的发展契机，可针对新模式及新主体的特点同步建立保险机制，如推行环境污染自愿保险与强制保险相结合的制度，在环境高风险领域建立环境污染强制保险制度，强制第三方治理参与主体投保，在风险较小领域则鼓励排治污企业自愿投保等。

二、第三方治理中企业的刑事责任界分

随着第三方治理的快速发展，主体间的法律关系越来越复杂，伴生的环境犯罪超出了传统认知，呈现出新的特点。第三方治理造成严重环境损害的，在企业委托治理中，排污企业是否需要承担刑事责任？在政府委托治理中，除了第三方治理企业，污染来源单位的责任如何认定？作为一种新模式，第三方治理包含对环境损害的治理与环境风险的预防，其中的刑事责任应如何界定需要刑法体系及时作出回应。在刑法归责体系中，分析目前司法实践案件处理未臻完善的原因，厘清第三方治理责任认定的路径与方法，是值得关注与研究的问题。

（一）第三方治理刑法归责的特殊性

近年来工业化深入发展所伴生的环境问题成为社会关注的焦点，环境治理的重要性日益突出。由于现代社会向风险社会转型，公众对风险的认识与感受成为对社会整体认识的基点之一，对危险暴露的极端敏感与对安全的极度渴望使公众的现实诉求不断汇聚进而成为国家在政治上的压力与动力。第三方治理是公共治理理念与现代治理体系对公众环境保护需求的

---

〔1〕 参见竺效：《论我国环境污染责任保险单行法的构建》，载《现代法学》2015 年第 3 期。

现实选择，通过扩大治理主体、转移实际治理行为，来实现控制环境风险与治理环境污染的目标。这种模式改变了传统治理模式中排污企业作为唯一责任主体的情况，第三方治理企业如果未能实现改善环境污染或者降低环境风险的治理目标，又或者造成二次污染等严重后果，也应作为刑法归责主体。这意味着，不仅"污染者"应在刑法归责范畴之内，特定情况下"治理者"也需承担相应责任。在环境污染第三方治理中，污染环境罪发案率最高，其他罪名司法实践中极少并且通常是污染环境罪的关联犯罪，故此处主要针对该罪对第三方治理的刑法归责展开论述。

因果关系判断是对行为人归责的逻辑前提。污染环境罪的因果关系判断一直是该罪以及因果关系理论的难点，原因在于污染环境罪的危害行为和结果往往借由某些物质媒介才产生联系，在判定时经常有较强的时空隔离性。〔1〕 第三方主体的介入，使原本已经非常复杂的环境污染因果关系在认定上更加困难。实践中，环境污染第三方治理实际类型的多样性，使污染环境犯罪累积性与多因一果性，因果过程的长期性和潜伏性，危害结果的多因性和多重性，认定技术和方法的复杂性和困难性等特点更为突出，〔2〕污染物从产生到排出再到造成生态损害的全过程的查证难度大大增加。原因物质难以查清与污染经由难以确定，〔3〕污染环境罪的两大难点在第三方治理刑法归责中同时存在，成为传统因果关系理论解决第三方治理污染环境罪相关问题时的重大挑战。如何在第三方治理污染环境罪案件中判断污染损害的唯一性以及污染行为与损害结果之间的相互作用，是衡量因果关系理论归责效用的核心要素。

---

〔1〕 参见焦艳鹏：《污染环境罪因果关系的证明路径——以"2013 年第 15 号司法解释"的适用为切入点》，载《法学》2014 年第 8 期。

〔2〕 参见陈君：《论疫学因果关系在污染环境罪中的适用》，载《北京理工大学学报（社会科学版）》2011 年第 6 期。

〔3〕 参见［日］藤木英雄：《公害犯罪》，丛选功等译，中国政法大学出版社 1992 年版，第 27 ~ 28 页。

可见,作为应对环境问题的新型治理手段,第三方治理在发挥预防环境风险作用的同时,由于环境风险天然的不确定性与双重性,自身也可能成为新的风险来源。基于此,第三方治理不仅是对责任的重新配置,也应借助对风险的合理分配来实现对危险的管理和控制。就刑法归责而言,其作为国家与法系统处理现代化本身所引致的社会风险与不安全感的方法,[1]面对现代社会中公众基于对安全和风险的担忧而向政治与法律的压力传导,必须保证环境风险预防和环境治理的有效性。

(二)第三方治理中因果关系认定的理论困境

针对第三方治理刑法归责的特殊性,考察其在污染环境罪中事实归因的情况,能够更加凸显传统因果关系理论在解决这一类环境犯罪问题时的力不从心。事实归因属于因果关系判断的第一个阶段,也就是在规范判断之前的单纯事实判断,是对行为与结果之间是否具有引起与被引起关系的判断。根据环境污染第三方治理中危害行为的复杂程度,参考学者所做的类型划分[2],可将事实归因分为单一行为与复杂行为两种类型,单一行为型包括单独犯罪与共同犯罪,复杂行为型包括多个异种行为与多个同种行为。

对于环境污染第三方治理单独犯罪行为的事实归因判断,由于此种情形是由行为人的单独行为引起犯罪结果,故而行为具有唯一性,第三方治理建设运营独立型即为此种情况。排治污企业其中一方的单独行为引致损害结果,如第三方企业心存侥幸,治理还未达标即排出污染物,排污企业为降低成本,私自排放污染物,造成严重损害后果。对于环境污染第三方治理共同犯罪行为的事实归因判断,刑法理论中对共同犯罪事实归因的认定是,虽然共同犯罪有两人以上,但是由于共同犯罪人有共同的犯罪故意和犯罪行为,因此共同犯罪的犯罪行为人需要对整体的结果承担责任,因此属于单一

---

〔1〕 参见[德]乌尔里希·贝克:《风险社会》,何博闻译,译林出版社2004年版,第19页。

〔2〕 参见侯艳芳:《污染环境罪因果关系认定的体系化思考》,载《当代法学》2020年第4期。

行为型犯罪。此种情况在第三方治理的各运行模式中均可能存在。

对于环境污染第三方治理多个异种行为的事实归因判断,是对不同主体实施的表现与内容各异的行为与结果之间的关系分别进行归因。这种情形分别存在于政府委托治理,还有企业委托治理的建设运营嵌入型和委托运营模式之中。对于环境污染第三方治理多个同种行为的事实归因判断,所谓同种行为是指虽然是不同主体实施,但是在方法与内容上是同一性质的行为,多个行为累积而导致损害发生。此种情形主要发生在企业委托治理一对多模式中,即治理企业以自己拥有的治污设施同时为多家排污企业提供治污服务,多个排污企业超量排污,相同性质的污染物叠加作用,超出治理企业的治污能力而造成环境损害。针对上述四种不同类型的事实归因,逐一进行讨论。

1. 单一行为之单独犯罪

在建设运营独立型中,第三方治理企业拥有自己的经营场所和污染治理设施,与排污企业在地理位置上相互独立,双方对环境危险的控制权接替掌握,几乎没有交叉重合。因此,双方的责任义务清晰明确,各自在对污染物拥有支配权时承担相应注意义务,丧失支配权时则无须承担。基于此,通过排治污企业所在地的环保行政机构的监测数据以及公安机关的证据材料,[1]如果确定行为主体的排放行为与环境损害结果之间具有关联,运用基本的条件说即可进行包括事实归因在内的因果关系判断。

2. 单一行为之共同犯罪

这种情形在司法实践中有不少案例,在此选取“甲公司、张某、王某等污染环境案”[2]一案。在此案中,张某和王某共同运营甲公司,该公司的排污许可证在2013年已经到期。乙公司的法人代表周某和丙公司的负责人吴某在明知甲公司相关资质已到期的情况下,仍然与甲公司签订合同,在2017年

〔1〕 参见杨继文:《污染环境犯罪因果关系证明实证分析》,载《法商研究》2020年第2期。

〔2〕 参见江苏省南京市中级人民法院刑事判决书,(2019)苏01刑终575号。

至2018年各自将公司的废原料桶交由甲公司处理。张某和王某安排朱某将涉案废原料桶运到甲公司的清洗场地,由张某某和刘某进行清洗,清洗产生的废水包含二甲胺和甲胺甲醇等危险物质,直接排放至外部环境中。在本案中,甲公司的行为构成污染环境罪无疑,关键在于乙公司与丙公司行为的性质。乙、丙两公司虽然没有直接排放危险物质,但是在与甲公司签订合同时,明知甲公司的许可证已经到期,也应当知道甲公司对危险废物的处置为非法活动,在此前提下仍然与其签订合同,其行为符合刑法中有关共犯的规定。乙、丙两公司的行为通过张某与王某的行为进而与刘某、张某某、朱某的行为形成了一个行为整体,共同导致了损害结果的产生。乙公司和丙公司的行为与损害结果间的事实归因,用因果关系的条件说即可得出结论。

3. 复杂行为之多个异种行为

复杂行为之多个异种行为的第一类是在企业委托治理的委托运营模式以及建设运营嵌入型中,这种情形在司法实践中也有不少案例,选取"温州甲公司污染环境案"[1]一案进行剖析。温州甲公司与青田乙公司签订委托运营协议,由甲公司负责某电镀园区的污水处理,并将处理达标的污水转移至某污水处理厂深度处理。为了节约成本,甲公司在乙公司厂区内安装三通装置偷接排水管路,直接将废水排放到外部水域,造成特别严重环境损害后果。

本案属于第三方治理的委托运营模式,甲公司作为第三方治理企业,负责污水的日常处理,同时乙公司拥有治理设施并作为污水的最终排放场所,对污染危险有较大控制权,亦负有相应注意义务。在司法实践中根据传统的条件说,因果关系的事实归因以及最终的刑事责任均是由甲公司来承担,而乙公司只是支付了一笔合同费用,就全然规避了刑事上的责任。如此一来,将放任排污企业将第三方治理作为工具来逃避治污和刑罚责任的情况,阻碍了第三方治理的长远发展和环境服务市场的秩序化,更不利于环境保

[1] 参见浙江省青田县人民法院刑事附带民事判决书,(2018)浙1121刑初221号。

护和对破坏环境行为的打击惩治。建设运营嵌入型也存在同样的问题。可见,传统的条件说对于分析行为与结果之间纯粹自然科学层面的因果关系是有效的,然而当问题不再是有无而是多少时,传统条件说的缺陷则暴露无遗,继续运用将导致不合理的责任分配。虽然有学者提出了若干补充规则来填补条件说的漏洞,但这些补充规则应用的前提与条件则众说纷纭,无一定之规,极易造成司法实践中的混乱。条件说的标准更倾向于是一种具有固定内涵的静态存在,在规范本身出现变化或者刑事政策的是非观念和利害取向作出改动时,条件说就无法及时作出调整。一直以来,第三方治理的产生发展与政策推动有极大关联,主体之间行为交错、关系复杂,相关规范尚在完善中,以上情形都超出了条件说的能力范围。

复杂行为之多个异种行为的第二类是在政府委托治理中,一般来说是指不同主体分别做出排放有毒物质、放射性废物的行为,不同污染物相互作用,导致超出政府委托治理时与企业约定的处理标准或治污总量,最终造成环境损害的后果。例如,原本用来处理居民生活污水的污水处理厂,却流入大量工业废水,污水处理厂没有相应的处理能力,导致污水处理未达标即排放到外部环境,造成环境损害,继而需要刑法处置。此种情况在实践中频频发生,生态环境部公布 2017 年国家重点监控企业严重超标和处罚情况,结果显示一共 171 家(次)中有 102 家(次)是污水处理厂,污水处理厂在所有类型企业中占比近 6 成。[1] 对于这一情况,司法部门的实际处理多是以难以证明进水口污染物超标与出水口污染物超标之间存在因果关系,而拒绝对污水处理厂以外的主体追责。条件说在处理第三方治理多方主体行为与结果之间因果关系时的不足,导致对相关主体刑事归责的缺失。这种情况一方面使治理企业成为政府推卸责任、排污企业偷排漏排的“替罪羊”,甚至演变为新的污染源;另一方面将对治理企业的生存与发展造成威胁,阻碍环境

---

〔1〕 参见《关于 2017 年国家重点监控企业主要污染物排放严重超标和处罚情况的公告》(生态环境部公告 2018 年第 5 号,2018 年 4 月 10 日发布)。

服务市场的长远良性发展。

这一类情形事实归因的难点在于,污染环境罪与传统犯罪不同,有着较强的自然科学属性,引发环境损害结果的条件难以准确确定,并且一般公众对行为和结果的经验性理解和判断在这一类犯罪上并不适用,运用传统的条件说或相当因果关系说极易导致不合理的责任分配,甚至可能成为否定事实因果关系的理由。疫学因果关系理论的出现能在一定程度上缓解这一问题。该理论是根据流行病学的一般原理,判断行为与结果之间因果联系的盖然性程度,只要能达到预设的医学标准,就能确认先前假定的某种因子与疾病之间存在因果关系。疫学因果关系理论有较为充分的科学依据,但对因果关系的判断不需要达到数学法则的确定性程度,因此能够在不特定的污染行为和损害结果之间建立因果联系。[1] 基于以上特点,疫学因果关系理论在日本处理公害案件的司法实践中被创造之后,在德国等国家污染环境罪因果关系认定中有较多运用,然而其缺点也逐渐暴露。借助科学法则进行判断是疫学因果关系理论作出事实归因的前提,而环境污染犯罪仍有大量目前科学技术难以确定的问题,同时这一理论只能推定行为导致结果发生的概率大小,没有判断危险的实体标准,这都使该理论难以作为独立的判断标准来解决第三方治理污染环境罪中的因果关系证明问题。

4. 复杂行为之多个同种行为

这种情况主要存在于第三方治理企业与排污企业一对多类型中,在因果关系认定上的难点有两层。第一层与多个异种行为有类似之处,即传统因果关系理论不能或者不能完全解决为归责提供客观基础的问题。第二层则与其自身特点相关,使事实归因比多个异种行为更加复杂,即当多个同种行为叠加导致最后结果时,每个行为引发最后结果的作用力并不是全有或者全无的状态,而是呈一定的比例关系。第三方治理复杂行为之多个同种行为的事实归因,需要明确各个行为各自对最终结果的作用力比例,才能判

---

〔1〕 参见[日]藤木英雄:《刑法各论——现代性犯罪与刑法》,有斐阁1972年版,第131页。

断每个行为对结果是否需要负责以及各自责任的大小,而当前刑法上的因果关系认定属于有或者无的绝对性判断,无法满足第三方治理中归责的现实需要。

具言之,多个同种行为事实归因的关键是判断特定行为对结果的作用力,在此基础上才能判断行为应在何种范围内对结果负责。这种情形下不同排污企业的超量排污可分为三类:其一,多个超排行为中的每个超排行为都能独立引发刑法规定的危害结果,这种情形的判断相对简单,每个超排行为与最终的损害结果均能形成事实归因。其二,多个超排行为中的每个单独的超排行为均不能造成损害结果,但是多个超排行为聚合共同作用能够导致最终损害结果,这种情形需要判断每个单独的超排行为与最终损害结果之间的作用力比例关系。其三,多个超排行为中的部分超排行为能够独立导致刑法中的危害结果,那么需要根据实际作用效果来判断该单个超排行为与最终损害结果之间的因果关系。部分单独行为造成的损害结果与每个单独行为没有累加之前各自造成的损害结果的总和相比,如果前者更大,那么无论此单独行为是单独发生作用还是实际上累积发生作用,其与损害结果之间一定可以进行事实归因;如果后者更大,或者两者基本持平,则需要综合判断确定该单独行为与损害结果的因果关系。[1] 由此可见,在此类型中,行为的可能性与结果的现实性之间的排列组合可能是单独性作用,也可能是比例性的聚合叠加,这种复杂的事实因果关系对因果关系理论的精准性提出了更高的现实要求。

(三)环境污染第三治理中因果关系认定的总结与反思

通过对前述第三方治理中事实因果的类型化分析,可对当前因果关系认定中存在的问题总结如下。

首先,传统因果关系理论无法涵摄所有的事实因果类型,难以适应复

〔1〕 参见侯艳芳:《污染环境罪因果关系认定的体系化思考》,载《当代法学》2020 年第 4 期。

杂案件。环境污染第三方治理中行为与结果之间的事实因果关联,并不能为当前主要应用的因果关系理论所统摄。单一行为的事实因果关系较为简单,运用条件说一般可以完成因果关系认定。然而对于多个异种行为这种较为复杂的情况,运用条件说和相当因果关系说已无法应对,疫学因果关系理论虽然能在一定程度上解决部分问题,但缺乏清晰的认定标准,实效性尚有疑问,且对其一直存在是否降低了因果关系证明标准的质疑。多个同种行为则对前述理论提出更大的挑战,如何对多个同种行为在引起结果发生过程中各自作用力所占比例分别加以判断的难题始终无法解决。

其次,存在归因与归责混同的情况,缺少规范的修正。因果关系具有归因性,归因是归责的前提,但归因绝不等同于归责。[1] 对于归责,因果关系的自然科学的范畴,只能提供外部的框架,而不能提供结论性答案。[2] 将具有归因意义的事实判断直接作为成立犯罪的依据,实质上是对归因与归责的混同。这一点在条件说到相当因果关系说再到疫学因果关系理论中均有不同程度的体现,这是试图通过因果关系论同时完成归因与归责的双重使命,而使因果关系论极度扩张的结果。[3] 环境污染第三方治理中的不同实践类型存在风险分配与注意义务的细微差别,司法实践中未真正界定排污方与治污方的责任而进行模糊性处理的情况并不罕见,在前述案例中亦有所体现。其一,由于第三方治理中污染环境犯罪因果关系判定的专业性与复杂性,在具体案件的处理中鉴定结论与专家意见成为法院认定污染环境罪因果关系的主要依据,司法机关自身的专业程度使其对环境鉴定机构及专家出具的鉴定结论和意见很难再进行排除或不予采纳,因而实践中很多时候是将环境科学领域的专业意见与法律领域的专业判断直接等同,这将会导致归因与归责的混同,进而不适当地扩大或缩小刑法归责的范围。其

〔1〕 参见陈兴良:《从归因到归责:客观归责理论研究》,载《法学研究》2006 年第 2 期。

〔2〕 参见[德]汉斯·海因里希·耶赛克、[德]托马斯·魏根特:《德国刑法教科书(总论)》,徐久生译,中国法制出版社 2001 年版,第 338 页。

〔3〕 参见陈兴良:《客观归责的体系性地位》,载《法学研究》2009 年第 6 期。

二,污染环境罪的法益保护是兼具环境内容的人类中心法益论,不仅对行为与人类法益侵害结果之间因果关系的判断需要在事实归因的基础上进行规范归责,而且对行为与自然法益侵害结果之间的基本关联亦需进行判断,不能不加考察、不以规范评价而直接认定。因而,有必要在事实归因的基础上进行规范归责以使因果关系成立的范围合理化,进而达致经验论与归责论的有机统一。

最后,缺少价值引导,未对预防主义的刑事政策转变有足够回应。目前刑法中全有或全无的归责方式,虽然在一定程度上能为司法实践提供较高的确定性,但传统因果关系理论与第三方治理产生之初对于安全与预防的追求及其复杂、细微的实践类型并不契合,在主动预防环境犯罪和积极培养环保意识的价值引导方面有所欠缺,与污染环境罪近年来向预防主义的转向也并不能完全匹配,无法全面反映刑事政策在实践中的导向与发展。环境污染第三方治理作为一种新型治理模式,既是环境利益分配形式,也是责任与风险分担方式。对排治污双方而言,责任界分的彼进此退或者此进彼退,多一分少一分皆会对是否选择或从事环境污染第三方治理产生直接影响,尤其作为最后一道防线的刑法归责,对行为人与社会而言的深重意义在进退之间对环境治理效果与相关产业发展的影响不言自明。

(四)客观归责论在环境污染第三方治理刑法归责中的适用

由前述可见,以条件说为代表的传统因果关系理论并未穷尽刑法领域全部的事实因果关系类型,污染环境犯罪因在因果关系上的特殊性,成为传统理论体系下难以解决的问题,而实践中环境污染第三方治理刑法归责的困境则是对此的鲜明注脚。无论是为了满足刑事政策的现实需要,还是实现对归因存在论基础多样性的切实描述,都需要在传统因果关系理论以外引入其他发现因果关联的理论路径。

1. 客观归责论对第三方治理刑法归责的适用性

现代客观归责理论于1970年代由德国刑法学者罗克辛创建，在德国、日本等国家得到广泛讨论并日益发展，规则架构渐趋精细。客观归责论有三个基本原则，即行为制造了法所不容许的风险、行为实现了法所不容许的风险、结果在构成要件的保护范围内，行为同时符合这三个原则的，就可以将结果归责于行为人。客观归责论以法益保护为导向，并非单纯的事实因果关系理论，而是以事实的因果关系为前提的规范评价理论。[1] 虽然刑法学界长期以来对客观归责是否及如何引入我国刑法理论及司法实践有着不同意见，然而其理论中行为制造不允许的危险及风险升高，将现行的因果关系分为事实因果关系与结果归属，并分别进行事实判断与规范判断的部分无疑是对当前我国刑法归责构造的有益补充。[2] 客观归责论对于第三方治理刑法归责有着明显的路径优越性。

第一，通过价值判断，推动环境刑法的制度设计与环境犯罪刑事政策的衔接。环境公共政策作用于刑法的必然结论是环境刑法的机能化倾向，刑事政策的刑法化与刑法的刑事政策化俨然成为二者关系的基本公式。[3] 刑事政策的罪刑规范意义通过犯罪预防的积极化、法益保护的前置化、责任承担的集体化等多种形式表现出来。[4] 在风险社会背景下，刑法中行为和归责的界定都围绕风险展开，客观归责理论成为刑事政策具有导向性的重要选择。客观归责论应用于环境刑法表现为，当与结果具有因果关系的污染环境行为制造了法不容许的风险，而这种风险在该当构成要件的结果中得

---

〔1〕 参见张明楷：《也谈客观归责理论 兼与周光权、刘艳红教授商榷》，载《中外法学》2013年第2期。

〔2〕 参见张明楷：《也谈客观归责理论 兼与周光权、刘艳红教授商榷》，载《中外法学》2013年第2期。

〔3〕 参见李冠煜：《日本污染环境犯罪因果关系的研究及其借鉴》，载《政治与法律》2014年第2期。

〔4〕 参见姜涛：《风险刑法的理论逻辑——兼及转型中国的路径选择》，载《当代法学》2014年第1期。

以实现,该行为即应承担刑法上的责任。[1] 借助客观归责论,刑法的惩罚预防作用能够得到充分发挥,环境刑法以及环境治理政策对刑法规范与注意义务分配的引导得以落实,减轻公共政策压力,推动公民主动预防环境风险并提高环保意识。可见,环境污染第三方治理产生的社会背景和政策目标与客观归责论本质上具有一致性,均是为应对社会治理和规范协调的需要,从客观归责论出发来界定第三方治理的刑事责任,是环境治理中风险控制的合理路径。

第二,运用规范判断,修正第三方治理中污染环境罪的因果关系认定范围。客观归责理论相较于传统因果关系理论的重要区别在于,其将归责阶段的规范化判断与归因阶段的自然主义化分开,两者分属不同阶段。在罗克辛的体系中,因果关系与归责理念脱钩成为各自独立的理念,因果关系理论被限定为事实意义上的因果关系。这就使客观归责论扭转了传统归责理论以因果关系来处理的倾向,打破了因果关系论极度扩张使归因与归责混同的困局。客观归责论的贡献,即在于在承认事实因果关系的基础上,就此切断自然科学的事实审查的方式,进一步独立地迈入规范性审查的阶段。[2] 一方面,以归责限制因果关系的范围,将不重要的因果关系从构成要件的范围内剔除出去,避免刑罚处罚的扩大化。例如,针对第三方治理中多个异种行为的事实归因,仅有部分排污企业的超排行为能够单独造成损害结果的,如果按照条件说将对多个行为的实际作用不加区分,可能导致刑法归责范围的不当扩大。另一方面,基于归责有效性的考虑,突破条件公式的限制来确定因果关系,甚至无因果亦需归责。在累积因果关系或者概率提升的场合,又或者间接创设风险的情况,如前述环境污染第三方治理多个异种行为中的"温州某公司污染环境案",仅运用传统因果关系理论无法对企业以委

---

〔1〕 参见[日]曾根威彦:《客观的归属论的理论考察》,载《西原春夫先生古稀祝贺论文集》(第1卷),成文堂1998年版,第66页。

〔2〕 参见周光权:《客观归责理论的方法论意义兼与刘艳红教授商榷》,载《中外法学》2012年第2期。

托治理关系逃避责任的情况进行刑法规制。

第三,归纳风险判断标准,划分第三方治理中污染环境罪的归责层次。借助风险升高评价工具,事实危险与规范危险的类型化为客观归责论提供了体系标准。[1] 规范中的不同排污标准以及所分配的注意义务,区别了不同破坏环境行为的危险性,不同行为的危险关联性轻重有别,形成污染危险类型的有序阶梯,有助于划分环境犯罪行为的归责层次。[2] 根据客观归责理论,在环境污染第三方治理中,污染环境行为对环境风险升高的程度和对环境法益损害的大小作为判断行为危害程度的实体标准,结合污染环境行为违背注意义务和超出排污标准的程度,能够实现在事实归因基础上的差异化结果归责。可见,在刑法传统因果关系理论解决复杂行为中不同行为作用力比例的判断问题陷入困境后,客观归责论为第三方治理的刑法归责提供了新的解决问题的思路。

2. 客观归责论在第三方治理刑法归责中的具体适用

客观归责论对刑法归责的重构,扭转了过去刑法理论中以归因代替归责,认为满足了因果性就有了可归责性的判断路径,在区分归因与归责的基础上,承认规范评价的目的性实际上影响并修正了归因层面的事实探求。在第三方治理的污染环境犯罪中,客观归责论对因果关系认定方法论的完善表现为,首先以条件公式、疫学原理等来考察各种危险因素及事实因果关系,在此基础上,还要以污染风险升高和环境保护规范目的之有效性为标准决定污染结果的可归责性。

风险升高理论强调如果行为人超越了允许性风险,并且出现了行为存在的危险所作用的结果,这个结果作为一种禁止性危险的实现就是可以归责的。[3] 根据风险升高理论,如果从事后判断看,违反注意规范的行为实质

[1] 参见[日]山中敬一:《刑法总论》,成文堂2008年版,第250页。

[2] 参见李冠煜:《污染环境罪客观归责的中国实践》,载《法学家》2018年第4期。

[3] 参见[德]克劳斯·罗克辛:《德国刑法学 总论(第1卷)犯罪原理的基础构造》,王世洲译,法律出版社2005年版,第257页。

性地升高了危害结果出现的风险，即使无法证明行为的不法部分与危害结果之间存在“非P则非Q”的关系，也应将结果归责于行为人。[1] 风险升高理论一般被认为是归责层面的判断规则，但是其与归因层面的事实关联判断也密切相关。

第一，在归因层面以概率提升为判断标准。风险升高理论在归因层面的适用，是以概率提升作为判断标准，只要不法行为实质性地提高了危害结果出现的概率，即可肯定存在归因层面的事实因果关系。[2] 相对于条件说，这实质上降低了关联的程度要求，存在不适当地扩大归责范围的可能，因此对其适用应有所限制，即在传统及疫学因果关系难以适用的情境中再考虑应用。针对前述第三方治理中污染环境犯罪的事实因果类型，传统因果关系理论可以较好地解决单一行为中两种类型的事实归因，故下面主要探讨风险升高理论在复杂行为事实因果关系中的适用。

复杂行为之多个异种行为主要包括两种情况。在第一种情况所举例的“温州甲公司污染环境案”中，青田乙公司作为委托治理方，虽然将治理责任根据合同约定转移给了温州甲公司，但是乙公司对甲公司仍然具有监督职责，同时在该案中，最终的污染物从乙公司厂区排出，对于在自己厂区排放污染物的行为，乙公司负有管理义务。在这种间接创设风险的场合，单是确定行为与结果之间不满足条件公式，也无法就此否定结果归责。[3] 根据客观归责中的风险升高理论，应综合考察第三方治理中监督者与管理者行为的危险程度、介入行为的危险程度与异常性程度、管理者的行为是否促进了介入行为的发生，以及第三方治理领域相关规范要求的特殊性等来判断。[4]

---

[1] 参见劳东燕：《事实因果与刑法中的结果归责》，载《中国法学》2015年第2期。

[2] 参见劳东燕：《事实因果与刑法中的结果归责》，载《中国法学》2015年第2期。

[3] 参见劳东燕：《事实因果与刑法中的结果归责》，载《中国法学》2015年第2期。

[4] 参见吕英杰：《监督过失的客观归责》，载《清华法学》2008年第4期。如其所言，如果监督者、管理者违背监督和管理职责的行为制造了不被允许的危险，并且该危险不被阻断地在法益侵害结果中实现，那么，监督者、管理者就应该对所发生之法益侵害结果承担过失责任，尽管该侵害结果不是或者往往不是由监督或者管理上的过失行为直接造成的。

环境污染第三方治理因果关系具有开放性与非线性的特征，客观归责理论能够突破传统刑法理论的窠臼，更为合理地确定犯罪主体，并最终准确定罪量刑。

多个异种行为第二种情况在事实因果关系认定中的难点在于不同行为与结果之间是否存在引起与被引起的关系。对此，疫学因果关系依托合法则的条件说，能够在高度盖然性意义上对于因果关系存在与否作出判断，这种判断本身既包括事实判断也包括价值判断，并没有实质性的危险判断标准。而在风险升高理论中，如果污染环境的行为提高了污染环境结果发生的概率，增加了污染环境结果发生的危险，即可以肯定存在归因所要求的事实关联，这种判断兼具定性分析与定量分析，凸显了不同行为之间危险关联程度的区别。这就归纳出较为清晰的判断标准，一者可以防止违法评价与不法评价界限的混淆，二者能够为污染环境罪归责评价的层次性提供客观依据，使最终定罪量刑更为合理精准，因为行为与结果之间的事实关联程度不仅影响刑事责任的有无，还可能影响刑事责任的轻重。基于此，在政府委托治理的案件中，客观归责理论能够更为准确地确定责任主体和责任范围，避免责任人以政府委托为逃避责任的借口，进而避免“群体无意识”与“集体不负责任”现象的出现。

在多个同种行为中，单个排污企业超排行为均能单独造成损害后果的因果关系认定并不困难。难点主要在于单个超排行为均难以造成损害后果以及仅部分超排行为能单独造成损害后果的因果关系认定，这两种行为需要区别处理。前者实质上属于累积性因果关系，是聚合各个行为才集体产生足够导致损害结果的力量，仅单独行为并不能操纵整个因果流程。对于此种情况，疫学因果关系虽然可以通过统计学方法及科学法则以定性的方式对整体因果关系进行判断，但对于不同主体所实施的相同性质的行为无法进行分离，进而无法对多个同种行为归责。而根据风险升高理论，单个行为只要实质性提高了结果出现的危险，对最后的损害结果发挥了实质性作用，即可认定存在事实因果关系，并能以定量分析为行为引起结果发生的比例提供判断基准。在第三方企业与排污企业一对多的类型中，可以根据排污企业的超排行为确定责任归属，并以单个企业超排总量数值作为影响结果出现因素比例高低的参考标准。客观归责理论可以对传统因果关系作出有效补充，在一定程度上扩大了刑事追责的范围，与环境污染第三方治理发展的现实需求相契合。多个同种行为中仅部分超排行为就能够单独造成损害结果的情形更加复杂，如果造成的损害后果大于各个行为单独造成的损害后果之和，能够依照风险升高理论进行事实归因；反之，如果小于或等于，则需对污染物可能产生的聚合性反应等因素进行判断，在这一过程中，环境科学等自然科学鉴定意见能够作为参考依据，但同时必须在结果归责阶段通过客观归责理论中的规范性标准来进行规范判断，根据第三方治理的相关规定及所分配的注意义务亦可排除归责。

第二，在归责层面限定风险类型。风险升高理论在归责层面的适用，是判断该种风险是否在刑法规制范围之内，只有制造了法所禁止的风险才是对行为人归责的前提。对此，客观归责论主要以反面排除的方法予以论证，“降低风险”“没有制造风险”“实现被允许的风险”等情况皆可排除客观的归责。可见，在事实因果关系判断基础上对于所存在的“风险性”的要求，是结果归责规范判断的中心。第三方治理中的污染环境行为能否归责，一是需以相关法律条文的规范目的为依据，二是需要观照法秩序内在合理性所提出的要求与刑事政策的追求。在此，对于环境污染第三方治理刑事责任界定难题的解决，亦需回归规范本身。风险升高理论在肯定违反义务的行为与结果之间存在客观事实关联的前提下，既能够通过规范判断来设置事实关联应达到什么程度才满足结果归责的归因基准，又可以通过规范保护目的思想来准确限定第三方治理中污染环境的风险类型，进而限定归责范围。如此一来，也可消除风险升高理论相较传统因果关系理论在事实因果关系的关联程度上采取较为宽松的标准是否破坏了刑法谦抑性的担忧。具体表现为：

一方面，对于第三方治理中归责有效性的适当控制。归因基准的设置在一定程度上取决于对归责有效性的追求。归责有效性涉及刑法评价主体所追求的价值,包括规范的目的与政策方面的考量。[1] 以归责有效性修正污染环境罪的因果关系认定范围,是为了满足环境刑法机能化的要求,也需避免防御主义的不当扩大。为了满足环境污染第三方治理的归责有效性,应遵守环境法益之保护、环境治理目的之达成、环境风险之合理配置、环保产业之长期发展、排污企业与治理企业之利益均衡等原则与标准。

另一方面,对于第三方治理中风险类型的限定。客观归责论以“法所不容许之风险的创造与实现”为基干和主线,一种风险是否被法所容许,关键在于行为人是否尽到了一定的注意义务,注意义务的违反即为归责的逻辑前提。就刑法而言,风险分配本质上涉及的是注意义务如何分配的问题,对注意义务的安排,不仅表明由谁承担相应的注意义务,而且表明谁需要对最终的危害结果负责。当前污染治理公法义务体系包括主义务和附随义务两部分,对此前文已有述及。在环境污染第三方治理中,处理义务的履行主要根据环保设施所有权的不同而有所区别,排放义务的履行主要取决于最终排放场所与污染物的生产者,附随义务则与环保设施所有权、污染物生产者、最终排放场所三者都有密切关系。第三方治理企业的介入,打破了过去排污企业三位一体的情况。在不同类型的环境污染第三方治理中,排污企业和第三方治理企业对污染物的控制程度并不相同,进而导致客观归责判断中的注意义务也不相同。以企业委托治理为例,从委托运营模式到建设运营嵌入型再到建设运营独立型,排污企业对污染危险的控制权逐渐减弱,第三方企业对污染危险的控制权逐渐增强。与污染危险控制权对应的是排污企业与第三方治理企业所承担的环境风险,污染危险控制权愈强所承担环境风险愈高,所负注意义务愈大,反之亦然。因此,在第三方治理中,排治污企业所负注意义务与其所承担的环境风险还有对污染物的实际控制权相关联,随着不同的第三方治理类型而有所区别。排治污企业应以一般主体

---

[1] 参见劳东燕:《事实因果与刑法中的结果归责》,载《中国法学》2015 年第 2 期。

所能掌握的经验法则为基准对注意义务进行判断，并充分履行，而在各自的注意义务范围内对注意义务的违反将构成刑法归责的前提。具体来说，污染生产者的注意义务标准是污染物生产后处置良好，环保设施所有者的注意义务标准是环保设施运转良好，污染物最终排放场所的注意义务标准则是污染物达标排放。违反此三种注意义务标准的行为将构成第三方治理中污染环境罪"法所不容许之风险"的主要类型，违反注意义务所带来的环境污染可能性则为第三方治理中的"风险"。对"风险"及风险类型的限定，是在客观归责理论下对个罪的判断规则具体化以增强个案可操作性的典型体现。

综上可见，环境污染第三方治理作为现代环境治理模式的典型代表，是风险社会背景下对国家治理实际需要与政策压力传导的一种应对，它的出现呼应了刑法向预防主义和机能主义的转变。传统因果关系理论难以应对环境污染第三方治理刑事责任认定中出现的新问题，引入客观归责论，能够破除刑事法治实践与环境犯罪刑事政策之间的隔阂，扭转现实中司法裁判与环境治理逆向发展的困局。客观归责论在第三方治理刑事责任界定中的适用，可以平衡保障人权和保护社会的不同需求，进一步完善刑法归责体系，推动环境法与刑法的同频发展。客观归责论为以刑法控制环境风险、塑造社会形态开辟了一条切实可行的路径，而环境风险的合理分配与环境损害的有效追责，也是环境治理与环境产业长远发展的必要保障。

第九章
环境污染第三方治理的法治进路与纠纷解决

第一节　环境污染第三方治理的法治进路

一、第三方治理法制化的路径选择

当前第三方治理所面临的发展困境和现实问题，根源于在公共治理理念革新、契约性管制工具广泛应用，以及多元主体对环境治理积极参与的大背景下，环境法规则体系和规制机制未对前述变化及时作出回应。政府、市场、公众、公民个体在第三方治理中形成了有别于传统的角色功能和关系定位，然而基于当前的规则体系，四者在环境治理中的权力与权利、义务与责任还未能形成完整清晰的逻辑链条，行为边界尚未划定。因此，重塑环境治理规则体系是第三方治理法制化的基础与核心。

对行政与市场手段单一性运用所带来的治理失灵，督促公共治理理念和公私合作治理手段的产生与发展，政府、市场、社会同频共振，协力治理。现代国家进入“规制国家”，各类经济型与社会型规制手段大量涌现，积极应用于政治、经济、社会的方方面面。[1] 这种发展契合了第三方治理中环境公益与私益博弈均衡，多元主体交错互动，环境风险价值和技术判断兼具的现

〔1〕 参见喻文光：《PPP 规制中的立法问题研究——基于法政策学的视角》，载《当代法学》2016 年第 2 期。

实要求。因此,第三方治理的规则体系应是囊括多种治理手段的动态构造,在传统的法律和政策之外,还有对交易规则和操作流程提供指引的指南,体现合作互信的合同。法律从宏观上进行制度规范,以其确定性与权威性保证第三方治理机制的稳定性与安全感;政策以灵活性来对治理机制进行指引与探索,提供扶持和保障功能;指南作为操作指引和工作手册对机制的创新发展进行提炼;合同对具体的第三方治理项目从权利义务配置与风险分配的角度进行规制,发展私主体间的自愿政策与行为守则,推动形成集体标准。[1] 法律、政策、指南与合同共同构成的动态规则体系,融合了灵活性与确定性,全面系统、层次分明、相互补充,能够协调多种治理工具和参与主体的合作互动,实现治理的有效性和系统性。

契约性工具在动态规则体系中的运用,是以更具针对性和个别性的解决办法来处理不断变动、错综复杂的环境治理问题,以此破除一元行政管制模式的局限性。通过与私人部门达成的契约,当事双方有更大的灵活性和自由度来形成临时性解决方案,创造高于法律标准的行为要求,依托市场的竞争机制,带动行业标准的整体性提高,进而反向影响政策、指南,甚至法律的制定与修正。美国环保署实施的环境管理"杰出领袖工程"是在环境规则体系中对契约性工具的典型应用,其旨在赋予企业在满足传统的管制要求时一定的灵活性,企业以在某些领域达到更高的管制标准,来换取政府允许其不执行某些法律规范的承诺,双方以环境契约形式协商建立更有效的综合性环境治理方案。[2] 这使契约成为治理形式与治理手段的创新性平台,提供了更为丰富、更具现实意义的视角来重新审视治理规则与形式的价值与成效。

总体而言,在这一套规则体系中,契约作为"政府—市场—社会—公民

---

〔1〕 See Tim Bartley, *Transnational Governance as the Layering of Rules: Intersections of Public and Private Standards*, Theoretical Inquiries in Law, Vol. 12:2, p. 518(2011).

〔2〕 See J. Freeman, *Private Parties, Public Functions and the New Administrative Law*, Administrative Law Review, Vol. 52:3, p. 837(2000).

个体"共治结构的制度连接点，通过还原真实复杂的社会情境，实现开放性治理与开放性法治的互动构造，进而推动依法治理与有效治理的统一。[1]在这一过程中，监管机构通过政策设定环境治理的总体目标；依靠市场机制引导企业与个人通过协商来提高治理标准，改善环境绩效；依据合同制定过程总结形成行为指南；以法律作为对环境治理规制与责任的框架式与兜底性保护；并围绕契约的最终社会治理效果反向影响其他规制形式，破除传统规制体系陈旧僵化的现实困境，构建符合生态系统需要的环境治理新秩序，发挥政府、市场、社会、公民个体的能力天赋，真正实现第三方治理的效能。

二、第三方治理与环境保护原则的系统性更新

第三方治理在我国发展迅速，但囿于立法与制度实践的非同步性，还未明确地规定于环境法律中。在现代法治社会中，环境污染第三方治理的进一步发展必然要仰仗系统性环境法制的保障、规范和约束，而现行环境法制体系中的污染治理制度基本上是按照命令—控制模式建立起来的，因此环境污染第三方治理与现行环境法制中的部分原则、制度间的冲突不可避免。而作为现代环境治理体系中的典型代表，第三方治理对治理理念与模式的拓展也意味着环境法规范更新的未来方向。

我国2014年修订的《环境保护法》规定环境保护要遵守保护优先、预防为主、综合治理、公众参与、损害担责的原则，这些原则与第三方治理的理念是相同的。保护优先意味着在不能判断环境风险是否存在及大小时，应以保护环境为优先。该原则强调对环境风险的防范，第三方治理虽然侧重于对环境污染的治理，但预防环境风险本身也是第三方治理的应有之义。对排治污双方而言，最大限度地预防环境风险是将环境治理成本最小化的必然选择。

---

〔1〕 参见杜辉：《面向共治格局的法治形态及其展开》，载《法学研究》2019年第4期。

预防为主、综合治理原则是指对开发和利用环境行为所产生的环境质量下降或者环境破坏等应当事前采取预测、分析和防范措施，以避免、消除由此可能带来的环境损害。[1] 该原则是我国环境污染治理体系架构的核心，“三同时”、环境影响评价、排污许可、限期治理等与污染治理相关的重要制度均体现了这一原则的要求。环境污染第三方治理也是这一原则的体现，第三方治理机制的运行过程是对排污者的污染物整体、系统、全过程防治的过程，第三方治理的具体措施既包括对环境风险的预防，防止生产和经营过程中造成环境损害，也包括对已有损害的积极治理。[2] 虽然第三方治理与该原则并无本质上的冲突，但和在这一原则指导下所建构起来的各项制度还未能形成良好的衔接与协同，新老制度对治理行为所提出的要求有较大差异，在实践中存在一定冲突。较为典型的是“三同时”制度和环境污染第三方治理之间的抵牾，“三同时”制度在建构之初未对排污企业委托第三方治理的情况有足够考虑，强制要求所有建设项目的环保设施和主体工程同时设计、同时施工、同时投产，这已不符合当前第三方治理广泛推行的现实要求。对此前文第五章第三节“环境污染第三方治理中的行政性制度供给”中有详细论述。除此之外，环境污染第三方治理与排污许可、排污权交易等制度也有着不同程度的冲突，或者说上述制度在设计与实施时未充分考虑到环境污染第三方治理的情况。这既与环境污染第三方治理作为一种新型治理模式的后发性相关，也与我国环境污染治理制度整体上发展尚不成熟有直接联系。究其根本，环境污染第三方治理中的第三方治理企业在环境法与环境污染治理制度上尚无明确定位，其作为治理主体是否为排污主体，或者更为精确的说法是能否称其为环境污染治理义务主体，这些问题在现行环境法与环境政策中还未有直接规定，由此引发了一系

---

〔1〕 参见竺效：《论中国环境法基本原则的立法发展与再发展》，载《华东政法大学学报》2014年第3期。

〔2〕 参见吕忠梅：《环境法》，法律出版社1997年版，第61页。

列问题。

公众参与原则是当今世界各国普遍遵循的环境法基本原则,是指公众有权通过一定的程序或途径参与一切与公众环境权益相关的开发决策等活动,并有权得到相应的法律保护和救济,以防止决策的盲目性、使决策符合广大群众的切身利益和需要。[1] 环境污染第三方治理是多元共治理念的典型反映,给市场与社会力量提供了更多参与环境治理的机会,而完善的公众参与制度也是第三方治理长期良性发展的重要保证。第三方治理的进一步发展也有助于推动形成"政府—企业—社会—公民个体"多主体互动的环境治理新秩序。

损害担责原则由污染者担责原则演变而来,其概念与内涵在前文中已有述及。虽然我国当前将"排放污染物的企业事业单位和其他生产经营者"设定为污染治理义务主体,并以此为逻辑起点构建污染治理责任体系的情况并未发生根本变化,且这种责任体系与环境污染第三方治理中的责任界分并不契合,但是从"污染者担责"到"损害担责"用语的变化,在一定程度上减弱了对排污者或污染者的强调,使现实中出现的环境损害与治理新类型和新主体有了成为担责主体的可能。以损害担责原则为基础,第三方治理企业作为环境治理中行政管制责任与民事侵权责任的责任主体有了一定的法律依据。以责任主体作为出发点,可逐渐将第三方企业的环境治理主体身份拓展至其他污染治理制度领域,进而推动环境法体系的完善与更新。

三、第三方治理专门性法律的规范设计

前述环境污染第三方治理法制化的路径选择和环境保护原则的系统性更新,可从设立专门的环境污染第三方治理法律起步,以此为基础形成与环境法和其他单行法的补充与衔接,并为政策、指南与合同的进一步发展提供

[1] 参见汪劲:《环境法学》,北京大学出版社2011年版,第106~107页。

权威性依据和框架性保护，也为第三方治理的长期、良性发展提供保障。

对专门性法律的规范设计，应以国务院办公厅《关于推行环境污染第三方治理的意见》和原环境保护部《关于推进环境污染第三方治理的实施意见》为基础，吸收实践中的最新成果，进一步细化和完善相关规范。

(一)总体要求

在指导思想方面，环境污染第三方治理专门法律应以习近平新时代中国特色社会主义思想为指导，全面贯彻党的二十大精神，深入贯彻习近平生态文明思想，作为现代环境治理体系的重要部分，坚持党委领导、政府主导、企业主体、社会组织和公众共同参与，以改善环境质量为核心，以发展绿色产业为驱动力，建立环境污染第三方治理机制，实现与排污许可、“三同时”等制度的有机结合，不断提高污染治理和生态修复的专业化和市场化程度。

在基本原则方面，主要包含五点。一是坚持损害担责。排污者担负污染治理主体责任，并基于污染物的具体指标，承担污染治理费用。第三方治理单位作为责任主体，根据法定义务承担必要的环境行政责任及民事侵权责任，同时按照排污单位的委托要求，承担合同约定的污染治理责任和违约责任。二是坚持市场导向。完善经济政策，健全市场机制，保证市场配置资源的决定性地位，给予企业创新发展的空间，完善健全有序的市场秩序，及时总结提炼可持续的商业模式。三是坚持依法治理。以环境保护规范为依归，以污染物排放标准为基准，以监管和环保执法为手段，划定红线，全面落实严格执行。四是坚持政策引导。全面发挥政府作用，加强政策扶持和激励，重视试点的示范作用，总结推广成熟经验，积极发展完善项目名录、绿色金融、典型案例名单等系统性支持体系。五是坚持公众参与。保证项目全过程信息公开，充分发挥社会公众和新闻媒体的参与监督作用。

(二)主体内容

环境污染第三方治理专门法律的主体内容至少应包括政府监管、市场培育、公众参与、法律责任四个部分。

在政府监管方面，原环境保护部《关于推进环境污染第三方治理的实施意见》中规定得较为全面，可予参考。具体包括：完善细化排放要求和技术规范；规范污染治理设施运行；进一步加大环境监管执法力度；鼓励第三方治理信息公开；等等。除此之外，还有一些内容需要补充，主要包括：其一，明确环境污染第三方治理中的政府职能，建立政府环境责任与责任分类分层机制，设置政府环境职责与综合考评机制，明确政府环境法律责任与问责制度。其二，制定统一的环境污染第三方治理政府监管标准，强调过程性监管、服务型监管、多维型监管，确立预防性监管和救济性监管相结合的监管形式。其三，设置环境污染第三方治理政府监管的外部监督机制。其四，实现与环境污染治理其他制度的协同与衔接，主要包括"三同时"、环境保护税、排污许可、排污权交易、环境信用评价等制度，应以规范形式明确新老制度间的衔接方式，并适当更新较早制度中的部分内容。

在市场培育方面，除原环境保护部《关于推进环境污染第三方治理的实施意见》中规定的探索实施限期第三方治理、培育企业污染治理新模式、支持第三方治理单位参与排污权交易、鼓励绿色金融创新、积极开展试点示范、编制发布第三方治理典型案例目录、总结推广经验等内容外，还应包括以下几个方面：其一，完善环境污染第三方治理的合同机制。根据不同的第三方治理类型分别发布环境服务政府合同和环境服务民事合同示范文本，示范文本可以附录的形式附在规范正文之后。其二，建立完善的市场竞争机制。以激励与控制正反两方面措施引导企业公平竞争，构建环境服务信息交流平台，推动环境公积金、环境损害责任基本金、环境污染责任保险等制度的建立，以减少环境风险，推动环境服务市场的进一步发展，大力推广环境服务行业与企业的自我规制。

在公众参与方面，除在强化组织协调之外，还要明确公众参与环境污染第三方治理的合理路径，从公众参与的主体界定、阶段划分、方式选择、具体权责等方面进行具体规定，加强对公众的教育引导，并将公众参与情况纳入政府政绩考核和私人部门责任分配考量。

在法律责任方面,现有规定要求排污者承担主体责任,除此之外应重点明确治污者的独立责任主体资格,强调其应按照有关法律法规和标准承担必要的环境行政责任及民事侵权责任。排治污双方应签订环境服务合同,合同应包括具体的委托治理事项、双方的权利义务、履约过程中的监督等主体性内容,还有责任追究、纠纷解决、赔偿补偿等程序性条款。在此基础上,排治污双方按照彼此达成的环境服务合同承担各自的责任与义务。

第二节 环境污染第三方治理的纠纷解决

一、第三方治理的纠纷类型

随着环境污染第三方治理的进一步深入发展,纠纷解决与司法救济成为实践与理论研究中不可避免的难题。第三方治理主要有排污企业、第三方治理企业、政府、公众四方主体。公众又可以分为环保社会组织和利益相关公众。由于涉及多方主体以及多重法律关系,将第三方治理的纠纷种类简单概括为民事或者行政纠纷皆不够完整,需要通过对环境污染第三方治理不同契约范式中主体法律行为的分析,以分层分阶段的方式划分不同的纠纷类型。

行政契约范式以政府为主导,核心是政府为了达成环境治理目标选择特定的私人部门进行合作,当事双方的法律关系主要围绕环境服务政府合同进行。其中,私人部门是能够提供环境服务的专业机构。由于合同中双方法律关系在不同阶段呈现出不同特点,因而不同时期产生的纠纷在类型上也有较大差别。在合同尚未签订时,双方法律关系的产生是政府以特定程序通过招标等方式确定合作对象的过程。[1] 虽然这一阶段是政府和环境

---

〔1〕 参见尹少成:《PPP 协议的法律性质及其救济——以德国双阶理论为视角》,载《政法论坛》2019 年第 1 期。

服务企业互相选择合作伙伴，但表现出明显的政府行使公共权力追求环境公益的特征。此时产生的纠纷一般是基于政府的招标决定等行政行为，具备行政纠纷的典型特点，当事人可选择行政诉讼、行政复议等行政救济途径加以解决。在签订合同后，政府与第三方治理企业之间的法律关系更加复杂，至少包括三层。其一，政府和第三方治理企业作为合同当事双方，彼此之间的环境服务政府合同属于具有一定私法性质的契约性法律关系。双方都需要按照合同内容严格履行义务，包括支付对价、履行承诺等。对此出现纠纷的，应适用民事救济途径，政府和第三方治理企业均可就违约一方提起民事诉讼。其二，作为行政管理者，政府需要对第三方治理企业包括履约情况在内的行为进行引导和监督，两者之间的法律关系具有公法属性。政府监管具体包括监督治污设施的运行和建设，检查环境服务企业的治污情况和效果，对污染情况采取措施等。对此，政府监管属于行政行为，第三治理企业如果发现政府行为侵犯了自身权益，应通过行政诉讼或者行政复议的方式进行救济。其三，作为环境公益的代表，政府在环境服务政府合同的履行过程中可以在特定情况下行使行政优益权，强制性变更甚至解除合同，或者要求第三方治理企业必须履行合同。政府的这种行为实质上已经改变了合同的私法关系，属于运用行政权作出的行政行为，呈现出以“行政权作后盾，行政行为为手段”[1]的属性，同时该行政行为也可能会造成违约的后果，进而对当事双方的合同关系产生根本性影响，因此该行为具有明显的公私混合的特征。对此，私主体对救济方式的不同选择可能导致不同的纠纷解决效果。私主体作为自利性的理性个体，应赋予其选择权，使其能够择取最有利于维护自身权益的救济形式。这种对纠纷类型进行分层分析的方式运用了德国行政法体系中的双阶理论[2]，能够较为实际地反映现实中双方的

〔1〕 尹少成：《PPP 协议的法律性质及其救济——以德国双阶理论为视角》，载《政法论坛》2019 年第 1 期。

〔2〕 双阶理论，是指将一个生活关系纵向拆解为不同阶段，分别适用不同性质的法规范的学说。

法律行为。此外,针对直接利益相关公众在行政契约范式中遭受损害的情形,可由其依据现实情况向第三方治理企业提起民事诉讼,抑或向政府提起行政诉讼或者行政附带民事诉讼。

民事契约范式以排治污双方为主导,环境服务民事合同的当事人分别为排污企业和环境服务企业,特定情形下政府和利益相关公众也会参与,因此纠纷主体主要是以上四者。民事契约范式中的纠纷主要有三种情形:其一,环境服务民事合同中一方当事人违约,另一方当事人为了保护自己的合同利益提起违约之诉,这是民事契约范式中最主要的纠纷类型;其二,环境污染第三方治理过程中各种原因导致二次污染造成损害的,利益受损公众可对排治污企业提起侵权之诉,属于民事纠纷的范畴;其三,排污企业和环境服务企业在治理过程中出现违法行为时,政府行政部门可以根据自身拥有的行政管理权,对其采取行政强制、行政处罚等措施,如果政府的监管行为有侵犯企业合法权益的情况,相关企业可以提起行政诉讼或行政复议,双方之间属于行政纠纷。

公共契约范式围绕公众与其他参与主体展开,公众与其他主体之间的纠纷主要有两类。其一,第三方治理行为使"生态环境"产生危险或者损害,是对公益性环境权有损害或者有损害风险而引发的纠纷,对此公众及其他适格主体可以提起环境公益诉讼。例如,企业委托治理中排治污双方一者或者两者的行为导致环境损害或者环境风险,政府委托治理中治污企业的行为或者政府与私人部门"共谋"造成环境实质损害或者风险等。针对现实中纠纷的不同情况,排污企业、治污企业、政府都有可能成为被诉主体,针对被诉主体不同的法律属性,应对我国现有的环境行政公益诉讼、生态损害赔偿诉讼或者环境民事公益诉讼选择适用。其二,因第三方治理行为造成对"人"的损害或损害风险,是对利益相关主体人身、财产等私益性环境权的侵害。对此类纠纷,利益相关者可通过环境私益诉讼寻求救济。

总体而言,环境污染第三方治理相关纠纷具有主体多元和属性多重的特征，囊括了当前环境公私益保护领域中的主要纠纷类型。环境污染第三方治理的持续发展昭示着公私秩序的进一步融合，以及市场与社会因素对环境治理的深度参与，这不仅需要环境法规则体系的更新完善，而且对环境司法的系统性支持也提出了要求。虽然第三方治理的司法救济只是针对某一种具体纠纷而展开，但纠纷解决具有通用性，可以处一隅而观全局，映照整个环境民事与行政诉讼谱系。

二、第三方治理司法救济进路问题分析

我国的环境司法救济体系整体上呈现公私法泾渭分明二元界分的特征，公法和私法不同的救济模式也决定了环境公益和环境私益截然不同的救济路径。对于环境公益的救济，我国环境公益诉讼机制近年来初具雏形，面对环境污染第三方治理中不同参与主体之间的利益博弈和不同纠纷类型的复杂情态，难免力有不逮。对于环境私益的救济，这种公私二元界分的现实情况，使不同救济进路在过程与结果上有着显著差异，故而有必要对前述纠纷作类型区分，然而也正因为公法与私法在理论和实践中的严格界分，前述纠纷类型及所对应的司法救济进路在理想状态下所呈现的一种清晰划分，落实到我国当前的司法语境中暴露出现行制度的诸多矛盾。

（一）环境民事诉讼和行政诉讼的界分

环境民事诉讼和行政诉讼区分的基础是私法与公法的界分，私法以意思自治为中心，规范并解决不同主体间的权利冲突；公法则以行政主体为规范对象，重点是规范与保证行政主体行使权力的正当性与合法性，保护公私法益不受侵害。[1] 一类纠纷到底应由民事救济抑或行政救济，除了要考量

---

〔1〕 参见柯坚、吴隽雅：《环境公私协作：契约行政理路与司法救济进路》，载《重庆大学学报（社会科学版）》2017年第2期。

救济形式本身的自洽性,也应兼顾不同救济路径对当事人的影响。例如,在我国行政诉讼中政府作为被告的败诉率很低,2019 年湖南全省法院审结的一审行政案件中,行政机关败诉率为 13.8%;[1] 2023 年青海全省法院审结的一审行政案件中,行政机关败诉率为 32.49%。[2] 政府作为主体,在我国法律中呈现公法义务较多而责任较小,私法义务较少而责任较大的特点。[3] 在现实诉讼中,行政诉讼与民事诉讼不同救济进路的区分直接影响了当事人的胜诉可能性以及实际赔偿数额,其重要意义显而易见。如果当前的司法救济进路设计与第三方治理具体的纠纷类型能够一一对应,那么公私法可以最大限度地发挥各自的规制优势,在制度层面实现对当事人合法权益救济的最优化。反之,则可能妨碍当事人及时获取必要的救济。

根据前述环境污染第三方治理的纠纷类型可见,民事契约范式以排治污企业为主体,法律关系相对明确,纠纷性质的争议不大;行政契约范式以政府为主导,政府的多种角色在实践中尚未能自如转换,且政府行为在部分情形中到底属于民事行为抑或行政行为也并非毫无疑问,这使第三方治理的纠纷类型与环境司法的救济方式在现实中难以完全契合。

1. 司法救济机制二元性和基础法律关系融合性的矛盾

现代社会环境问题的复杂性超出了单一的行政手段或民事手段的能力范畴,在环境治理中引入契约性工具,能够整合国家、社会和市场的力量,帮助治理行为实现合理性和有效性的追求。环境污染第三方治理既是这种公私融合趋势的典型代表,也是公私互动形式的进一步创新。因此,第三方治理中的纠纷类型不可避免地显现出公私融合的属性,行政问题的解决在一

---

[1] 参见《2019 年湖南法院行政案件司法审查报告》。

[2] 参见《2023 年度青海法院行政审判白皮书》。

[3] 具言之,某一案件如果划归到公法中,尽管行政主体因受到更多的公法约束而义务随之增多,但由于行政诉讼法功能和手段的限制,以及国家赔偿法确定的低于私法救济的标准,行政主体最终承担的责任可能较小;反之,如果划归到私法中,尽管私法确定的救济标准高于公法,但行政主体在私法领域承担较少的或者不承担公法责任。参见江必新、邵长茂:《社会治理新模式与行政法的第三形态》,载《法学研究》2010 年第 6 期。

定程度上会影响民事事实的认定与责任落实，而民事行为中也可能包含行政行为的进一步延伸。这种突破了公私二元性的纠纷属性，目前在我国的司法救济制度设计中难以依靠单独的民事诉讼抑或行政诉讼来获得彻底解决。如果将纠纷强行分案处理，一方面可能会导致民事诉讼与行政诉讼之间的竞争或推诿，另一方面可能出现关联案件判决结果相互矛盾或者案情复杂久拖不决的困境，既不利于当事人维护自身合法权益，亦将降低审判机关工作效果。环境污染第三方治理兼涉环境公益与私益，项目规模大、期限长、社会影响广泛，司法救济进路中的缺陷与不足可能带来的二次损害往往超出了相关主体的承受范围。

2. 司法导向单一性与纠纷类型复杂性的矛盾

环境污染第三方治理中的四类主体形成了多重法律关系，进而衍生出纷繁复杂的纠纷类型。就目前来看，我国的规范体系还未能针对这些纠纷类型设计出完全契合的司法救济进路，并且当前的司法导向与设计也没有预留出足够的发展空间。较为典型的例证是，虽然理论界和实务界对公私协作协议的法律性质仍然存在较大争议，但 2020 年施行的最高人民法院《关于审理行政协议案件若干问题的规定》第 1 条规定环境服务政府合同属于行政协议，相关纠纷应通过行政诉讼解决。同时，第 16 条和第 24 条规定了行政机关行使行政优益权的情形。这一司法解释显示出将环境服务政府合同相关纠纷收归到行政诉讼救济路径的司法导向，虽然“一揽子”解决了救济形式模糊的问题，但堵塞了当事人对救济途径选择的可能性，也忽视了纠纷类型的复杂性。

3. 理论建构性与技术手段的非现实性的矛盾

德国“双阶理论”中对纠纷的分层研究能够在一定程度上解决环境污染第三方治理纠纷复杂性的问题，实现保护私主体合法权益和防止政府滥用行政优益权的双重目的。然而这一理论也并不能解决全部问题，一方面很多法律行为外观上具有单一性，难以分层；另一方面就算可以分解为不同的法律行为，彼此也可能存在难以厘清的相互影响，在事实上无法完全区分,难以择取最适宜的法律救济路径。像是在政府委托治理中,第三方治理企业的履约责任和接受政府监管的责任相互交错,在其未能履行合同义务而造成环境污染时,不仅违反了与政府的合同约定,而且也违反了环境行政管理要求,其承担行政法律责任的资格、原因等已然超出了现行法律规范的框架。〔1〕 而政府一方面需追究对方的违约责任,另一方面也需承担起环境管理的行政职责,对此种情况的现实处理行为可能兼有公法与私法属性,难以按照行政权行使以及对行政行为的判断标准来进行绝对界分。这种理论的建构性和技术手段的难以实现之间的矛盾,并非为"双阶理论"所独有。

(二)环境公益诉讼中的类别界分

环境公益诉讼作为公众参与环境治理的重要方式,是对政府保护环境公共利益职责的重要补充和监督。〔2〕 在第三方治理的纠纷解决中,环境公益诉讼是公共契约范式的延伸。我国环境公益诉讼在建立之初,以公私法二元界分为原则,建立起民事公益诉讼和行政公益诉讼两类。2018 年生态环境损害赔偿诉讼在全国范围内试行,在形式上突破了环境民事公益诉讼和行政公益诉讼二元架构的限制,形成了三元诉讼模式。虽然三种公益诉讼从适用纠纷类型到原告主体资格再到诉讼程序安排均有所不同,但实质上仍然存在不少重叠竞合与抵牾冲突,这些矛盾在环境污染第三方治理复杂的纠纷类型中越发明显。

1. 生态环境损害赔偿诉讼中政府角色的冲突性

生态环境损害赔偿诉讼是国家作为自然资源所有权人向对生态环境造成损害的行为人提起损害赔偿请求。〔3〕 "公共信托"理论是生态环境损害

---

〔1〕 参见刘长兴:《污染第三方治理的法律责任基础与合理界分》,载《法学》2018 年第 6 期。

〔2〕 参见罗丽:《我国环境公益诉讼制度的建构问题与解决对策》,载《中国法学》2017 年第 3 期。

〔3〕 参见侯健:《当代中国环境治理的权利观》,载《中国环境管理》2021 年第 1 期。

赔偿诉讼的请求权基础。[1]“大气、阳光、水等环境要素是公众的共有财产，未经全体共有人的同意，任何人不得任意占有、支配和损耗；全体人民出于信任将其委托给国家管理，国家作为委托人有责任为实现人民的公共利益而对受托财产加以管理和保护。”[2]在此，作为国家的代表，政府是生态环境损害赔偿诉讼的适格原告。

在企业委托治理中，政府主要作为行政管理者而存在，没有直接参与环境服务合同，因此在企业委托治理导致环境损害时，政府作为适格原告提起生态环境损害赔偿诉讼并无疑问。在政府委托治理中，因第三方的治理行为引发环境损害时，政府的身份角色较企业委托治理中的情况要复杂得多。其一，政府作为行政管理者可以针对环境损害作出行政处罚；其二，政府作为环境服务政府合同当事人一方，可以就环境服务企业的违约行为要求其承担违约责任；其三，政府作为被侵权人的信托人，可以发起生态环境损害赔偿诉讼来要求损害赔偿。可见，政府与环境服务企业之间至少有三重公私法律关系，不同关系相互交错，角色身份亦可能发生冲突。如果在委托治理过程中政府有违法违约行为，或者政府在履约时行使行政优益权，抑或政府机构及相关负责人违法行使或者不当行使行政职权，而导致环境损害结果的产生，如将相关合同交给不具有相关资质的污水处理厂而造成环境污染，政府还能否作为原告提起生态环境损害赔偿诉讼？更有政府与环境服务企业“共谋”而造成环境损害的情况。对于以上情况，政府如果仍能作为原告则并不合理。还有如果出现由政府不同部门分别为原被告的情形，则该诉讼到底是生态环境损害赔偿诉讼还是环境行政公益诉讼？政府角色冲

〔1〕对生态环境损害赔偿诉讼的请求权基础，学界尚有多种观点，如国家自然资源所有权说、环境监管职责说、环境公共信托理论等，国家自然资源所有权说无法涵盖大气等不属于国有自然资源而可提起损害赔偿的类型，且自然资源所有权主体除了国家还包括集体；环境监管职责说中政府的环境监管权并不能作为生态环境损害赔偿诉讼救济的实体权利。故笔者采用环境公共信托理论作为此类诉讼的请求权基础，对其他观点不再赘述。

〔2〕蔡守秋：《从环境权到国家环境保护义务和环境公益诉讼》，载《现代法学》2013 年第 6 期。

突所带来的诸多问题在现有的环境公益诉讼体系架构下难以彻底解决。这些问题产生的根源即在于生态环境损害赔偿诉讼的原告制度在设计时并未考虑到第三方治理等新型治理模式的现实发展,未能对公私融合的环境法体系更新作出及时回应。

2. 不同适格原告导致司法救济的重合性

在我国当前环境公益诉讼体系架构下,第三方治理造成环境损害时,检察机关或环保组织可以对涉事企业提起环境民事公益诉讼,而根据生态环境损害赔偿诉讼的相关规定,政府和指定的机构、部门也可以提起诉讼。由此,可能出现对同一纠纷基于不同适格原告而导致双重司法救济的局面。

环境民事公益诉讼和生态环境损害赔偿诉讼的被告、案情事实、诉讼请求、法律目的等基本相同,诉讼程序规则也相差无几。[1] 两者的主要区别在于理论基础和适格原告。生态环境损害赔偿诉讼基于"公共信托"理论,而环境民事公益诉讼是为了避免"公地悲剧",二者分别将特定主体设置为适格原告,作为诉讼的起点。其中,生态环境损害赔偿诉讼作为一项新的制度安排,在程序设计上有所创新,即行政磋商是生态环境损害赔偿诉讼必要的前置程序,只有未能达成磋商协议或者磋商无法进行时,适格原告才能提起诉讼。行政磋商具有行政契约的性质,为协商性行政执法行为。[2] 虽然部分学者认为生态环境损害赔偿诉讼属于特殊的环境民事诉讼,[3]但由于行政磋商的制度设计,生态环境损害赔偿诉讼已经同时涉及公私法两大领域,是公私法合力保障环境司法效果的尝试。在司法实践中,二者也屡有重叠

---

〔1〕 参见李浩:《生态损害赔偿诉讼的本质及相关问题研究——以环境民事公益诉讼为视角的分析》,载《行政法学研究》2019 年第 4 期。

〔2〕 参见龚雄艳、王树义:《民法典规范下生态环境损害公私法合力救济模式论——兼论生态环境损害赔偿制度的完善》,载《环境保护》2021 年第 10 期。

〔3〕 参见李浩:《生态损害赔偿诉讼的本质及相关问题研究——以环境民事公益诉讼为视角的分析》,载《行政法学研究》2019 年第 4 期;程多威、王灿发:《生态环境损害赔偿制度的体系定位与完善路径》,载《国家行政学院学报》2016 年第 5 期等。

竞合的情况出现。[1] 为解决这一问题,最高人民法院《关于审理生态环境损害赔偿案件的若干规定(试行)》中第 16 条、第 17 条、第 18 条对二者的关系作出了规定。具言之,生态环境损害赔偿诉讼应当优先适用,诉讼结束后,法院可就生态环境损害赔偿诉讼未能涵盖的诉讼请求,对适格原告提起的环境民事公益诉讼作出裁判。然而该司法解释并未明确行政磋商与环境民事公益诉讼的关系,根据当前的制度设计,环境民事公益诉讼并无前置程序。如果政府及其他主体在磋商时,环保组织就该纠纷提起民事公益诉讼的,人民法院应否受案?两者是否有先后顺序?这些可能的司法救济重叠,产生的根源即在于公私二元界分原则下的救济模式与公私合力救济手段之间的矛盾。

3. 环境行政公益诉讼中适格原告的单一性

在第三方治理中,行政机关违法行使职权或者不作为致使国家或社会公共利益被侵害,对应的救济路径是环境行政公益诉讼。此种诉讼是为了督促政府正确履行环境监管职责并借此约束企业或个人依法进行各项环境开发利用行为。[2] 检察机关是该种诉讼的唯一适格原告,这一制度安排是通过检察监督权来制约行政权,以此实现维护环境公益的目的。

相较于公民、环保组织等环境行政公益诉讼的可能主体,检察机关具有一定优势。一方面,检察机关相对独立,可以协调配合审判权与监督权,以此制约强势的行政机关,相较于私人部门难以与行政机关相抗衡的情况,检察机关更有可能充分发挥监督作用;[3] 另一方面,检察机关可以通过前置程

[1] 例如,"江苏德司达案"中江苏省环保联合会对德司达公司提起环境民事公益诉讼,其后江苏省人民政府申请为共同原告;"重庆藏金阁案"中重庆市政府与重庆两江志愿服务发展中心分别对首旭环保公司、藏金阁公司提起诉讼,后法院适用统一诉讼程序共同审理;"山东金诚案"中山东省原环保厅与中国绿发会分别诉山东金诚重油化工有限公司,后法院先行审理生态环境损害赔偿诉讼;等等。

[2] 参见薄晓波:《三元模式归于二元模式——论环境公益救济诉讼体系之重构》,载《中国地质大学学报(社会科学版)》2020 年第 4 期。

[3] 参见刘艺:《检察公益诉讼的司法实践与理论探索》,载《国家检察官学院学报》2017 年第 2 期。

序向行政机关提出检察建议，有利于在早期阶段将纠纷迅速解决。与此同时，检察机关作为环境行政公益诉讼的原告也有不利因素。其一，作为法定监督机构，检察机关需要监督的事务繁多，是否有足够的精力和技术能力处理对专业技术手段要求较高的环境风险与损害识别问题尚存疑问。其二，被起诉方是行政部门，检察机关虽然相对独立，但是与地方政府在财政、人事等方面有着不可避免的联系，能否保持真正的客观独立亦难以保证。其三，第三方治理项目通常年限长、规模大，对地方经济、社会发展有相当影响，不能排除其与检察机关共谋的情况。

此外，将检察机关作为唯一适格原告的制度设计，还将公众排除在环境行政公益诉讼的起诉主体之外。相较于行政机关，公众本身在环境利益博弈中已处于弱势地位，而丧失行政公益诉讼主体资格，意味着公众在博弈中又少了一个重要砝码。公众并非环境污染第三方治理的直接参与主体，如果不能作为环境行政公益诉讼的适格原告，则只有等损害发生之后才能以被侵害者的身份寻求救济，这将大大降低环境公益保护的工作效果。可见，基于目前的制度设计，在第三方治理出现环境污染时，作为环境行政公益诉讼的唯一适格原告，如果检察机关由于各种原因不愿或者未能及时履行检察监督权，则环境行政公益诉讼无法启动。其他主体只有在损害结果出现后才能提起环境民事公益诉讼进行救济，这对环境与公众利益保护具有明显的滞后性，也在一定程度上堵塞了环境行政附带民事公益诉讼发展的通道。因此，公众作为环境公益直接的享有者和风险承担者，对于生态环境损害有着最直接的利益和最灵敏的反应力，环保社会组织作为专业性机构，在风险识别和技术应用方面均有专长，而以上两者均未被纳入环境行政公益诉讼的适格原告范畴，这种制度安排并不符合环境公益保护和环境治理的现实需要。

综上所述，在公共治理理念下政府与市场因素、社会力量广泛合作，由此引发的纠纷种类日趋多样，传统救济体系很难满足当前公私交融发展趋势下的司法需求。当前环境司法所作出的革新，如生态环境损害赔偿诉讼的制度设计在一定程度上打破了公私法二元界分的传统，开拓了以行政磋商和私法诉讼合力贯通、衔接行政执法和私法救济的现实路径，是环境治理救济体系的积极创新。然而当前的生态环境损害赔偿诉讼尚未能充分发挥公私交融协力救济的作用，也未能理顺与另外两种公益诉讼的关系，需要进一步完善。

三、环境司法面向和谱系的更新与完善

作为社会治理转型的一个小的侧面，环境污染第三方治理是公共治理模式的表现形式，昭示了环境法规制体系的进化，也映照了以契约性工具的运用为连结点，公私法交融的治理结构。法律规制以整体性法律观为方法论，正在不断打破自身的适用边界和功能区间。在这一过程中，作为治理结构中的关键性权力之一，“司法权同行政权、立法权和社会自治权力一样，也是社会治理和民主增长的政治力学谱系中的关键一环”〔1〕。为了及时回应社会发展与治理体系变革的现实需要，环境司法宏观上需要在传统纠纷解决与权益保护的救济目标之外，发展出一种“治理型”的面向，建立司法、行政、立法的良性互动；在微观上，需要打破公私法二元界分的传统，平衡多元参与主体，完成环境诉讼谱系的更新与完善。

（一）环境司法的面向更新：公共治理

面对现代治理体系的构建、新型规制工具的运用，还有多元治理主体的参与，环境司法的角色定位和功能未能及时作出回应，这是环境污染第三方治理司法救济进路现实困境的根源所在。为保证第三方治理的持续良性发展，明确各参与主体在治理过程中的行为边界，形成责权利的完整逻辑链

〔1〕 杜辉：《环境司法的公共治理面向——基于“环境司法中国模式”的建构》，载《法学评论》2015 年第 4 期。

条,必须依靠不同治理工具和组织形式的相互协调,发挥立法、行政、司法的综合效能。在我国,立法权属于制定规则的权力,是本源权力,司法权和行政权则是在最高权力机关之下分属不同部门的权力分工,二者共同源于立法权这一最高权力,原则上互相分立,特定情况下可以相互替代。[1] 相较于功能层面的不同侧重,司法权与行政权分工更多是为了结构层面的力量均衡。作为两种平行且平衡的权力,行政权与司法权既要相互尊重专长,各司其职,又需互为补充,以在具体实践的试验与研判中形成对环境立法的"反哺"。当前我国环境立法的规制工具和规则产品种类相对单一,行政执法垄断环境治理事务又难以满足治理需求。在此意义上,在现代环境治理体系中,环境司法不仅要完成纠纷解决的传统职能,还要实现对环境执法的监督功能,对环境立法的规范解释和填补功能以及规制工具生成功能。[2] 这意味着,在一贯的维护环境公益和解决环境纠纷解决的目标之上,环境司法还应有公共治理的价值追求。

治理型环境司法应在公私融合下达成对多元复合利益的均衡保护,实现环境规则塑造、价值冲突平衡、政策矛盾调和的目标追求。具言之,主要包括以下三个方面。

首先,规则塑造。在由法律、政策、指南、合同构成的环境规则体系中,环境权力和权利的冲突与合作、环境义务和责任的界定与转移,需要借由环境司法过程来更深入的确认和梳理。从法律适用本质上是法律进一步发展的驱动力[3]的角度出发,环境司法实践能够以具体而细致的法律适用对法律规范创新进行匡正和完善。为实现与现代环境治理体系下公私融合发展趋势的同频共振,治理型环境司法要超越公私法二分的界限,对中间地带的

---

〔1〕 参见彭涛:《司法权与行政权的冲突处理规则》,载《法律科学(西北政法大学学报)》2016年第6期。

〔2〕 参见柯坚、吴隽雅:《环境公私协作:契约行政理路与司法救济进路》,载《重庆大学学报(社会科学版)》2017年第2期。

〔3〕 参见[德]齐佩利乌斯:《法学方法论》,金振豹译,法律出版社2009年版,第26页。

问题进行独立处理,消弭环境法体系在公私法接轨中的规范冲突。同时,治理型环境司法应独立行使审判权,对立法与执法中公共政策的导向与应用进行公正客观的评判与反馈。通过这种方式,环境司法能够对具有公私混合特点的案件中公私法调整手段各自的作用进行严谨精确的衡量,推动环境规制系统实现动态调整,同时完成规则制定的部分功能,积极吸收私人部门对环境治理的不同诉求,形成环境治理秩序价值共识的生成平台和利益博弈的衡平场所,推动更合理更符合实际的抽象性规则的产生。

其次,利益衡量。环境司法的运作过程是面对环境纠纷中主体之间博弈带来的利益失衡,而对环境利益进行平衡、救济、再分配,这一过程实质上也是对不同主体间利益博弈的限制与规范。这一方面需要环境司法根据不同权利位阶确定需要优先保护的利益,另一方面在不同利益类型无法抉择时通过利益衡量,尽可能实现多元复合利益间的均衡,达成对环境公私益的双重保护。基于上述目标,利益相关者是否有合理的救济路径,诉讼程序是否贴合参与主体在利益衡量下的行为选择,是评判治理型环境司法制度设计合格与否的关键。在此,将相关利益主体纳入并以制度设计保持经济与程序上的利益均衡是治理型环境司法的应有之义,而非囿于公私界分或者力量强弱而去限制或者破坏司法通道的开放性。

最后,纠纷预防。司法权由于具有专业性、中立性和权威性的特征,充分发挥其效能可以在一定程度上弱化与减少社会冲突,因此,司法权成为政府有效解决环境危机并推动不同利益主体合作的一种理想选择。治理型环境司法意味着在目标上从纠纷处置转向污染与生态损害治理,在运作模式上从救济中心主义转向治理中心主义。这种转换符合现代环境治理体系的发展要求,有助于解决公私融合趋势下产生的复杂问题。具言之,一是综合运用公私法手段,快速有效解决环境纠纷;二是增强司法预防措施,预先减少环境风险与实质损害;三是政策宣教与价值引导,帮助相关主体采取合理手段寻求救济。

(二)环境司法谱系的完善与发展

1. 环境行政诉讼与民事诉讼的融合发展

第一,环境行政诉讼与民事诉讼的综合救济。如前文所述,第三方治理中纯粹的行政纠纷和民事纠纷比较简单,通过行政诉讼或者民事诉讼程序即可解决。两种诉讼各安其位、各尽所长即可收获最大效益。对于行政纠纷和民事纠纷相互交织的情形,应给予私主体自行选择救济途径的权利,私主体可以根据纠纷的法律属性选择对自身更有利的救济方式。对此,需要打破公私法二元界分的藩篱,推动环境行政与民事诉讼的综合救济,如允许环境行政附带民事诉讼以及环境民事附带行政诉讼。

环境行政附带民事诉讼已经在立法中获得支持并在实践中具体运用,目前实际案例不多,几乎处于休眠状态。[1] 事实上,行政附带民事诉讼程序的设计是为了将发生在当事人之间的民事纠纷同时解决,一般不涉及行政机关,而第三方治理中的行政附带民事诉讼则是为了解决行政机关与相对人之间的民事纠纷。由此可见,这一诉讼类型与第三方治理的纠纷解决需求虽然并非量体裁衣般对应,但确实提供了解决此类纠纷的司法救济路径,可在当前的制度基础上,进一步针对第三方治理的纠纷特点完善具体的审查技术。与此同时,将第三方治理相关纠纷引入环境行政附带民事诉讼程序,也能进一步激活现实中对此种救济形式的应用。相对而言,环境民事附带行政诉讼目前尚无法律依据,但在司法体制层面具备推行的可能性。如果在民事诉讼中,需要将某一具体的行政行为作为最终裁判的证据或依据,对该行为的认定将对裁判结果产生实质性影响,那么在现有法律和司法体制均无障碍的前提下,从诉讼经济原则、司法最终解决原则以及证据审查规则等角度出发,法院都有必要、有条件一并审理,在满足审判实际需要的基

---

〔1〕 参见北京市第二中级人民法院课题组:《行政诉讼一并审理民事争议研究》,载《中国应用法学》2019 年第 1 期。

础上，保护当事人的合法利益。[1]

为了更好地解决环境污染第三方治理的公私混合性纠纷，无论哪种进路都需要遵循必要的准则。其一，都必须根据当事人的请求，鉴定争议的本质属性，应找出其中真正属于公法约定的部分，仅对这部分适用行政纠纷的合法性审查，运用公法规则进行处理，遵从依法行政原则优先于当事人意思自治。其二，在有关行政机关行使行政权或优益权的合法性问题解决之后，仍需将纠纷放回合同框架之内来继续处置。对于行政权或优益权违法行使的，视为违约，按照合同违约责任处理。以上前提是合法性审查对合同责任或者合同有效性未得出相反结论，否则便需按照和合同法不同的特殊规则处理。[2] 其三，本质上属于民事关系的纠纷，都需适用或者参照私法予以解决，而无论其是否转化为公法关系。基于此，对环境污染第三方治理公私混合案件的解决，首先应考虑当事人的具体请求，继而基于行政部分与民事部分在争议中的具体比例，将民事、行政诉讼程序区分主次地结合运用，通过对争议中具体问题性质的鉴别，分别适用行政法与行政诉讼法、民法和民事诉讼法作出裁判。

第二，环境行政诉讼与民事诉讼的目标更新。对于第三方治理中行政与民事契约纠纷的司法救济，除了要满足常规的解决争议、保护权益的救济目标外，还应有“促进合作”的价值追求，以此鼓励社会资本进入第三方治理市场，并实现环境公益目标。具言之，当有不当行为造成损失时，在诉讼前和诉讼过程中应督促双方及时作出行为修正和损失补偿；当一方当事人处于弱势地位时，有效推动双方恢复力量均衡状态；等等。

2. 环境公益诉讼的优化整合

第一，协调生态环境损害赔偿诉讼及环境民事公益诉讼。两者在制度

〔1〕 参见刘海鸥、贾韶琦：《论政府和社会资本合作项目合同争议的综合救济》，载《湘潭大学学报（哲学社会科学版）》2020年第3期。

〔2〕 参见余凌云：《论行政协议的司法审查》，载《中国法学》2020年第5期。

设计上具有一致性和共通性,彼此界限不够分明,可考虑合并为一套新的救济进路,以此解决二者重叠竞合的问题,同时也能尽量规避如适格原告范围重合等各种制度缺陷。然而两种诉讼现已在实践中推广应用,且生态环境损害赔偿诉讼的制度设计包含了对公私融合协力救济手段的初步运用,因此在制度层面更为现实的做法是进一步完善两者之间的协调机制。具体来说,在政府及其指定部门、机构与环保社会组织提起诉讼的顺位关系上,以政府及其指定部门、机构提起生态环境损害赔偿诉讼为第一顺位,对可能存在政府角色冲突的纠纷类型,前者应主动回避,由环保社会组织提起民事公益诉讼。环境民事公益诉讼不以磋商为前置条件,但为防止事实上的竞合,在起诉前需要对政府及其指定部门、机构是否正在进行磋商予以核实。如果磋商已经进行,根据《关于审理生态环境损害赔偿案件的若干规定(试行)》第17条的规定,法院可先受理案件,但同时中止审理,等磋商结束再就未被磋商结果涵盖的诉讼请求作出判决。如果磋商尚未进行,磋商具有效率高、周期短的制度优势,极有可能晚于诉讼展开却早于诉讼得出结果,进而导致民事公益诉讼中止或撤诉。因此,可以参考美国环境公民诉讼中先行告知的制度设计,即环保社会组织在诉前应告知政府其诉讼意图,政府在规定时间内未进行磋商的,环保社会组织即可发起诉讼。如果磋商已经完成,根据《关于审理生态环境损害赔偿案件的若干规定(试行)》第18条的规定,环保社会组织可以就磋商时未发现的损害向法院提起环境民事公益诉讼。此外,行政机关应为环境民事公益诉讼的优先诉讼主体,检察机关可以作为补充公益诉讼人,由其提起诉讼应为例外情况。

第二,扩大环境行政公益诉讼原告范围。针对我国环境行政公益诉讼适格原告单一,难以满足环境治理现实需求的问题,可参考其他国家制度设计中的可取之处。例如,英国的私人检察官制度,当社会公共利益切实受到侵害而具有起诉资格的检察长却拒绝起诉或无故拖延起诉时,公民个人可以以私人检察长身份起诉。[1] 还有澳大利亚行政公益诉讼的主体资格设计，针对行政机关侵害公益（公权利）的行为，总检察长、私人或利益团体皆可向法院提起诉讼，法院判断是否具有原告资格的焦点是“能最有效地和最准确地代表公共利益（在诉讼中）”，由此公众组织或公民个体皆可提起公益诉讼。[2] 可见，有相当多的国家将环境行政公益诉讼的原告资格扩展至社会组织甚至公民个人，我国也可以汲取其有益经验，考虑先将环保社会组织纳入环境行政公益诉讼的原告范围，随着环境公益诉讼制度的逐步推广与成熟完善，适时再将公民个体纳入原告范围。当发生环境损害或环境风险，而检察机关无法或未能对行政机关进行及时、有效监督时，由社会力量敦促公权力履行相应职责。这同时需要发挥司法机关在审判时的利益衡平作用，以均衡社会主体与行政机关双方的诉讼力量。

第三，发展环境行政附带民事公益诉讼。针对环境污染第三方治理纠纷公私混合的特点，可通过环境行政附带民事公益诉讼形式，推进同一纠纷中行政争议部分和民事争议部分的合并审理，以此满足环境公益诉讼复合性的现实发展要求。尤其是针对前述可能存在政府与企业“共谋”的情况，在检察机关之外，可由环保社会组织提起环境行政附带民事公益诉讼，对排治污企业和政府部门予以追责。现实中，部分地区的法院已经有受理环境行政附带民事公益诉讼案件的实践，[3]应在此基础上进一步完善制度设计，扩大原告范围，建立系统性的诉讼规则。

综上，环境污染第三方治理的出现和发展是当前市场开放、政府改革、社会建设三驾马车协同发展的映照，其作为公共治理模式的典型代表，也昭

---

〔1〕 参见薄晓波：《三元模式归于二元模式——论环境公益救济诉讼体系之重构》，载《中国地质大学学报（社会科学版）》2020年第4期。

〔2〕 参见朱应平：《澳大利亚行政公益诉讼原告资格探析》，载《行政法学研究》2012年第3期。

〔3〕 参见江必新：《中国环境公益诉讼的实践发展及制度完善》，载《法律适用》2019年第1期。

示着我国环境治理进入了新的历史阶段。作为我国环境法体系重塑与环境治理转型的一个具体展示,环境污染第三方治理的契约范式体现了治理新模式多元主体、多重属性、公私交融的特征,在这一背景下产生的具体纠纷和对应的司法救济进路具有相当的典型性,反映了当前环境司法谱系在应对环境治理转型时的不足。环境污染第三方治理纠纷解决可以作为治理型环境司法发展和环境诉讼制度体系建构的实践探索和理论创新的前沿阵地。同时,环境司法作为环境法体系中的重要部分,其自身的更新与完善,亦有助于发挥司法的能动性帮助法律塑造兼具稳定性和共识性的公私互动治理秩序,促进包括环境污染第三方治理在内的整个现代环境治理体系的构建与发展。

后　　记

从开始了解环境污染第三方治理，到2016年第一次执笔写作相关论文，再到2024年本书付梓出版，不知不觉已八年。八年中，从初涉环境法问题到投身于环境法研究，从经历疫情再到如今复归平静，人世间充满了巧合与意外，也似乎隐含着从来无法揣测的命中注定。再回首时，好像整个人生都不同了。

这本书凝结了我对环境污染第三方治理及相关问题的所思所想，在写作时虽觉竭尽所能，再看时却又有诸多遗憾，比如措辞时语句不够精准练达，论述冗余不能直击中心等，对很多问题的思考与探索也有不足。不过也不得不承认，这已是当下我所能做到的了。就好像不舍得孩子离家的爹妈，孩子大了总要放手让他去见见世面，也让别人来看看他的美丑，如此才能不断前进。

感谢江南大学法学院的领导与同事们对我写作此书的支持与帮助，感谢法律出版社对本书出版给予的专业指导和悉心编校，感谢家人们对我一如既往的理解和鼓励，要感谢的人很多很多，也希望作为环境法新手的我能够一直往前走。

道阻且长，行则将至。

任卓冉

2024年4月于江南

后　记

[illegible]

[illegible]

[illegible]

[illegible]